U0952515

经济学学术前沿书系

ZHONGGUO NONGCUN FANPINKUN WENTI JINGJIXUE YANJIU
——YI GUODING PINKUNXIAN WEI YANJIU ZHONGDIAN

中国农村反贫困问题经济学研究
——以国定贫困县为研究重点

张洪武　著

经济日报出版社

图书在版编目（CIP）数据

中国农村反贫困问题经济学研究 / 张洪武著. — 北京：经济日报出版社，2019. 9

ISBN 978－7－5196－0596－4

Ⅰ. ①中… Ⅱ. ①张… Ⅲ. ①农村－扶贫－研究－中国 Ⅳ. ①F323. 8

中国版本图书馆 CIP 数据核字（2019）第 191328 号

中国农村反贫困问题经济学研究——以固定贫困县为研究重点

作　者	张洪武
责任编辑	范静泊
责任校对	杨欣萌
出版发行	经济日报出版社
社　址	北京市西城区白纸坊东街 2 号 A 座综合楼 710
邮政编码	100054
电　话	010－63567683（编辑部）
	010－63538621　63567692（发行部）
网　址	www. edpbook. com. cn
E － mail	edpbook@sina. com
经　销	全国新华书店
印　刷	北京建宏印刷有限公司
开　本	710×1000 毫米　1/16
印　张	18. 125
字　数	284 千字
版　次	2019 年 9 月第一版
印　次	2019 年 9 月第一次印刷
书　号	ISBN 978－7－5196－0596－4
定　价	56. 00 元

版权所有　盗版必究　印装有误　负责调换

序　言

谢朝斌

现在呈现在读者面前的这本书，是由张洪武博士的学位论文修改完善而来，其研究对象是当今中国农村的贫困与反贫困问题。

“贫困”历来是个敏感而沉重的话题。贫困与反贫困，一直相伴相行。就人类整体而言，千古以来，贫困一路伴随经济社会的发展和进步，如影随形，一直未能消灭。一方面，越来越多的人过上富裕、健康和快乐的时光和生活，另一方面，总有一部分人不能幸免，必须与贫穷、疾病和痛苦做斗争。近代工业文明开启以来，人类在日益分享科技进步、经济发展、城市繁荣、农村农业迈向文明、社会总体幸福指数不断改善和提升的同时，总有一部分人群被痛苦指数的阴云笼罩，整个人类社会也不得不面临贫困和贫富悬殊所带来的种种阶层分化、矛盾冲突频发和社会动荡。贫困已然成为当今世界最尖锐的社会问题之一。来自世界银行 2015 年 10 月的一份材料显示，按照购买力平价计算，将国际贫困线标准从此前的每人每天生活支出 1.25 美元上调至 1.9 美元，意味着全球贫困人口数量大幅度增加，而且各国的贫富差距不是在缩小，而是在扩大。迄今为止，撒哈拉以南的非洲地区仍然饥荒连年，骨瘦如柴的饥民比比皆是；拉丁美洲和加勒比海地区贫困人口规模居高不下，许多城市甚至包括一些国家首都在内的大都市区贫民窟鳞次栉比；南亚地区贫困人群广布，环境恶劣不堪，国际反贫减贫事业步履维艰。2000 年，第 55 届联合国大会通过《千年宣言》，号召国际社会要在国家一级及全球一级创造一种有助于发展和消除贫穷的环境，不遗余力地帮助数以 10 亿计的男女老少同胞摆脱目前凄苦可怜和毫无尊严的极端贫穷状况，使每一个人实现发展权，并使全人类免于匮乏。为实现令每一个社会成员，无论男女、种族和年龄，都有权享有尊严、免于饥饿的目标，国际社会一直在快马加鞭、夜以继日地与贫困作斗争。

中国率先垂范，大踏步地走在国际社会反贫困事业的前头。改革开放40年来，中国的执政党和政府锲而不舍，成功地引领近7亿多人口从贫困的泥淖中走出来。贫困人口从1978年的7.7亿人，减少到2010年的1.66亿人，再到2017年的3046万人，其中最令人欣喜的是农村贫困人口大规模减少，贫困发生率从1978年的97.5%下降到2010年的17.2%，再到2017年的4.5%。2018年全面完成减贫任务，全年减少农村贫困人口逾1000万，近280个贫困县脱贫摘帽，这已是连续第6年超额完成年度千万减贫任务。联合国《2015年千年发展目标报告》显示，中国极端贫困人口比例从1990年的61%，下降到2002年的30%以下，率先实现比例减半；2014年下降到4.2%，对全球减贫的贡献率超过7%。中国成为全球最早实现联合国千年发展目标中减贫目标的发展中国家，为全球减贫事业作出了重大贡献。尽管如此，举国上下反贫困的努力一刻也没有放松和停歇。2014年，中国政府将每年的10月17日定为“扶贫日”，提倡全社会关注贫困人口，动员全社会力量参与扶贫开发，以消除贫困，实现共同富裕。2015年11月，党的总书记在全国扶贫工作会议上吹响脱贫攻坚的冲锋号，动员全党全社会立下愚公移山志，咬定目标，苦干实干，坚决打赢脱贫攻坚战，确保到2020年现行标准下农村贫困人口实现脱贫，贫困县全部摘帽，解决区域性整体贫困，做到所有贫困地区和贫困人口一道迈入全面小康社会。

世界银行一个贫困研究课题组在对81个参与式贫困评价（Participatory Poverty Assessment, PPA）报告的综合分析后得出的结论表明，贫困的表现形式特征及其成因虽有各种个体差异，但无一不是由相互关联的多因素交织所致，影响贫困程度深化的原因，不仅在于有形资源的匮乏，如土地资源稀缺且贫瘠、生态环境恶劣、基础设施落后，经济产出困难，而且导源于无形资源的严重短缺，特别是人力资本和社会资本水平低下，如文盲半文盲人口比重大，教育和职业培训欠缺，基本医疗和公共卫生保障不到位，制度化社会网络关系建设缺失，组织资源匮乏，贫困人群难以获得信任、参与和合作的机会，一些地区和人群长期处于发展停滞、贫困持续深化乃至被现代文明边缘化的境地，这不仅仅是收入差距过大所致，更是教育差距、知识差距、技术差距、技能差距、信息差距、网络人际关系差距过于悬殊和扩大化所致。贫困，不仅表现为城市贫困、农村贫困、区域贫困、国别贫困，而且表现为物质性贫困、能力性贫困、权利性贫困、边缘性贫困和发展性贫困。由此看来，反贫困乃某一单个组织、机构、行业或个人力所不逮，应是全体社会成员的历史共业，或者共同志业和共同责任所在。

1998年的诺贝尔经济学奖获得者阿马蒂亚·森，在他的祖国印度，人们称其为“经济学界的特蕾莎修女”“经济学良心的肩负者”和“穷人的经济学家”。据说，阿马蒂亚·森研究经济学的重要动机之一，就是为了帮助他的祖国摆脱经济贫困、走向繁荣。为此，他选择经济发展问题作为主攻方向之一。他为经济学问题注入人性的力量，将社会正义、民主、自由、哲学、医疗、性别不平等、识字率等广泛话题引入经济学的范畴。2010年，阿马蒂亚·森被《时代》周刊评为世界最具影响力的100人之一，他在颁奖礼的演讲中说到：“作为经济学家，我的任务就是发现不公正，我关心人类自由和可行能力的发展。”国际学术界公认，他的《正义的理念》是自约翰·罗尔斯《正义论》问世以来，有关正义的最重要论著。社会为什么需要正义的理论？需要一个什么样的正义理论？阿马蒂亚·森认为：我们需要超越，而不只是停留在对于不公正的直观感受上；我们必须通过理智的审思来对我们日常感受到的不公正进行批判性考察，才能确定我们目睹的悲剧是否可以成为谴责的依据，才能将不可抗阻的灾害与本可预防而未能阻止的人祸区分开来，才能将我们的视野由对于惨状的单纯观察和施救，转向对于其中不公正现象的深刻分析和解剖。正义需要关注实际的生活与现实，而不只是停留在抽象的制度和规则上；正义需要允许多种不同的正义缘由的同时存在，而不是只允许一种正义缘由的存在；正义应强调公共理性和反思，而不是寻找一成不变的公理性答案；正义需要“开放的中立性”，需要超越地方、国家的边界，在全球范围内评价一国内部的公正。为穷人的正义呼号、呐喊和奔走，需要全体社会成员异口同声、一致行动！阿马蒂亚·森经济学研究的成功实践也告诫我们，在中国的反贫困大业中，经济学者绝对不能缺席。

我想告诉读者诸君的是，作为博士学位论文研究课题，这篇论文应算是出自我的命题作文。本书的作者来自山东农村，我深知他对中国农村农业的历史和现状有着切实的认知和切身的感受，对中国农民特别是农民中的贫困群体怀有深刻的同情同理之心和浓烈的悲悯情怀，所以，当他征求我论文选题意见时，我毫不犹豫地推荐了这个选题方向。

为支持选题人顺利完成本课题的研究计划，也为了自己身体力行地亲身感受这场中国亘古未有、波澜壮阔的全民脱贫攻坚战斗及其所带来的中国农村的历史性巨变，2017年的深秋、严冬时节，我和本书作者先后四度深入全国四个典型的集中连片贫困地区，以经济学者的视角，调查、了解、观察、思考和研究脱贫攻坚第一线的最真实实践。我们踏足乌蒙山深处的奢香故里，置身慕俄格古城，亲眼目睹中国最知名民营企业如何以“慈善＋市场”“整体移民搬迁＋产业扶贫”的创新扶贫方式，把千古“梁州南域荒地”从深度贫困引入现代文明世界，从此乌蒙深处不再“走泥丸”；我们走进滇东北高原，攀援在山高谷深、沟壑纵横的曲靖会泽深山古城，感受来自民主党派中央和社会各届如何通过从输血扶贫到造血扶贫理念和方式的转换、通过织就社会医疗保障网落实健康扶贫的精准扶贫实践所带来的深度贫困山区的历史性巨变；我们怀着无比崇敬和感佩的心情，南下吉安，重上井冈，走进罗霄山脉，踏寻毛泽东的足迹，在三湾改编的村头会址，聆听老区人民新旧两重天的切身感受和“脱贫摘帽”后的幸福喜悦言表；我们走进河南南考，在焦裕禄精神的发源地，在巍巍焦桐下重温共产党的誓言，领略长期深度贫困的昔日盐碱荒滩如何精准施策和产业培育、实现三年脱贫，成为全国第一批脱贫摘帽的国家级贫困县。除此而外，本书的作者还单独置身湖南西部武陵山深处的花垣县十八洞村矮寨苗乡，亲身感受有史以来一直闭塞落后的少数民族聚居地如何在精准扶贫和脱贫攻坚后一举成为走上富裕道路的“全国生态文化村”“中国美丽休闲乡村”的沧桑巨变。不用多言，本书的选题以人类有史以来最大发展中国家、最短任务目标时间、最大规模的反贫困实践为宏大现实背景，以最大贫困群体——中国农民和最大地理空间——中国集中连片深度贫困地区的贫困问题和反贫困实践为研究对象，它的学术研究价值和实践意义是不用赘言、显而可见和毋庸置疑的。作者在研究创作中，始终抱定学术创新为要的宗旨，力图在充分吸收借鉴前人研究成果的条件下吗，通过建构一个具有个性化特色的中国农村贫困与反贫困问题分析框架，对长期深度贫困地区特别是“国定贫困县”的贫困成因作出新的揭示和解释，并藉此在总结先行“脱贫摘帽”地区成功经验的基础上就全面小康目标下的反贫困体系创新，提出自己的学术见解。作为作者的博士论文指导教师和本篇论文的第一读者，我曾在论文评阅意见中给予了明确肯定，论文在后续的校外专家评阅和答辩过程中，专家们都给出了不错的评价。此次交付出版社出版之前，作者再次做了进一步修改和完善。在此，我把对这篇论文的最终评判权交给广大的读者诸君，希望大家不吝指教。

客观而论，不论中国的反贫困事业还是国际社会的反贫困斗争，皆将长期持续下去。中国的脱贫攻坚是现行标准下的阶段性目标实现和任务的完成，从人类社会发展过程和贫困与反贫困历史规律来说，贫困无论作为一部分人的个体境遇还是作为一种社会现象都将长期存在，何况贫困的历史成因错综复杂、新型贫困发生和演变的情形更加变动不居、难以识别，人类要不断追求更高境界和更高水平的幸福、要实现人类孜孜以求的社会公平正义梦想，就要长期不断地与贫困作斗争、使其彻底降服，由此而言，经济学家跟其他社会成员一样，在反贫困的学术创新和对策探索征途上不仅责无旁贷，而且将会一直充满挑战，我真心期待本书的作者和其他有识之士一道在这一光荣而艰巨的挑战面前不断探索、努力结出源源不断的学术创新硕果，以造福天下苍生。

是为序。

摘 要

本书是在刘易斯经济增长理论的指引下，以国定贫困县为研究重点，对中国农村反贫困的历史实践进行了回顾和总结。首先界定了贫困与反贫困的概念，厘清了这两个概念分别在不同语境下的内涵，抽象出了中国农村影响贫困的三个要素变量，即贫困个体、区域环境和制度，并分析了以上三个要素变量导致中国农村的贫困成因。然后，对中国农村的反贫困战略历史实践进行了梳理，同时介绍了国际上其他国家的农村反贫困实践。最后，在以上分析的基础之上，提出了以国定贫困县为主攻目标的中国农村反贫困路径选择的创新构思。

通过研究，本书得出如下结论：中国农村反贫困的战略实践，要在中国共产党的领导下，充分发挥社会主义制度的优越性，完善制度保障体系建设，以对贫困主体的塑造为先导，以产业的培育和发展为基本支撑，实施中国农村反贫困宏观治理和微观引导，实施双层机制的协调统一，有效调动全社会参与，通过贫困区域及贫困个体的内源发展和全社会外源拉动、社会制度保障兜底等三方形成的合力，建立灵活高效的立体中国农村反贫困机制，最终实现中国农村贫困地区的可持续发展。即：

（1）贫困农户本身既是贫困的主体，又是反贫困的对象，贫困主体是反贫困的微观基础，因此，中国农村的反贫困必须以人的全面发展为目标，促进贫困主体的内生发展，提升其“造血”能力。内生发展机制是产生中国农村反贫困动力源泉的内在力量，只有具备自主发展理念，才有可能实现发展动力的内部化。如果贫困区域和贫困农户不能建立起自主发展的理念，那么就会对外界的资源供给和外部组织形成依赖，即使贫困户在外部干预的条件下得到了发展，也是一种外源性的发展，一旦外部扶助终止，发展的动力也就戛然而止。贫困个体的内原动力发展来源于贫困个体的人力资本培育，这是内源发展的核心要义。

（2）强化外源拉动机制，促进外部资源的有效对接。在推进中国农村反贫困的战略实践中，外源拉动机制是我国农村反贫困的关键环节。外源拉动机制目前主要由政府来主导，社会广泛参与，在运行机制上包含了国家宏观财政政策的拉动机制、国家宏观金融政策服务的拉动机制、多元合作的拉动机制，通过实施片区区域产业发展带动，形成产业拉动力和区域的综合拉动力等合力。在外部资源拉动体系中，产业的培育和发展是中国农村反贫困的核心要点，必须实现产业的规模化、市场化，这也是实现贫困地区和贫困农户未来可持续发展的基本支撑。

（3）为实现永续的脱贫，制度的创新是保证。制度为有利于经济增长的各种经济活动提供适当的激励和约束，社会主义经济制度是决定中国农村经济发展的重要因素，在新中国历史上的中国农村经济制度演进中，中国共产党领导下的中国农村反贫困制度，为中国农村反贫困提供了根本性的制度保证。例如，在历史上，家庭联产承包责任制和乡镇企业的发展，为缓解中国农村广泛的极端贫困做出了突出的贡献，而现阶段的土地制度、农村社会保障制度面临更大的提升空间。

与现有文献相比，本书的创新之处体现在以下两个方面：

（1）对新时期的贫困成因进行分析，并在康晓光教授提出的理论框架基础之上，建立贫困成因的分析框架。反贫困是一个动态而又持续的过程，在不同的历史时期和不同的经济发展阶段，贫困的成因将可能不同，尤其在我国目前所面临的二元城乡结构和地区发展不平衡的特定历史阶段，对贫困的成因分析将更为重要。因此，本书试图将在对现有贫困成因框架的基础上，进行创新研究，试图建立针对现阶段的贫困成因分析框架，以适应当前反贫困措施的目标多重性、系统开放性和持续性等要求。

（2）研究的对象和方法有所创新。从我国扶贫开发几个大的发展阶段和以国定贫困县为研究对象来透视中国反贫困制度的变迁，将中国的反贫困所经历的历程，结合了我国经济发展的各阶段态势，并融入当今世界经济的发展环境中进行研究，通过反贫困制度的若干成功经验来研究如何进一步完善与创新，研究的视角有时间的跨度和空间的广度，从而为后续的研究提供了全新的思路。在反贫困成效分析上，运用主成分分析法对扶贫资金的投向效果进行研究，即以592个国定贫困县为研究对象，从扶贫资金投入与贫困发生率等数量关系进行分析，确定扶贫资金投向与贫困发生率之间的关联关系，从而为制度创新提供支持。

关键词：区域贫困，贫困文化，反贫困，制度变迁

ABSTRACT

This article is under the guidance of Lewis's economic growth theory, with national poverty-stricken counties as the research focus, reviewing and summarizing the historical practice of anti-poverty in rural China. First, the concepts of poverty and anti-poverty were defined, the definitions of the two concepts in different contexts were clarified, and the three key factors affecting poverty in rural China were abstracted: poor individuals, regional environment and institutions. The above three factor variables lead to poverty in rural China. Then, the history of anti-poverty strategies in rural China was clarified. At the same time, the anti-poverty practices in other countries were introduced. Finally, on the basis of the above analysis, this paper proposes an innovative concept for the selection of rural anti-poverty routes in China, targeting poverty-stricken counties.

Through research, this paper draws the following conclusion: Under the leadership of the Communist Party of China, the strategic practice of anti-poverty in rural China should give full play to the superiority of the socialist system, improve the construction of the system guarantee system, and take the shaping of the subject of poverty as the guide. The cultivation and development of industries is the basic support for the implementation of China's rural anti-poverty macro-governance and micro-enforcement of the two-tiered mechanism to coordinate and unify, effectively mobilize the participation of the whole society, and promote both sides through the endogenous development of poverty-stricken areas and impoverished individuals and the whole society. We will work together to establish a flexible and efficient anti-poverty mechanism in China's rural areas and eventually achieve sustainable development in rural China's poverty-stricken areas. In other words: (1) Poor farmer households are themselves the subjects of poverty and the objects of anti-poverty. The poverty subjects are the micro foundations of anti-poverty. Therefore,

China's rural anti-poverty must aim at people's all-round development, and promote the development of poverty. Health development, improve its "blood" ability. Endogenous development mechanism is the organic unity of my motivation and internal promotion mechanism. It is the internal force of China's rural anti-poverty power source. Only with the concept of independent development can it be possible to realize the internalization of the development impetus, otherwise it will form a long-term dependence on the intervention of external resources. If the poverty-stricken areas and poor farmers cannot establish the concept of independent development, then they will rely on the supply of external resources and external organizations. Even if poor households develop under the conditions of external intervention, it is also an exogenous development. Once external assistance was terminated, the impetus for development stopped. The development of the endogenous motivation of impoverished individuals comes from the cultivation of human capital of impoverished individuals, which is the core essence of endogenous development. (2) Strengthen the external pulling mechanism and promote the effective docking of external resources. In advancing China's rural anti-poverty strategy and practice, the external driving mechanism is the key link in China's rural anti-poverty. The exogenous driving mechanism is mainly led by the government and involves the society. The operating mechanism includes the national macro-fiscal policy driving mechanism, the national macro-financial policy service pulling mechanism, and the multiple cooperation and pulling mechanism, which are driven by the regional development of the area to form a fiscal pulling force. Financial pull, market pull, and regional pull. In the external resources pulling system, the cultivation and development of industries is the core point of anti-poverty in rural China, and it is necessary to realize the scale and marketization of the industry. This is also the basic support for the sustainable development of poverty-stricken areas and poor farmers. (3) In order to achieve sustainable poverty alleviation, institutional innovation is the guarantee. The system provides appropriate incentives and constraints for various economic activities conducive to economic growth. The socialist economic system is an important factor in determining the development of China's rural economy. Under the leadership of the Communist Party of China in the evolution of China's rural economic system in the history of New China. China's rural anti-poverty system has provided a fundamental institutional guarantee for China's rural anti-poverty, thus using the resources of the entire society to fight poverty. For example, historically, the household contract responsibility system and the development of township and village enterprises have made outstanding contributions to alleviating the extreme extreme poverty in rural China. At the current stage, the poverty alleviation system, land system, and rural social security system are facing greater room for improvement.

Compared with literature, the innovations of this paper are reflected in the following two aspects: (1) Analysis of the causes of poverty in the new period, and on the basis of the theoretical framework proposed by Professor Kang Xiaoguang, improve the analytical framework for establishing the causes of poverty. . Anti-poverty is a dynamic and continuous process. In different historical periods and different stages of economic development, the causes of poverty may be different, especially at the specific historical stage where the dual urban and rural structure and regional development in China are currently unbalanced. The analysis of the causes of poverty will be even more important. Therefore, this paper attempts to carry out innovative research on the basis of the existing causes of poverty, and tries to establish an analysis framework for the causes of poverty at the current stage to meet the requirements of multi-targets, system openness, and sustainability of the current anti-poverty measures. (2) There are innovations in the objects and methods of the study, from the perspective of China's anti-poverty development through several major stages of poverty alleviation development in China and the use of national poverty-stricken counties as research objects to examine the changes in China's anti-poverty system. The overall situation of China's economic development and the current environment for the development of the world's economy are studied, and through the successful experience of the anti-poverty system to study how to further improve and innovate, the research perspective has a time span and a breadth of space. Follow-up research provides a whole new way of thinking. In analyzing the effectiveness of anti-poverty, the principal component analysis method is used to study the effect of the investment in poverty alleviation funds. That is to say, 592 national poverty–stricken counties are taken as the research object, and the quantitative relationship between poverty–relief fund input and poverty incidence rate is analyzed to determine the relationship between poverty–relief fund investment and the incidence of poverty, thus providing support for institutional innovation.

KEY WORDS: Regional poverty, Poverty culture, Anti–poverty, Institutional changes

目　录

CONTENTS

表目录

图目录

第一章　导论

第一节　选题的背景和意义

一、问题的由来

悠悠万事，温饱第一。人类文明的发展史，就是一部反饥饿、反贫困的壮丽历史画卷。通过缓解和消除贫困，从而促进人类社会的全面发展、进步和繁荣是全社会共同的价值追求，也是世界各国都面临的共同任务和挑战。为此，在2000年的千年峰会上，189个成员国签署了《联合国千年宣言》，前所未有地向全世界展示了国际社会集中致力于改善全球贫困人口生活质量的信念。宣言中要求不论穷国或者富国，要尽全力消除贫困，促进人类尊严和平等，实现和平、民主和环境可持续性。

中国政府为消除贫困做了巨大的努力，所取得的成就得到世界公认，为全球减缓贫困事业做出了突出的贡献。自从新中国成立之后，在中国共产党的领导下，全体中国人民在反贫困工作中克服了一个又一个困难，不仅使不计其数的农民脱离了贫困状态，而且还使更多人生活水平达到小康状态。党的十八大之后，党中央将扶贫开发工作提升到国家战略发展的高度，将扶贫开发目标的实现提升到事关将我国在中国共产党成立100年时全面建设成为小康社会的新高度。在党中央的努力之下，《中共中央国务院关于打赢脱贫攻坚的决定》于2015年11月底正式出台，该决定为脱贫攻坚工作规定出整体阶段性目标，提出农村贫困人口要在2020年满足基本生活需求，同时保障农村人口能够享有基本医疗、义务教育服务，住房环境得到改善，保证农村贫困人口、贫困县摆脱贫困状态，实现区域性整体脱贫①。

依照国家统计局发布的《2017中国农村贫困监测报告》显示：按照现行的国家农村贫困标准（以2010年价格水平每人每年2300元）测算，截至2016年底，全国的农村贫困人口为4335万人，自2012年以来，平均每年减少1391万人；其贫困发生率也由2012年的10.2%下降到2016年4.5%，在

① 中共中央，国务院，中共中央国务院关于打赢脱贫攻坚的决定［Z］，2015第34号。

这最近的四年的时间内，总体下降了 5.7 个百分点，平均每年下降 1.4 个百分点。

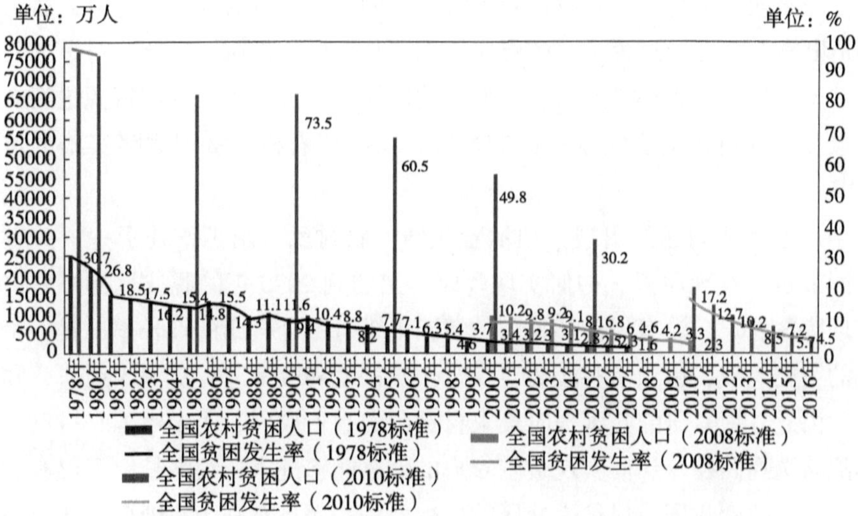

图 1–1　中国历年贫困人口数量和贫困发生率变化趋势图

注：本图数据根据历年国家统计局的《中国农村贫困监测报告》《中国扶贫开发年鉴》等汇总整理而成。

图 1–1 中的数据显示：目前我国政府反贫困的主战场仍然是在农村，现阶段内，农村反贫困已经进入了硬骨头、攻坚拔寨的冲刺期。这主要表现在：

第一，目前中国的扶贫开发已开始呈现脱贫成本上升、减贫速度趋缓的现象，这也表明中国扶贫的投入 – 产出效应正处于逐步递减的过程当中。

第二，虽然我国的绝对贫困人口在持续减少，但致贫因素较多且复杂多变，返贫脆弱性增大，脱贫与返贫现象呈现出交织进行的态势。

第三，贫困地区的落后状况得到总体改善，但发展不均衡的问题依然突出，其中中、西部仍然为我国农村贫困的重点区域，如何实现这些重点贫困区域的脱贫目标仍受到多重制约。

经济发展面临的挑战，不仅仅只是取得高增长率，而是也要让贫困人口共享经济发展成果，从而确保社会所创造的财富能够使最广泛的人口受益。对于大部分的贫穷农户来说，他们同样有着改善生活、摆脱贫困的现实要求，他们拥有强大的内在驱动力，但是在实际状况下，他们可能面临着许多障碍和限制，其中包括如何将自己的个人的奋斗和创造力与公共资源和政府资源进行对接的障碍。现实生活中，由于贫穷，使得穷人没有机会去实现自己的潜能，但是，是否我们外界给贫穷的人一些机会或激励，穷人就可以创造财富？在这个过程中，政府应该发挥什么样的作用？由此，对于如何改善贫困人口与周边环境的关系，使得他们能够有机会去与外部资源进行有效对接，从而有机会去实现自己的潜能，是我国农村反贫困战略实施的重要环节。

以上这些问题的出现，预示着我国的农村反贫困工作处于一个关键的时间节点，在现阶段，如何实现政府提出的到2020年的脱贫目标，并进而实现脱贫农户在没有保护和补贴的情况下维持一个健康的增长率，是一个重大的历史挑战，也预示有必要对现行扶贫制度和政策进行更深入地研究和探索。由此，探索研究我国现阶段农村贫困的真正成因，明晰中国农村反贫困的战略选择路径，从而实现贫困农户的财富能够健康持续增长，不仅有利于在实践中改变我国农村贫困地区的落后面貌，而且有利于我国全面达成小康社会的战略目标实现，具有极大的理论和实践意义。

二、选题的学术价值和实践意义

从西方经济思想史的角度来讲，西方经济学家们对于贫穷问题的研究总体上呈现一定的规律性，那就是每当社会的阶级矛盾或社会冲突激化的时期，代表不同社会阶级利益的西方经济学家们就会对贫困问题展开研究。他们或者站在穷人的立场为改善穷人的生活境遇而摇旗呐喊，或者站在富人立场为缓和社会矛盾而对其主张的理论观点与政策建议进行辩护。

人类社会的基本矛盾是生产力与生产关系之间的矛盾，经济基础与上层建筑之间的矛盾是建立在生产力与生产关系矛盾的基础之上，正是这一矛盾的运动和发展，推动着人类社会不断前进，推动着人类社会从低级形态向高级形态发展。从矛盾性质上来分析，社会主义社会的基本矛盾与资本主义社会基本矛盾之间有着根本的区别。资本主义社会的基本矛盾主要是社会化生产和资本主义占有之间的矛盾，这一矛盾又集中体现为经济危机的周期性爆发、无产阶级和资产阶级的对抗。而在社会主义条件下，生产资料公有制占有主体地位，工人阶级领导的、以工农联盟为基础的人民民主专政国家政权，从根本上消除了阶级对立和大规模的阶级斗争，在此基础上形成了人民群众根本利益的一致性，这也决定了社会主义基本矛盾主体之间不存在对抗性关系，可以通过社会主义制度以及各种相关政策措施来解决，而资本主义基本矛盾必须通过激烈的阶级斗争形式才能解决①。

我国作为社会主义国家，建设与发展的目的在于发展社会生产力，实现共同富裕②。为了实现这一目的，我国政府在政策上允许并鼓励一部分地区和一部分人先富裕起来，这一方面是为了加快建设步伐和实现社会财富的积累，同时也希望能够有效带动和帮助其他地区和群众也富裕起来。经过多年的改革开放，我国已经取得了巨大的发展成就，党的十九大报告指出："我国社会主要矛盾已经转化为人民日益增长的美好生活需要和不平衡不充分的发展之间的矛盾。"新起点、新要求，砥砺奋进再出发，满足人民对美好生活的向往成为发展的新目标。在现阶段，农村贫困是我们必须直面的发展不平衡不充分的问题，也是迫使我们必须从理论进行研究、在实践中探寻的紧迫性问题。由此，从经济理论的角度，对我国的农村反贫困问题进行经济学研究，恰当定义贫困农户个体、政府、社会机构等在反贫困领域所承担的角色，最终实现脱贫致富、创造共同繁荣的目标，具有积极的理论和实践意义。

从理论意义上讲：

第一，从不同的历史发展阶段和区域经济发展的不同阶段，对当前我国农村的贫困成因进行分析，尤其从贫困个体的微观行为和内部约束角度分析贫困和反贫困问题，完善中国农村贫困成因的分析框架，是适应当前反贫困措施的目标多重性、系统开放性和持续性的要求。

在对贫困成因的研究历史中，有众多学者对导致中国农村的贫困根源进行了研究，主要包括经济发展阶段论、区域发展障碍论及可行能力发展不足论等，由此笔者将在充分吸收各位学者的思想理论基础上进行继承和发展，同时结合社会学等分析维度，对在反贫困治理过程中的贫困个体中的内部制

---

① 《马克思主义政治经济学概论》编写组．马克思主义政治经济学概论［M］．北京：高等教育出版社，2017：236-237.

② 邓小平在1992年年初的南方讲话中，全面、深刻、精辟地概括了社会主义的本质，他指出："社会主义的本质，是解放生产力，发展生产力，消灭剥削，消除两极分化，最终达到共同富裕。"社会主义的根本任务就是发展生产力，这是由社会主义的本质决定的。摘自：《马克思主义政治经济学概论》编写组．马克思主义政治经济学概论［M］．北京：高等教育出版社，2017：240.

度约束进行分析，从而进一步完善中国农村贫困成因的分析框架，并提出如何打破内部的贫困包容和贫困均衡的反贫困建议。

德国的斯蒂芬·沃依格特教授认为：对于那些执行起来不需要诉诸国家干预的制度，可以表述为内部制度，这里包含传统、道义规则和风俗等[①]。而在反贫困的治理过程中，我们也发现了在贫困个体内，同样存在内部制度的约束，这些内部制度的约束包括对贫困的包容和均衡。正是由于这些内部制度的约束，很可能将会导致所有曾经的扶贫政策失灵。因此，本书将就这些内部约束深入进行研究，从而突破这些内部制度的约束，使得政府出台的反贫困措施更有效率。

第二，本书通过对现有关于贫困与反贫困的相关研究进行分析，并结合国定贫困县的反贫困历史经验，揭示制度在反贫困实践中的作用机理，并试图建立一个中国农村反贫困的创新框架。

在反贫困实践中，有人按照自由主义经济学家的观点，认为政府应当尽可能减少干预经济活动和社会生活，在产权得到清晰界定、基于自由意志建立的契约得到有效执行的情况之下，市场机制本身就能促进经济的繁荣。在这一过程中，贫困地区、贫困人口可以利用自身的资源优势，在市场体系中获得应得收益，从而实现脱贫目标[②]。而在实际上，我们无论从纵向实际的历史发展过程看，还是从横向各个经济实体的比较来看，政府在反贫困的领域内都发挥着积极的作用，换言之，在贫困治理领域，存在着市场失灵的现象。因此，政府必须在贫困治理领域中扮演不可替代的重要角色，从而推动经济发展和民生改善，让贫困个体和区域摆脱贫困。

内生经济增长模型告诉我们：制度是一国经济增长和发展的内在因素之一，经济增长在某种程度上由制度决定，一个国家的经济增长率可以通过该国家的现行制度品质来解释，或者至少部分通过制度品质来解释[③]。社会经济活动上限是由社会技术结构所决定的，具体来讲，国家通过制定与颁布恰当的制度和政策引导经济活动，使其向上限发展，但是如果制度、政策不恰当，经济活动就会受到影响，出现萎缩和衰退。诺贝尔经济学奖得主道格拉斯·诺斯强调：制度对于提高国家竞争力具有极大的重要性，有效率的经济

① ［德］斯蒂芬·沃依格特．制度经济学［M］．北京：中国社会科学出版社，2016：11.

② 武汉大学，中国国际扶贫中心．中国反扶贫发展报告［R］，湖北：华中科技大学出版社，2016：4.

③ ［德］斯蒂芬·沃依格特．制度经济学［M］．北京：中国社会科学出版社，2016：80.

组织是促使西方经济兴旺的原因，要保证经济组织有效率，就需要在制度和政策上做出合理的安排，提供足够的激励。制度变迁对经济的发展具有重要推动作用，它能为经济发展提供动力支持，当技术条件一致的情况下，有效的制度变迁可以促进生产力的提高，有利于经济的稳定增长。

由此，从制度经济学理论来看，在反贫困治理领域内，一个强大、高效的政府组织是必不可少的。完善社会政策体系，改善贫困人口的福利状况，增进其应对各类风险能力，以达到贫困人口能够实现持续的经济增长，也是我们进行反贫困制度创新的根本出发点。

从实践意义上讲：

第一，通过对中国农村的反贫困研究，能够充分揭示我国在当前情况下农村贫困的主要成因，并根据其成因，因地制宜地制定反贫困措施。贫困与反贫困是一个动态、长期的过程，在历史实践中，我们必须结合不同的历史阶段和经济发展现状，根据贫困产生的成因，进行针对性的反贫困政策制定，这也是深入贯彻中共中央提出的精准扶贫战略思想的实践措施。精准扶贫战略思想是我们党继承和吸纳我国既有反贫困思想的时代创造，习近平总书记在中央扶贫开发工作会议上系统阐述了坚持精准扶贫重要思想就是要做到“六个精准”、实施“五个一批”、解决“四个问题”[①]。落实精准扶贫的战略思想，首先就是要在吸收历史经验的基础上，针对性地根据农村贫困的成因，进行反贫困的制度创新，建立健全长效的反贫困制度和工作机制。

第二，研究中国农村反贫困，同时结合国内外有关贫困与反贫困的实践比较研究，有助于提炼和总结我国政府的历史上所出台的反贫困制度设计经验，为未来的反贫困工作提供重要的参考。《论语》有云：“如有王者，必世而后仁”。自改革开放的以来，我国经济蓬勃发展的历史，是我国政府带领全国人民努力奋斗实现全社会共同富裕的历史，也是具有中国特色反贫困理论的构建和实践历史。在中国农村反贫困的实践中，我国政府已经实施了农村反贫困的一系列措施和政策，中国的扶贫开发取得了巨大的成就。扶贫开发是中国国家战略发展的内容之一，而中国扶贫开发工作所取得的成就也为

① 习近平 . 习近平在中央扶贫开发工作会议上的讲话［N］. 新华网，2016-03-1.
“六个精准”是指扶持对象精准、项目安排精准、资金使用精准、措施到户精准、因村派人精准、脱贫成效精准；“五个一批”是指发展生产脱贫一批、易地扶贫搬迁脱贫一批、生态补偿脱贫一批、发展教育脱贫一批、社会保障兜底一批；“四个问题”是指扶持谁、谁来扶、怎么扶、如何退。

世界其他国家扶贫开发工作提供了相应的经验，并为其他国家树立良好的榜样。通过深入研究中国农村扶贫开发经验可知，中国农村扶贫开发指导理论以及实践行动符合中国农村发展现状。从实践角度来分析，中国扶贫工作取得了巨大成果，世界各国充分认可中国在扶贫工作中取得的巨大成就，并对中国的扶贫经验表现出高度关注，由此，通过对中国农村扶贫开发所采用的具体模式、模式特征、配套制度以及产生的影响等进一步深入分析，也具有很高的研究必要性。特别是在进入新的历史时期后，我国的绝对贫困人口数量稳定下降，但剩余贫困人口脱贫难度不断提高，面对这一背景条件，我们更需要以创新的思维，进行系统的规划与制度设计，使得我们所制定的反贫困制度的目的不应仅仅只是限于追求物质资本和人力资本的局部或阶段性改善，而是要必须制定出能够促进经济持续增长和保障生活水平持续改善的政策制度。在贫困行为个体上（贫困人口），不但帮助他们暂时缓解贫困，而且要支持他们在新的产业领域中巩固已有位置，形成持续的改善生活品质的能力。

第二节　国内外研究综述

贫困是现代著名的3P（Pollution，Population，Poverty）问题之一，消除贫困是人类共同的愿景。诺贝尔经济学奖获得者的经济学家西奥多·舒尔茨曾在公开演讲中说："大部分世界人口属于贫困状态，因此我们一旦掌握了贫穷人口的经济学，我们会对经济学问题形成更深刻的认识。"他还特别呼吁经济学家要关注贫困问题，不要一味沉浸在构建自身理论体系的梦想中。①国内外学者中研究农村贫困问题的各种文献汗牛充栋，其中不乏各种创见，对于什么是贫困，贫困该如何治理这两个命题也一直是国内外学者们所苦苦求索的，他们从各个层面和角度进行了研究探讨，对国内外的相关研究文献综述如下。

---

① 西奥多·舒尔茨．穷人的经济学——诺贝尔经济学获奖者演说文集［C］．罗汉译，上海：上海人民出版社，1998：49.

一、国外研究综述

（一）当代学者对贫困的解释

芬兰埃博学术大学（图尔库分校）经济学教授马库斯·延蒂在2009年发表的《美国贫困流动性的比较研究》一文中对贫困流动性进行了研究，文章作者认为收入的流动性和贫困的流动性密切相关，尽管每年有很多群体能够脱离贫困，但许多人实际上仍然在贫困线边缘挣扎，并且可能再次陷入贫困①。同时，他也研究发现，代际收入的持续现象在许多国家都十分普遍，不均等现象越明显，贫困程度就越高，而其代际持续程度也就越高，教育不公现象的减少以及高等教育选择机制的拓宽，可以促进机会的均等，从而有效减少贫困的代际传递的发生。②

美国的经济学家赛德希尔·穆来纳森和埃尔德·莎菲尔从行为经济学的角度对贫困做出了解释，他在2014年11月出版的《稀缺——我们是如何陷入贫穷与忙碌的》一书中指出穷人的认知能力和执行控制力更弱，他们的大脑里充满了稀缺，这种稀缺心态，将导致他们无能，无法摆脱贫穷，因此，与贫困做斗争是一个长期的艰巨的历程。③

来自于印度的美国麻省理工学院经济学教授阿比吉特·班纳吉在2013年4月出版的《贫穷的本质——我们为什么摆脱不了贫穷》（Poor economics-A Radical Rethinking of the Way to Fight Global Poverty）一书中，从发展经济学的角度出发，对现在关于贫穷的一些流行观点进行了反思，例如援助越多，穷人的依赖性越强；外部援助不起作用等等。对于为什么多年的扶贫政策以失败而告终，该书的作者认为是由于人们对于贫穷的理解不够深刻，好钢没有用在刀刃上。作者通过对穷人所处的生存环境中边缘生活的描述，来发掘

---

① M. Cancian & S.Danziger，Monility in the United States in Comparative Perspective，in Changing Poverty，Changing Policies，eds［J］，New York：Russell Sage Foundation，2009（3）.

② ［美］玛利亚·康西安，谢尔登·丹齐革．改变贫困，改变反贫困政策［M］．北京：中国社会科学出版社，2014：96.

③ ［美］赛德希尔·穆来纳森，埃尔德·莎菲尔，稀缺——我们是如何陷入贫穷与忙碌的［M］．浙江：浙江人民出版社，2014．在书中，作者认为：稀缺是“拥有”少于“需要”的感觉，这种感觉将会俘获大脑，让人因为自己拥有太少而感到不悦，这种情绪将会改变我们的思维方式，强行侵入我们的思想。其造成的后果就是导致人们的认知能力下降，削弱人们的分析、判断和逻辑推理能力，也会导致人们的执行控制力下降，从而导致无能。

贫穷的本质，他认为穷人陷入了一种困境：缺乏信息、信念不坚定和拖延，同时随着社会经济的发展，为穷人提供服务的市场越来越小，穷人在市场中的地位越来越不受到重视，如尚未针对贫困群体建立起完善的医疗保险体系等。

联合国社会发展研究所由于意识到自2000年来的持续贫困和社会不平等程度的增加，在《探寻可持续发展的社会推动力》[①]一文中倡议应出台一个新的发展规划，找到造成贫困、社会不公平和环境恶化的结构性原因，并着手解决这些问题，为实现经济、环境和社会的可持续发展创造条件。文章作者提出的措施包含向贫困群体提供绿色工作、体面工作，授予民众权利和促使民众的广泛参与等，同时，作者尤其强调了在整个经济、社会和环境领域，政策的连贯性和回应能力对于可持续发展至关重要的论点。

世界银行在2001年出版的《2000/2001年世界发展报告——与贫困作斗争》一书中指出，贫困的内涵不但包括收入低以及人力资源未来发展能力低，外部对接能力低也应包括在贫困内涵之中，如遭到社会排斥、权利得不到保障以及发言权缺失等都是贫困的外在表现。由此，从多视角观察，反贫困战略具有更大的复杂性，因为这需要考虑更多的因素，如各种文化和社会的力量。[②]

纵观以上西方经济学家们对于贫困概念相关问题的研究，做出如下归纳：

第一，研究角度各有不同，但缺乏对贫困问题的全面理论解释。

在对贫困问题进行分析时，有人从经济发展角度，有人从社会学角度，他们的研究都从某个专业侧面对相关问题的研究做出了贡献，理论逻辑严密、视角独特，但对于贫困问题的研究在出发点和研究方式都存在一定的差异性，其存在的一个共同弊病就是没有对贫困问题提出十分全面的理论框架和解释。

第二，部分研究理论对贫困问题的解释囿于历史局限性，不能适应于历史和社会转型期对反贫困的要求。

在对贫困问题的进行解释时，许多经济学家都将贫困问题归结为物本贫困，仅仅只有少数学者的分析接触到了人本贫困等层面，而且大多数的学者

① 左常升．国际贫困理论与前沿问题 2015［M］．北京：中国农业出版社，2015：81.

② 世界银行．2000 / 2001 年世界发展报告——与贫困作斗争［M］．北京：中国财政经济出版社，2001：11.

总体上都是试图为资本主义制度进行辩护，所提出的反贫困措施也主要是为了缓和社会矛盾，避免资本主义制度的瓦解等。同时，对于在特定的历史时期，例如由农业化向工业化转型的特定历史时期内的贫困缓解阐述较少。

第三，理论解释研究的成分较多，而缺乏具有操作性的具体措施与对策。

西方关于贫困理论阐述的学者多为经济学家和社会学家，而政策制定者或政策实施者往往不参与贫困理论研究，所以虽然学者们对贫困问题的理论研究较为深厚，但缺乏实际反贫困行动的政策与措施指导。尽管理论的建构是基础性的工作，但是由于其缺乏操作性也将直接影响到其理论应用及理论价值。

（二）关于反贫困的分析

在反贫困研究流域，国际社会的理论界针对农村的经济发展与减贫措施，也经历了一个不断进行探索、调整和完善的过程。其主要的反贫困研究简要总结如下：

1. “涓滴效应”减贫理论

“涓滴效应”（Trickle-down effect）指在经济发展过程中，政府通过推动以工业化为主导的经济增长，从而为社会增加就业岗位，促进劳动者薪资水平的提升，最终使包括农村低收入群体在内的广大劳动者普遍受益，也就是经济增长的最终成果就会像涓涓溪流一样滴漏给穷人，从而实现减贫。在这个理论构建中，政府并不会给穷人以特别的扶助和再分配的干预措施。

美国的著名经济学家艾仁特·O. 赫希曼在《不发达国家中的投资政策与二元性》中认为“涓滴效应”倡导的是先增长再分配的发展战略①，在各国的实践中占有非常重要的地位，这一理论主要包含如下三层意义：第一，改变发展中国家贫困最重要的因素是实现经济增长；第二，发展过程中，增长与公平是并不相容的，即在经济发展过程中，要优先发展经济，同时还要以理性的态度对待社会分配不均、收入存在较大差距的现象；第三，贫困会在经济增长过程中自行缓解或者消除，优先发展起来的群体和地区能够在消费及就业等方面带动贫困阶层或者地区，从而促进其发展。

① 李瑞华. 贫困与反贫困的经济学研究［M］. 北京：中央编译出版社，2014：28.

然而，在实际的经济发展过程中，也有经济学家对“涓滴效应”提出了批判，他们认为单纯的经济增长和自发的市场机制并不能自然而然地使贫困等社会问题得到有效缓解。从实践效果看，这样的增长往往以牺牲穷人利益为代价。例如发展经济学家艾尔玛·阿德尔曼在1974就提出：发展中国家的经济增长并没有实现“向下涓滴”的减贫效应，占人口大多数的劳苦大众的收入状况并没有随着经济增长和工业化的进程而得到改善，相反却出现了有利于富人的“向上涓敛”的聚财效应①。

2.“大推进”减贫理论

英国的经济学家保罗·N.罗森斯坦·罗丹（Paul N.Rosensten·Rodan）于1943年在《东欧和东南欧国家的工业化问题》一文中，提出了系统的平衡增长理论模型，阐述了著名“大推进”减贫理论。其核心观点就是在贫困的恶性循环链条中，寻找并打开一个缺口，并以此为起点来启动促进经济发展的投资计划，同时也对其中相关的产业部门进行投资，由此通过扩大市场容量和完成投资来获得外部经济效应，这样就可以克服对经济发展产生阻碍作用的要素制约。②

“大推进”理论是平衡增长理论的代表，这种理论要求必须在一个地区或国家中全面、大规模的在各个产业部门中投入资本，实现共同发展，最终达到通过增加投资来打破贫困的恶性循环。然而，这一理论的实践效果并非有效，因为从实践经验看，资本的形成实际是一个逐步积累的过程，从世界范围看，也难以发现一个能够通过全面和大规模投资来推进工业化进程，最终实现贫困消除的成功案例，而且，这种大规模投资所需的大量资金和资源也是贫困地区所缺乏的，如果强行推进平衡增长策略，甚至可能会产生灾难性的后果。

3.“二元经济”减贫理论

美国经济学家阿瑟·刘易斯在1954年《劳动无限供给下的经济发展》一文中，提出了用以分析发展中国家的农村摆脱贫困，并实现工业化和现代化过程的“二元经济模型”。该文中，作者认为在发展中国家中存在农业和工业这两个异质的部门，在农业部门里，生产传统，技术落后，人口众多，

---

① 谭诗斌.现代贫困学导论［M］.湖北：湖北人民出版社，2012：299.

② 贺静.西方经济学——穷人和贫困问题研究及启示［M］.北京：中国社会科学出版社，2013：82.

人们仅只能维持基本生存；而在工业部门里，技术先进，劳动生产率比较高。由此，作者认为发展中国家的贫困，与资源稀缺无关，而主要是由于传统农业在整个国家的经济结构中占有不合理的支配地位而导致，因此，要摆脱贫困就必须打破这个经济结构，使农业向制造业和服务业过渡，从而实现国民经济的平衡增长，解决贫困问题。

由于二元经济理论中的描述与西方发达国家经济增长的历史过程基本一致，所以这一理论在发展中国家影响很大。但是，现在的发展中国家与发达国家的具体情况仍有许多的不同，我们不能不顾实际状况地套用这一理论，例如，这一理论并未考虑在实践过程中存在一些现代的工业部门在技术传输过程中所存在的资本密集倾向和资本外逃现象，以及城市中存在的大量失业问题等，而正是由于这些问题的存在，可能影响二元经济理论在农村反贫困领域的适用性。

4．“发展极”减贫理论

“发展极”减贫理论是由法国经济学家弗朗索瓦·佩鲁于1955年在《略论“发展极”的概念》一文中提出的，该理论阐述了地理集中的企业之间或者产业之间的有机联合，将对工业化的进程产生重要的作用。佩鲁认为，正是某些具有创新能力的主导部门（包括企业）聚集于特定地区或城市，进而出现资本和技术高度集中的现象，由此形成规模经济效应，出现经济效益的“发展极”，通过对“发展极”的重点投资促使主导产业或者区域优先发展起来，带动周边地区的专业化协作、生产要素的移动以及信息技术的传播，进而对附近区域产生辐射效应，实现贫困的缓解与消除。

“发展极”理论的政策导向就是发展中国家要实现工业化和经济发展，就必须建立“发展极”，通过发展极对其他地区和部门产生影响，带动整个经济的发展。而在“发展极”的培育过程中，市场机制的自发调节就可以引导企业或行业向某些区域聚集发展，从而自动产生“发展极”，政府也可以通过计划和投资来建立“发展极”。

5．福利经济学的减贫理论

20世纪初，西方出现了福利经济学。来自英国的经济学家庇古撰写的《财富和福利》一书于1912年正式问世，这部著作的问世标志着西方正式建立起完整的福利经济学体系。自此之后，越来越多的研究者认同福利经济学，而庇古也因此得到学界推崇，享有“福利经济学之父”的称号。庇古的福利经济学建立在边际效用学说和边沁的功利主义理论的基础之上。他以边沁的功利主义原则，即以最大多数人的最大福利原则为基础提出了福利经济学理论，认为福利是满足个人需求或效用，个人福利指的是个人全部福利的总和，社会福利指的是所有的社会成员个人福利的集合，同时还提出，如果要增加社会福利，必须使社会大多数群体的需求得到满足，因此最大化社会福利指的是最大化满足社会最大多数人的需求。

庇古以边际效用递减理论为基础还提出，当将高收入群体的部分收入转移给低收入群体时，高收入群体福利减少量应低于低收入群体福利增加量，则净福利为正，社会整体福利水平呈上升趋势。这一论断的政策含义是：政府应当采取干预措施，通过收入再分配增加社会的福利。庇古的这个论点成为西方国家的政府此后制定收入再分配政策的理论依据之一。同时，他指出增加国民收入能使国民的社会福利增加，而改进资源配置能够增加国民收入，因此，资源最优配置政策也是增进社会福利的重要政策。

20 世纪 30 年代以后，经过萨缪尔森、希克斯、艾伦卡尔多、柏格森等人的努力，福利经济学在方法论、基本论点和政策主张上都有了重大的发展，形成了所谓的新福利经济学。持新福利经济学观点的学者提出，当社会某一群体的福利上升时，其他群体的福利下降，不属于社会福利增加。社会福利水平上升只限于两种情况：第一，全体社会成员的福利水平上升；第二，部分社会成员的福利水平上升，可是其他成员却并没有因此降低原有的福利水平。这就是所谓的帕累托条件。

新福利经济学中的最优条件理论提出，处于完全竞争状态的市场能够为生产与交换活动提供最优条件，这是实现最大化社会福利的保障条件。当然，福利最大化的内涵与帕累托条件一致。也就是说，最优化市场经济组织可以为社会全部成员提供最大福利条件，使部分社会成员增加福利的同时不会导致其他社会成员减少福利。“最优条件论”把经济效率置于社会公正之上，甚至认为最佳的效率就是最大的福利；而且将市场造成的收入分配格局看作是社会福利最大化的必要条件，而不管这种收入分配格局有多么的不平等。这种态度是当代社会所不能接受的。面对这种情况，30 年代后期，霍泰林、卡尔多、希克斯等人提出了“补偿原则论”，试图解决最大福利与收入再分配的关系。

补偿原则论认为，政府颁布实施的经济政策会使市场价格体系发生变动，一方市场参与者从中得到更多收益，另一方市场参与者收益减少，这种情况与帕累托提出的最优条件福利原则并不相符。由此可见，应当利用税收或价格政策调整这种状况，也就是说将获得更多收益的经济活动参与者的部分收入转移给收益减少的一方，以便弥补收益减少者的损失；当补偿损失之后，从受益者那里取走的收入还有剩余，说明社会福利增加，这说明国家颁布了合理的调节政策。在补偿原则论中，“补偿”形式可以划分为三种：第一，实际补偿，当符合帕累托条件时采用这一补偿性；第二，虚拟补偿，通过比较受益者收益增加量与受害者收益减少量，当增加收益量高于减少收益量时，说明社会福利增加；第三，未来的补偿，即如果从较长期进行考察，那么经济政策对收入分配的影响是深远的和多方面的，有些政策对一部分人有利，对另一部分人不利，但经过一段长时间之后，人人都可能因政策的后果而受益，这样，损失者也就自然得到了补偿。

另外，关于反贫困的经济理论分析还有舒尔茨的关于促进人力资本形成的反贫困模型，约翰·肯尼斯·加尔布雷斯提出的突破贫穷个体对贫困的接纳现状、促进摆脱贫困均衡的政策框架[①]等等。

二、国内研究综述

从我国历史上看，对于如何认识贫困，并通过制度化、规范化的措施进行反贫困是有着长久的历史渊源的。例如在《周礼》中就较为完整地记载了古代灾害救济法令制度。近代以来，通过法律制度促进反贫困的政策措施也日益受到重视。例如1895年的康有为在“公车上书”中就提出了恤穷与务农、劝工、惠商等救国养民的政策，认为救国就需要从“扶贫济弱”开始。19世纪60年代，晚清的著名思想家冯桂芬在学习了荷兰、瑞典等西方国家社会救助制度的经验基础上，撰写了《收贫民议》一文，提出了反贫困内容与形式的创新主张，认为在中国应设立各种“善堂”，教育和收养并重，帮助贫困者提升生存技能，发掘其劳动潜能等。[②]

中国作为世界上人口最多的发展中国家，落后的经济发展水平和大量的

① ［美］约翰·肯尼斯·加尔布雷斯．贫穷的本质［M］．北京：人民东方出版社，2014：87.

② 王三秀．中国政府反贫困规范重构［M］．北京：中国社会科学出版社，2013：94.

农村人口曾经使得中国长期饱受农村贫困问题的困扰。为了缓解曾经十分严重的农村贫困，中国政府为此进行了体制改革，同时还积极创新相关制度，因此中国农村扶贫开发工作取得了巨大成就，已经基本解决了大部分农村人口的温饱问题，可是国内学者研究中国农村贫困与反贫困的系统性理论的时间较晚，总体上并没有提出独立的创新性理论，更多是对国外理论的阐释和结合中国实际现状进行的分析应用，或者是对中国反贫困的政策建议。

（一）对贫困内涵概念和国内贫困现状的认识

但凡研究贫困，首先就要厘清贫困的概念，即回答“贫困是什么”的问题。在中国，在许多人的印象中，贫困就是“食不果腹，衣不蔽体，房不避风雨”，还有人认为贫困就意味着贫穷、落后和愚昧，但这些基本上都是一种感性认识，实际上的贫困对不同的人意味着不同的概念。对此，我国的现代学者们对贫困内涵的认识也是一个逐渐发展的过程。

张帆在《现代性语境中的贫困与反贫困》中提出，贫困属于相对概念，是在比较不同群体境遇的基础上得出的概念，贫困究其本质是一种社会性的存在，是人与人关系、地位的表达。也就是说主要是从经济意义上获得定义和阐释的现代性贫困，只是一种社会现代分化、分层借助于物质财富和货币收入等价值形式的表达。①

谭诗斌在《现代贫困学导论》中提出，贫困不应仅从物本的角度来理解，还应从人本或人文的角度来理解。物的匮乏即基本物质生活资源的匮乏，只是一种外在的、表象的、工具性的物质价值匮乏，而在物质背后的、深层次的、具有目的性的人文价值匮乏，才是贫困的真正本质。现代社会的穷人贫困是多维度贫困，他们至少表现为资源贫困、机会贫困、能力贫困和权利贫困四个维度；现代社会的穷人贫困是复合性贫困，它由各个维度之间的层次性和耦合性综合而成②。

国家统计局出版的《2016中国农村贫困监测报告》中提出：“贫困的概念正在由绝对贫困向相对贫困转变，绝对贫困标准正在向相对贫困标准转变。绝对贫困指的是无法满足基本生活需求的情况，通常以收入和支出之差

① 张帆.现代性语境中的贫困与反贫困［M］.北京：人民出版社，2009：19.

② 谭诗斌.现代贫困学导论［M］.湖北：湖北人民出版社，2012：116.

来划定绝对标准；相对贫困指某一社会群体与另一社会群体相比处于更加贫困状态，也包括某一社会群体收入比平均收入水平低的情况[①]。”

另外，国内学者李实、曹洪民等分别就绝对贫困、相对贫困、城市贫困、区域性贫困等各类问题进行理论上的解释，同时分别进行实证分析。王卓、刘贵平等人则根据贫困本身的复杂性和社会发展在不同的历史阶段所呈现的历史规律性，提出中国农村贫困正在由绝对贫困转向相对贫困，绝对贫困与相对贫困同时存在，物质贫困与精神贫困同时存在，区域贫困和个体贫困同时存在是中国农村贫困的基本情况。姚学萍从中国正处于特定的历史转型期这一特殊背景出发，将当前我国农村的贫困特征总结为贫困群体的多元性，贫困问题的综合性，时间上的突发性，以及城乡的交融性等。郭来喜在《贫困 人类面临的难题——云南民族地区贫困类型研究》一书中，以云南民族地区为例来研究中国农村贫困的区域性和边缘性。

综合以上论述，可以发现，众多的学者也已经就我国的贫困现状认识达成某种一致，即：经过近三十年的扶贫开发，中国贫困的性质与特点已经或正在发生新的变化，其贫困分布已从改革开放初的整体性贫困向区域性贫困过渡，现正在向点状性贫困转变；其贫困特征正在从绝对贫困转变为相对贫困；其贫困类型正在从收入贫困转向能力贫困。

（二）对贫困线和贫困度的确定

国内对贫困线的研究历史相对较短，从 1986 年国家统计局测算中国农村的贫困线开始，众多的国内学者相继也提出了测定农村最低生活保障线、城镇最低生活保障线等观点，其中关于绝对贫困线的计算方法占据主流研究地位。以童星为代表的研究者认为，应该取消利用单一贫困线划分贫困的方式，而是由特困线、温饱线和发展线来划分，探讨采用热量支出法、恩格尔系数法以及消费支出函数法在贫困线测定中的应用[②]。其中恩格尔系数是许多学者在测定贫困线时最常用到的指标，甚至有些学者根据人均纯收入将农村划分为较发达地区、欠发达地区和贫困地区三类，并对这三类地区采用不同的恩格尔系数。但有些学者就认为恩格尔系数具有主观色彩，其中对基本饮

---

① 国家统计局住户调查办公室 .2016 中国农村贫困监测报告［R］. 北京：中国统计出版社，2016：2.

② 童星，林闽钢 . 我国的农村贫困标准线研究［J］. 中国社会科学，1994（3）.

食等消费品的数目和数量的确定具有较大的主观性，而且恩格尔系数本身容易受到消费者的消费偏好和习惯的影响，也容易受到价格因素、农村市场化程度和地区差异等因素的影响。[①] 马丁法是另外一种得到关注的绝对贫困线的计算方法，它分别计算出食物必需品和非食物必需品的成本，然后加总得到贫困线，这也是当前我国农村贫困线的主要计算方法。从大部分关于贫困线的研究来看，他们基本上均着眼于某一个时间节点，均没有提出根据时间维度和变化状况进行调整的机制，但马斌和陈静在对广东农村最低生活保障线标准的研究中提出了建议，他们提出按照城乡零售物价指数或者居民生活费用的价格指数对最低食品的消费进行调整，由此每 2~3 年动态调整一次恩格尔系数，由此可以比较动态而真实地反映贫困状况 [②]。

在国家统计局出版的《2016 中国农村贫困监测报告》对农村贫困标准进行了界定："在一定时空条件以及社会条件下，满足基本生活物质需求和非物质需求所需要的基本费用。"[③] 这种界定既考虑了食物的需求，也考虑了非食物必需品的要求，也与通常和国际比较的世界银行的定义基本一致。

虽然绝对贫困线的方法在关于贫困线的研究中占有主导地位，但也有学者提出了相对方法或主观方法确定贫困标准的测定方法，如使用生活形态法确定我国农村在不同的社会形态、不同的经济发展水平的贫困地区生活形态，进一步分析一般农户和贫困户的收入和消费，列出生活必需品的清单，然后再根据物价水平测算出最低生活保障线。还有一些学者探索使用收入分布函数等来测定贫困线 [④]。

在实际生活中，采用消费或收入来确定单一维度的贫困测量，往往不能全面涵盖贫困个体的真实状况，也与贫困个体的真实感受相差甚远。因此，当代也有更多的学者开始关注多维度的贫困测量，例如国务院扶贫办信息中心副主任王小林博士于 2017 年 1 月出版了《贫困测量：理论与方法》一书，在书中，王小林博士阐述了当前国际社会上所广泛采用的主要贫困测量方法，其中也拓展了联合国开发计划署于 2010 年发布的多维贫困指数，同时，

① 骆祚炎 . 利用现行支出系统 ELES 测定贫困线——兼比较几种贫困线的测定方法 [J] . 统计与决策（理论版），1996（9）.

② 马斌，陈静 . 广东农村最低生活保障线的测定方法探讨 [J] . 广东经济，2006（11）.

③ 国家统计局住户调查办公室 .2016 中国农村贫困监测报告 [R] . 北京：中国统计出版社，2016：3.

④ 方卫东，糜仲春，程永宏 . 社会保障制度中贫困线和贫困率的测算 [J] . 上海经济研究，2001（2）.

通过大量的模型和数据对我国的贫困状况进行了分析，由此，该书作者认为，通过多维度的测量，可以更多地反映穷人所面临的基本可行能力缺乏、社会排斥等现状，通过多维度测量，也能够为公共政策的制定找到优先干预的领域。

另外，还有其他的专家学者的研究，包含：单德明的《民族地区贫困的测度与减贫因素的实证研究》；郭劲光的《脆弱性贫困——问题反思、测度与拓展》；郭雪剑的《三条保障线——中国反贫困的理论与实践》等等。

（三）关于贫困成因的分析

现任中国科学院研究生院教授康晓光在 1995 年 12 月出版的《中国贫困与反贫困理论》一书中，提出了中国贫困成因的理论分析框架，该分析框架从结构性贫困、区域性贫困和阶层性贫困三个角度来探讨和分析贫困成因，特别也注重了中国城乡二元结构矛盾、发达地区与非发达地区等的矛盾与贫困成因探讨相结合，这是作者结合中国在经济转型期关于贫困理论的创新之处。正是在对贫困成因的分析基础上，作者认为中国多年的经济发展，已经完全具备了消除绝对贫困的条件①，他提出，如果某一国家的绝对贫困人口数量不足总人口的 10% 时，这部分贫困人口很难在短时间内利用国民经济增长的途径来脱贫，仅仅依靠这部分贫困人口的能力也很难摆脱绝对贫困状态，在摆脱贫困的战略实施中，政府应该发挥积极的作用。

刘明宇博士认为农民之所以贫困，是由于他们缺乏自生能力，其处于竞争劣势的根源是由于传统的农业经济制度安排抑制了农业的分工演进，由此城乡分化为不同的产业分工路径，由于城乡二元结构的分离，使得农业不能参与到工业的分工体系，无法享受工业报酬递增的好处，使得农民陷入了低水平均衡陷阱。②周紫林以云南省的国定贫困县为例，分析其贫困的成因包括区位劣势、资源条件、民族特性和县政绩效等方面的因素，由此对分析区域的贫困成因提供了参考。③

中国农业学会会长刘奇认为在当前社会转型的历史时期内，中国农村的封闭格局已经被打破，外力的作用成了农村贫富的关键因素。在外力作

① 康晓光 . 中国贫困与反贫困理论［M］. 广西：广西人民出版社，1995：173.

② 刘明宇 . 贫困的制度成因——产业分工与交换的经济学分析［M］. 北京：经济管理出版社，2007：237.

③ 周紫林 . 云南国定贫困县贫困难题破解研究［M］. 云南：云南大学出版社，2009.

用下，农民的土地资源以及自然资源在现代工业化发展中转移到经济发达地区，农耕经济遭到严重排挤，农业发展受到严重影响；从另一角度来看，外力为贫困地区所提供的支持较少，贫困地区被高速发展的现代社会所抛弃，贫困地区基础设施条件极为落后，公共服务水平低，而且生态环境日益恶化。[①]

另外，还有其他的专家学者的研究，包含：李石新的《中国经济发展对农村贫困的影响研究》；李文、李芸的《中国农村贫困若干问题研究》；李晓红的《减贫进程中贫困人口能力形成的产权分析》；李晓宁的《转轨时期初次分配的效率与公平研究》；杨进的《贫困与国家转型——基于中亚五国的实证研究》；任福耀、王洪瑞的《中国反贫困理论与实践》等等。

（四）对反贫困治理结构和农村反贫困措施的研究

到目前为止，我国学者尚未针对政府反贫困的概念形成一致性的认识，但是，在这个领域内，众多学者也都进行了阐述，并提出了具体措施。

王俊文在《当代中国农村贫困与反贫困问题研究》一书中提出："反贫困概念不仅具有经济价值，而且具有政策实践意义，反贫困内涵具体体现在三个方面：一是从制度角度来分析，反贫困能够满足贫困人口基本生活需求，这是反贫困的基本价值所在；二是从体制与政策来分析，反贫困有利于消除贫富差距，有利于公平分配收入，缩减贫困人口收益损失，有利于营建和谐、稳定的社会秩序；三是增强贫困人口的生存能力以及未来发展能力，削弱社会对贫困人口的排斥，使贫困人口不至于游离在社会的边缘，凸显了人文关怀。[②]"张琦、黄承伟等针对反贫困机制设计问题进行研究，认为，完善扶贫脱贫机制是扶贫开发的关键和核心，这需要合理划分中央和地方扶贫事权，探索正向激励机制，从国家层面上来说，要加大对跨区域重大基础设施建设领域的支持，大力倡导区域经济合作，重视保护生态环境，提升公共服务水平，促进区域发展。从地方层面看，则要优化整合扶贫资源，实行科学扶贫、精准扶贫。[③]李龙强认为：不公正、不科学的制度是造成贫困的根本原因，在反贫困措施上，应根据不同的贫困，进行区别对待，具体为绝对

① 刘奇.贫困不是穷人的错［M］.北京：生活书店出版有限公司，2015.

② 王俊文.当代中国农村贫困与反贫困问题研究［M］.湖南：湖南师范大学出版社，2010：41.

③ 张琦，黄承伟.完善扶贫脱贫机制研究［M］.北京：经济科学出版社，2015：128.

贫困要消除、相对贫困要减少、广义福利贫困要减缓[①]。

其他文献还有：刘敏的《社会资本与多元化贫困治理》；陆远权的《人口贫困与区域可持续性发展——以三峡库区为例》；吕雪枫的《非自愿移民贫困风险规避研究》；马铃的《贫困农户与非贫困农户农业收入差异研究》；米勇生的《社会救助与贫困治理》；庞泽云的《中国：与贫困决战》；范小建的《完善国家扶贫战略和政策体系研究》；高帅的《贫困识别、演进与精准扶贫研究》；曹建民、龙章月、牛剑平的《中国农村社会保障制度研究——以西北贫困地区为例》；曾福生、曾志红、范永忠的《克贫攻坚》；陈琦、宋雯的《连片特困地区贫困人群自我发展能力研究》；程志强的《破解"富饶的贫困"悖论——煤炭资源开发与欠发达地区发展研究》；韩建民、韩旭峰、朱院利的《西部农村贫困与反贫困路径选择》；汪三贵等的《技术扩散与缓解贫困》；张新伟的《市场化与反贫困路径选择》；张志远的《多民族聚居地区贫困治理的社会政策视角——以布朗山布朗族为例》等等。

以上这些文献论述，对我国在各个阶段的反贫困治理和某些领域的反贫困措施，起到了非常重要的作用，也正是由于这些专家学者的共同参与和努力，为我们国家的反贫困工作提供了广泛的支持和帮助。同时，众多的专家和学者们也充分认识到：

（1）如何解决反贫困的问题的真正核心，就是如何找到良好的政策和制度保障，但我们不能寄希望于那种泡沫化的，追求立竿见影效果的政策制定。

（2）如果政策不能被正确地实施，计划得再周密完好的政策，也不能发挥积极作用。

第三节　研究内容与研究方法

一、研究内容及其结构布局

中国当前的贫困问题，有着一定的历史根源，历史上几千年的封建社

① 李龙强．贫困理论创新与反贫困制度创新［J］．农业经济·农村发展，2008（09）．

会和传统的文化造成了部分人形成了安贫乐道、小富即安的性格，因此这部分人长期缺乏积极进取的精神和竞争意识；同时，由于近现代我们国家先后经历了外敌入侵和长期军阀混战，由此极大地破坏了生产力，严重阻碍了社会经济的发展。自新中国成立后，我国确实已经取得了举世瞩目的反贫困成绩，但是，我们必须认识到，反贫困工作将是一项长期的工作。中国农村反贫困受到诸多因素的制约，如基础设施条件落后、生态环境恶化以及缺乏完善的市场机制等。对此，我们迫切需要用发展的眼光来看待反贫困，进行卓有效率的制度创新，从而保证我国经济持续稳定健康发展，人民生活水平持续改善。

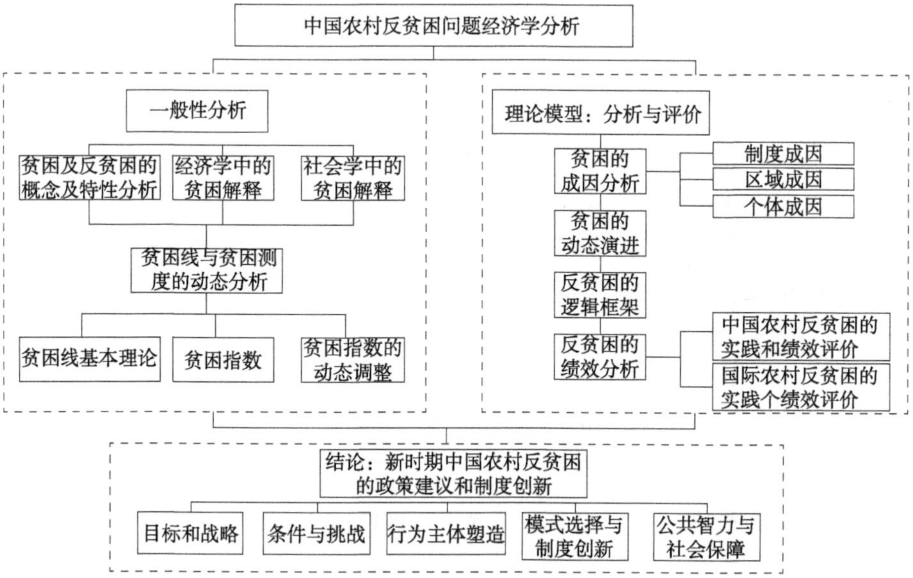

图 1–2　本书写作框架

本书的研究思路如图 1–2 所示，将主要以阿瑟·刘易斯的经济增长理论和道格拉斯·C. 诺斯的制度经济学为主要理论支撑框架，全文将主要分为三个部分，九个章节。各部分的主要内容将包括：

第一，关于中国农村反贫困问题的一般性分析，有助于对贫困问题形成更全面的认识，从而有利于尽快解决贫困问题。先是界定了贫困与反贫困概念，认为贫困不仅属于经济范畴，更属于社会范畴，是一种极为复杂的经济现象和社会现象。在一定的历史条件下探究贫困的本质属性及其深层原因，尤其侧重对贫困的接纳和均衡影响因素进行分析。进一步指出我国的反贫困还面临严峻的挑战，反贫困的综合效益出现下降，因此，有必要完善和创新中国农村反贫困相关制度。

第二，关于反贫困的理论创新总体思路的研究，主要通过运用制度经济学的理论框架指导反贫困制度的创新。在反贫困制度创新总体思路框架研究上，将利用制度分析、制度变迁的相关理论，分析贫困产生的各种成因，包括制度成因、区域成因、个体成因等，并进一步分析指出政府推进反贫困的行为的逻辑。同时，对国内外反贫困经验进行分析。国外的反贫困经验和绩效分析将分别以部分发达国家和发展中国家为案例，国内的反贫困绩效分析以国定贫困县的历史实践进行研究。其中，国定贫困县的设定和针对性地进行反贫困的政策制定，是我国政府反贫困制度中的一个阶段性措施。自 1986 年开始国务院确定了 331 个国家重点扶持的贫困县开始，贫困县的数量和范围曾经先后在 1994 年和 2010 年进行过调整，目前我国共有 592 个国定贫困县，设立国定贫困县这一反贫困的举措是国家按区域进行反贫困阶段性计划的基础，本书将通过对这一样本的统计分析，对其经过长达 30 年的治理经验进行提炼，从而为我们后期的反贫困制度创新提供参考。

第三，关于反贫困的政策建议和机制创新，以及其主要对策研究，包括对当前我国农村反贫困的战略目标设定，所面临的挑战，以及如何通过对贫困主体的塑造来突破内部制度的约束因素，同时将提出不同反贫困模式选择下的制度制定、反贫困工作的长效机制设计等等。

二、主要研究方法

本书拟定采取的研究方法包括：

（1）归纳分析法。对国内外关于反贫困制度的相关文献进行归纳，得出总体上理论界逐步朝着支持反贫困制度中政府与市场相结合的方向进行改革的观点，为反贫困治理过程的制度创新提供理论支撑。另外，对英国、日本、美国、东南亚部分国家等反贫困案例的共同点进行归纳后提出对我国的借鉴和启示。

（2）案例分析法。分别介绍国际、国内的部分反贫困案例，对其反贫困制度制定，以及引入市场机制改革方面的做法和成效进行总结，为我国反贫困制度创新提供借鉴，为研究适合我国的具体反贫困制度提供了实证基础。

（3）主成分分析法。这种方法主要用于特征提取领域，是一种最常见的提取特征的方法，如图像处理、模式识别、故障诊断以及综合评价等领域。主成分分析法属于线性映射方法，主要利用同一组别的变量线性组合对变量方差以及协方差结构做出解释，从而实现压缩数据以及解释数据的目标。对度量指标来说，不仅要真实、客观，而且要体现不同个体之间的差别，当同一指标对不同个体取值都大致相当时，该指标难以满足区分个体的需要。本书将通过主成分分析法对国定贫困县的资金投入方向和贫困发生率之间的影响因素进行比较研究。

三、研究的创新与不足

（一）研究的创新

本书与相关的研究成果比较，力求在以下方面有所创新：

（1）对新时期的贫困成因进行分析，并在康晓光教授提出的理论框架基础之上，完善建立贫困成因的分析框架。反贫困是一个动态而又持续的过程，在不同的历史时期和不同的经济发展阶段，贫困的成因将可能不同，尤其在我国目前所面临的二元城乡结构和地区发展不平衡的特定历史阶段，对贫困的成因分析将更为重要。因此，本书试图在对现有贫困成因分析框架的基础上，进行创新研究，试图建立针对现阶段的贫困成因分析框架，以适应当前反贫困措施的目标多重性、系统开放性和持续性等要求。

（2）研究的对象和模式有所创新，从我国扶贫开发几个大的发展阶段和以国定贫困县为研究对象来透视中国反贫困制度的变迁，将中国的反贫困所经历的历程，结合我国经济发展的总体态势，以及当今世界经济的发展环境中进行研究，并通过反贫困制度的若干成功的经验来研究如何进一步完善与创新。研究的视角有时间的跨度和空间的广度。

（3）运用主成分分析法对扶贫资金的投向效果进行研究。即以592个国定贫困县为研究对象，分析扶贫资金投向与贫困发生率之间的影响因素，来研究扶贫绩效问题，从扶贫资金投入与贫困发生率等数量关系分析，从而为制度创新提供支持。

（二）研究存在的不足之处

由于研究时间以及作者的研究水平都有限，所以本次研究存在一定的不足。首先，本次研究中很难获取真实的、大量的扶贫数据，导致数据在计量模型中应用的结果出现偏差，例如在进行贫困发生率与扶贫资金投向的回归分析时，对资金的投向仅按 15 个指标进行分析，尤其是其中对于“其他”类项下的投资去向无法进行细化，所以对该类的结论无法进行更为清晰的解释，这也影响到相关结论。其次，笔者研究同一现象时采用了多种研究理论以及研究方法，不同研究方法下的研究结果没有有效整合在一起，如主要采用以贫困发生率为主导的反贫困绩效分析，而对于贫困深度及贫困个体之间的差异无数据资料进行支撑，同时论文只对资金投向影响贫困发生率的问题展开研究，并没有涉及反贫困实践中的其他因素，如制度因素、固定资产投资因素等对贫困发生率降低的影响未进行数据验证，这还需要更深入研究。

第二章　贫困研究的基本理论及其对本研究的启示

第一节　贫困及反贫困相关概念与主要特征

将“反贫困”作为本书的研究课题，首先必须回答“什么是贫困”这个概念。对于如何澄清这一概念，在不同的历史阶段，许多的研究学者都提出了不同的观点。例如，许多人对“贫困”这一概念的认识就是：食不果腹，衣不蔽体，房不避风雨。但这是对贫困极端现象的一种特征性描述，是一种感性认识。从理性的角度对“贫困是什么”这一概念进行科学而严谨的判断与回答，的确并非一件十分容易的事情。例如萨缪尔森曾经说过：“贫困是一个非常难以捉摸的概念……对于不同人群，贫困的定义也不同。学者阿玛蒂亚·森在其作品中提出，有些贫困相关的问题极为复杂，并不能简单解释清楚。除了原生与极端的贫困，其他贫困相关的问题都比较模糊。”①

因此，从逻辑的角度，我们要回答“什么是贫困”，就需要我们对这些概念的基本内涵“是什么”做出清晰的定义和判断。由于“贫困”这一概念将在不同的语境中出现，为理解“贫困”这一概念在不同语境下的含义，本节就首先试图从语言学的角度对这一概念的进行剖析②。

一、贫困概念的语义分歧及其学术界定

“贫困”是一个概念。概念形成于人们对客观事物的本质看法，是人们对事物属性进行一番思索后得到的产物，也是认识事物本质的基本思维方式，是思维活动的一种基本形式。概念是通过语词来进行表达的，语词是概念在语言层面的表达形式，是人们用来表达自身思想的外壳与工具，而且概念赋予语词以思想内涵，可以看作思维产物，从本质层面来规定思想内容，所以，概念与语词是一个统一体的两个方面。我们为认识“贫困是什么”，就首先需从语词的角度来了解“贫困”这一词汇的内涵。

---

① ［印］阿玛蒂亚·森．贫困与饥荒［M］．北京：商务印书馆，2014：10.

② 谭诗斌．现代贫困学导论［M］．湖北：湖北人民出版社，2012.

（一）“贫困”的词义表达

在汉语语境中，“贫困”是由“贫”和“困”两个单音词构成。首先，“贫”在汉语中主要有两种解释：第一，“贫”字的狭义解释是指钱财匮乏，收入少，穷，与富相对。在古汉语中，对“贫”的象形解释是：，上从“分”，下作“贝”（在古代泛指货币或财物），即贫在财分少也，合则贝多，分则贝少。富，厚也，则贫者，不厚之谓。古书《说文》中描述：“贫，财分少也。”《荀子·天论》也描述：“强本而节用，则天不能贫。”意思是我们应该强化农业的根本，而且能够节约开支，则天下就不能使人贫穷。孔子的弟子之一原宪也曾经说“无财者为之贫”。以上这些描述都是从缺乏钱财这一狭义角度对“贫”这一概念的解释。第二，“贫”字的广义解释指匮乏、缺少、不足。例如在《广韵·真韵》一书中描述：“贫，乏也，少也。”在《文心雕龙·练字》中也描述到：“富于万篇，而贫于一字。”在现代词汇中“贫油”“贫血”等词语中的“贫”，其表达的就是匮乏的意思。

在汉语中，“贫”经常与“穷”联系在一起，这两个词在语义也非常接近。例如在古书《广雅·释诂》（四）中写道：“穷，贫也。”“穷”也可以表述为缺乏财物，处境恶劣。而在实际中，“贫”与“穷”还是有差异的，“穷”有“极端”的意思，即“贫”与“穷”在程度上存在差异，例如《左传·昭公十四年》中描述：“大体贫穷相类，细言穷困于贫，贫者家少财货，穷则全无家业。”《荀子·大略》也写道：“多有之者富，少有之者为贫，之无有者为穷。”从以上的描述中，都可以看出：“穷”比“贫”的匮乏程度更大，甚至可以描述为一无所有。

对于“困”的词义描述，在汉语中也主要有两种解释：第一种解释是指生活困难，穷。《广雅·释诂四》中描述：“困，穷也。”《尚书大传》描述：“行而无资曰乏，居而无食曰困。”第二种解释指处境艰难，陷在艰难痛苦或无法摆脱的环境中而非常窘迫。《新华字典》中第一条对“困”的解释是：陷在艰难痛苦里面，例如为病所困等。

“贫”和“困”两个单音词合并构成“贫困”这一复合词，在《现代汉语词典》中的解释是：生活困难，贫穷，即可以理解为“贫困”就是“贫穷”，描述的是钱财匮乏，生活困苦。这是对于“贫困”一词的原生词义，也是传统的、狭义的解释。而从更广泛的角度来解释“贫困”的含义，则是泛指："由于有价值物的匮乏而导致生活处境艰难。"总之，"贫困"一词表达了两个核心的含义：第一个是"贫"，即贫乏，是描述的某种性质；第二个是"困"，即困境，是描述的某种状态。所以，总结"贫困"这一概念所表述的即是因"贫乏"而陷于"困境"，表达了一种因某种价值物的匮乏而导致的窘迫生存或生活的状态。

在英语语境中，《新英汉词典》对"Poverty"的词义解释是：（1）贫穷，贫困；（2）贫乏，缺少。由此可见，英语单词"Poverty"的词义与"贫困"的词义表达是基本一致的。

（二）"贫困"的词类分析

"贫困"作为在汉语语境中的一个概念符号，它的语法功能既可以当作形容词而充当定语和谓语，也可以作为名词而充当主语和宾语。

第一，当作形容词的"贫困"。

形容词（Adjective，简写为 Adj.），是很多语言中都有的主词汇，用于修饰或描述代词、名词，用于表示事物、人类的属性、特征、状态等，通常作为定语，也可作表语、补语或状语。形容词具有如下两个重要的特征：（1）其表述的性质有程度上的变化，即该词能够用描述程度深浅的副词来进行修饰，例如副词"很""非常"等词语，用以表示程度上的变化；（2）其表述的性质可以向对立面转变，即该词语有与之表述相反的性质形容词，或者该词能够直接用"不"来进行否定。

"贫困"一词能够满足以上两个重要的特征，即具有形容词的语法功能。其一，"贫困"具有程度上的变化，能够用"很""非常"等词语来进行修饰，如"很贫困""非常贫困""比较贫困"等；其二，"贫困"具有相反的形容词，如"富裕"，同时可以用"不"来进行否定，即"不贫困"。所以，"贫困"一词是具有形容词的语法功能。

第二，当作名词的"贫困"。

名词（Noun，简写为 n.），是词类的一种，属于实词，名词表示人、事物、地点或抽象概念的名称，而事物有具体事物和抽象事物的区别，因此就有具体名词和抽象名词之分。例如"太阳""地球""河流"等具体事物的名词称为具体名词，而如"健康""平等""自由"等抽象事物的名词可以称为抽象名词。

由此，在前面对“贫困”一词的描述中，“贫困”是指“一种因某种价值物的匮乏而导致的窘迫生存或生活的状态”，因此，在这一语境当中，“贫困”就是一个抽象名词。例如“摆脱贫困”这一语境中，“贫困”就作为一个名词成了“摆脱”的宾语。再比如，邓小平曾经有一个著名的命题：“贫穷不是社会主义。”在这一语境当中，“贫穷”一词就被当作名词而成了主语。

由以上分析可以得知，“贫困”既可以是一个名词，阐述的是一种生活状态，也可以当作是形容词，用以表达某种价值物的匮乏程度，所以从语言学的角度分析，“贫困”一词是一个兼类词（在汉语里兼类词是指一个词有两种或两种以上的词性）。但是，从实际语境中，为了表达事物的某一属性，究竟是选择用名词还是形容词，虽然在语法功能上会有差别，但是在实际语义上是没有本质区别的。由此，在表达贫困的概念时，究竟用名词还是形容词，对于我们对这一类问题的阐述上的思维逻辑并不会产生根本性的影响。例如我国著名的学者金岳霖曾经讲过：“语言学领域，形容词、名词以及动词之间的区别极为关键，但形式逻辑学当中，对应的概念分别并不重要。”①

在英语语境中，“贫困”的概念究竟采用名词表达还是形容词表达，有着严格的区分。作为形容词的“贫困”，一般采用“Poor”来表达；而作为名词的“贫困”，就用单词“Poverty”来表达。从这个角度来讲，这是与汉语语境中的“贫困”作为兼类词是不同的。

（三）“贫困”的词组表达

由前面的分析可以得知，“贫困”具有形容词和名词的双重属性，因此可以在不同的语境中，与其他语词结合构成不同的词组，从而表达更为具体的语义。在本书中，含有“贫困”的词组有以下几类：

第一类，表达“谁贫困”的词组。如“贫困县”“贫困家庭”“贫困户”等，在这类词组中，“贫困”是作为形容词来修饰后面的名词，构成了新的名词性词组，其后面的名词就是具有贫困特性的主体。

第二类，表达“什么东西贫困”的主谓词组。如表述狭义、物质的贫

① 谭诗斌．现代贫困学导论［M］．湖北：湖北人民出版社，2012：13.

困——资产贫困、收入贫困等，表述广义、人文的贫困——健康贫困、权利贫困、能力贫困等。在这些词组中，“贫困”也是作为形容词来对前面的名词进行修饰，是前面名词的谓词，描述这些客体对象“贫乏”“匮乏”。

第三类，表达“在什么程度上的贫困”的词组，例如“一般贫困”“极度贫困”和“轻微贫困”“绝对贫困”和“相对贫困”等词组。这些词组都分别表达了“贫困”的某种程度特征。

第四类，表达“贫困变化”的动宾词组。在这类词组中，“贫困”是作为名词，充当了宾语，例如“消除贫困”“摆脱贫困”“反贫困”等，“贫困”就成了“消除”“摆脱”和“反”的动作对象。

以上这四类词组，在本书中都将出现，其中前三类都是在研究中经常遇到的概念性词组，会在不同的语境中阐述贫困的属性，而第四类是一个短语，也是特指我们针对不同的主体“贫困”而采取的一系列行动。

二、贫困概念的特性

（一）贫困概念具有具体性与抽象性的双重特性

在上一小节中，从语言学的角度，我们对“贫困”这一概念进行了分析。而从实际的理论分析角度，我们还需要通过辩证逻辑学的角度对“贫困”这一概念进行分析，这对于我们充分理解“贫困”与“反贫困”的概念是非常有益的。

抽象概念是逻辑学领域的一个基本概念，站在逻辑学这一角度进行分析，思维形式概念能够分成两类，即抽象概念与实体概念，其中，抽象概念指的是抽象事物存在的关系与性质，而实体概念则用来描述具体实物。同时，实体概念也被称作具体概念，而抽象概念也可以称作属性概念。有的实体概念指代具体事物，但其自身具备抽象特征，对于抽象概念，则是对抽象的关系与性质进行抽象描述，也就是对抽象再次抽象。

从上述描述中可知，汉语语境中的“贫困”是一个表述事物属性的兼类词，可以作为形容词，也可以作为名词，但无论其词性如何，这个概念的所指都不是事物实体本身，而是事物的属性。例如，说某个地区的农户贫困，是指生活在这个地区的农户处于“一种资财匮乏的生活状态”，即指生活在这个地区的农户具有贫困的属性，而不是指某个地区的农户实体本身。因此从这个角度讲，贫困就是一个属性概念，而非实体概念，这也是我们科学辩证地认识贫困概念的重要逻辑基础。

按照辩证逻辑的观点，任何一个属性概念都是抽象的，但也是具体的。因为从辩证的角度来看，抽象与具体是对立统一的一对范畴。具体化过程即将其变为客观、现实的过程，而抽象化过程可以看作是将其总结为理论的过程，可以这么理解，具体得不能再具体就得出客观存在，抽象得不能再抽象就得出哲学的思想体系。物质是对客观事物最抽象的描述，物质的唯一属性就是客观实在性，而具体事物的属性是无穷的，在抽象的过程中，属性逐步建少（内涵缩小），但是外延却逐步扩大，这也是逻辑学的一个基本规律。

贫困作为一个属性概念，这一概念不可能脱离具体的客观对象而独立存在，说到贫困，就必然与某个人、某个地区等客观的个体对象相联系，也必然与它所缺乏的具体价值对象（如资产、能力、机会等）联系起来，也必然会与它所匮乏的程度（相对的或绝对的等等）联系起来。正是由于这些必然联系，说明了贫困这一概念既在形式上具有抽象性，也在内容上具有具体性，贫困概念具有具体性与抽象性的双重特性。

（二）贫困概念具有相对性与绝对性的双重特性

在辩证逻辑学中，相对和绝对是一个重要的范畴。马克思提出，所谓绝对，指的是无条件、永恒不变、静止的；而相对指的是有条件、变化、动态的。本质来讲，贫困概念属于相对概念，但是它也有绝对的特性，具体来说：

1. 贫困是一个相对的概念，与富裕相对应

相对是指相互对应，相反是指相互对立。相对是相关的一种形式，但相反是相对的一种特殊表现形式。对于孤立的事物是没有相关、相反和相对的东西的，因此被称之为绝对，而具有相关、相反和相对的事物，均被称为相对。例如亚里士多德在《范畴》一文中说过“所有相对的东西都有与它相关的东西”，“那些借着与某一他物的关联而说明其性质的语词，都称之为相对的”。从以上描述看，“贫”与“富”就是一对彼此相对又相反的概念。例如在《现代汉语大字典》中，对“贫”与“富”的解释是：“贫即穷，缺少财物，与富相对。”

从历史上看，“贫”与“富”也是相伴而生的，这两个概念具有相互的对立面，但是这两个概念的产生却不是从来就有的，也不是其中的一个概念先产生于另一个概念，它们是相伴而生。穷人与富人是在原始氏族社会解体、产生了劳动分工后产生的。恩格斯曾经说过："在氏族制社会，不存在贫困人口，是因为氏族实行共产制，对病患、老年人、残疾人有抚养义务。妇女、小孩等所有人都是自由、平等的。[①]"而随着社会的分工以及私有制的出现，出现了社会的不平等，贫困与富裕便随即产生。蒲鲁东也曾经讲过："按照劳动规律来分工，该规律也是劳动收获财富的必要条件，但分工意味着抛弃自我选择，任人摆布；也就是说，不分工，则无法进步，不存在平等，无法获取财富，但分工也会让工人处在被支配地位，难以发挥主观性，导致财富对人造成侵害，难以实现真正平等。[②]"从以上的辩证分析，我们就可以深刻理解"贫"与"富"这两个概念的相互依存性，理解关于贫困的起源过程，从而为我们的理论分析奠定坚实的基础。

2. 贫困的界定需要一定条件的关联

对于贫困概念的理解、界定和判断，是基于特定的价值观、地点、时间等提出的。在实际定义中，也不存在超时空条件、超社会条件的贫困概念。对于不同的历史时期，不同的国家，不同的主流价值观念下，人们对贫困现象做出的解释及本质理解、判定标准都存在很大区别。例如在现代的发达国家与发展中国家的贫困原因并非相同，其依据的判别标准也存在极大的差异。

总之，我们在对贫困概念的界定时，不可能脱离特定的主流观念、地点、时间、经济发展水平等要素。由此，可以得知，贫困概念是一个受制于外部条件约束才能规定其本质内涵的概念，是一个有条件关联的概念。

3. 贫困的概念内涵具有扩展性

贫困的内涵一直处于不断的扩展中。扩展就是变化，变化是相对性的本质特性。马克思主义的哲学也认为：无限的、不变的、永恒的，是绝对的基本特征，而有限的、变化的、暂时的，是相对的内在本质。贫困的内涵是随着时间的推移、空间的变化而进行着动态的调整，贫困的内涵并非一成不变。因为正是随着时代的变迁，经济的发展以及人们对于价值观念的改变，

---

① 谭诗斌. 现代贫困学导论［M］. 湖北：湖北人民出版社，2012：17.

② 蒲鲁东. 贫困的哲学（上）［M］. 北京：商务印书馆，2009：129.

大家对于贫困内涵的理解和认识也会随着进行调整。例如，在 1901 年就开始关注贫困问题的英国学者希波姆·朗特里在对英国约克郡的工人贫困家庭的研究中，对于家庭生活的必需品界定就随着时间的变换而进行了动态调整，从而适应不同阶段人们对于贫困概念的理解。直到现在，人们在关注贫困人口的生活质量，界定贫困内涵的时候，不仅仅关注其基本物质生活的满足，而且也增加了健康、权利以及能力等方面的满足。例如在世界银行提出的《2000/2001 年世界发展报告——与贫困作斗争》一书中认为："贫困不仅仅指物质的匮乏（以适当的收入和消费概念来测算），而且也包括低水平的教育和健康。"所有这些变化，都显示出了贫困内涵的扩展性特点。

贫困概念内涵的扩展性还表现在对于贫困尺度的测量具有选择性。关于贫困尺度的选择性问题，指的是由于衡量贫困尺度的选择参照系不同，就一定会导致衡量的最终结果不同。而贫困尺度的选择一定是具有社会性、动态性和上升性，一个地区、一个国家的生活水平随着社会经济的发展水平呈现变化，如此，其社会的贫困标准也并非一成不变，它也同样随着社会进步、经济发展和主流生活标准的提高而不断地变化和提升。例如，我国的贫困标准在 2010 年以农民的人均纯收入 1274 元的尺度进行衡量，当年的全国贫困人口总规模为 2688 万人，而在 2011 年，用 2300 元 / 年为标准进行衡量，全国的贫困人口总规模就达到了 1.28 亿元，同样以当年 2300 元的不变收入标准衡量，到 2016 年，贫困人口的规模就减少到了 4335 万人。所以正是由于社会的发展一直是动态的，人们评价社会成员的基本生活需要是否得到满足，是否过上了最低限度的体面生活的贫困标准，也是相对的，动态的。

通过对以上三个方面的分析说明，贫困的概念具有相对性，相对性是贫困概念的特征属性之一。但是相对性不等同于相对主义，贫困的相对性也包含有条件的绝对。贫困作为一种现象，也是一种客观的存在，而这种客观的存在，就为我们对其进行充分的认识提供了可能。只要我们确定了时间条件、地点条件、社会的经济条件和主流的价值观点后，我们就可以确定一个能够符合社会共认规范的衡量尺度，确定其贫困内涵，从而来界定和理解贫困。如此，贫困概念就具有了一定条件下的绝对性。例如，我国在 2011 年选择的人均收入标准 2300 元 / 年为贫困标准，就是在一定条件下确定的绝对性标准，而这一标准就为我们理解和界定我国一定时期内的农村贫困人口确定了一个明确方向。

（三）贫困概念具有主观性与客观性的双重特性

在现代唯物主义中，认识论是极为关键的一项理论，是人们对事物的产生过程、能力、形式等做出的科学认知，即认为物质世界是客观存在的，是可以被人们所认识的，人们不仅可以认识客观世界，同时还可以通过研究客观现象而了解其本质。对人类而言，认识能力具有无限性，宇宙中只存在还没有认识的客观事物，不存在无法认识的客观事物，这跟不可知论具有明显界限。认知论前提为反映论，也就是说物质世界不会因主观意志而发生改变，具有独立性，物质不断发展而形成了人类意识，是大脑机能，对物质世界进行的反映，我们要始终坚持物体到感觉与思想的认识方式，跟从感觉、思想到物体的认知路线存在明显区别。对于认识，其辩证法体现于实践与认知的关系，通过具体实践，从而获得认识，而通过认识与思考又对实践加以指导，提升实践水平。可以看出，人们在观察、认识世界时并非一蹴而就，而是分为多个步骤、不断深化、反复循环的过程。概念形成过程，可以看作是人们对于某一客观事物本质特性进行认识的结果，它是人们反映事物本质属性的一类思维产物。人的认识与客观事物本身存在辩证关系，即人的认识是客观事物在人头脑中反映，就是人对客观事物的主观映像，在此种情况下，人对客观事物本身的认识就一定受到人本身的条件制约和主观因素影响。但是，这些人本身条件制约和主观因素影响，并不妨碍我们对于客观事物进行科学认识，从而掌握其内在本质规律，从而真实再现客观事物的原貌。

从理论角度讲，能够符合科学认识的贫困概念，不但是一种人们对于客观事物的主观映像，同时也是对客观事物的真实反映，从而具有主观性和客观性的统一特性。然而，对于如何能够科学地认识贫困概念，却并非一个轻而易举的事情，由于贫困概念是一个属性概念，所以人们对于贫困概念的理解就一定与人们的主观评价和心理感受相关。例如我们在评价某一个家庭是否“贫困”时，可能参与评价的每个人都会有自己的视角和判断，因为每个人不仅仅会关注这个家庭的客观生活状态，而且也会带有评判者的主观偏好。所以，如果没有一个统一的标准，就一定会在不同评判者中产生不同的评判结果。如此，一个统一的客观评判标准就非常必要，我国自 1978 年以来，中央政府就先后采用了 3 条不同生活水平的贫困标准，即“1984 年标准”“2008年标准”和“2010年标准”，这些标准就为一定时期内的对贫困的评判提供了客观依据。但是这些标准均体现了在各个时段内政府的执政理念、政策目标取向和财政分配能力等主观影响。

在实际操作中，为了尽量避免人们对于贫困概念认识的主观影响，以使得能够符合现实，操作者也会采取一些措施规避相关风险。例如世界银行曾经在20世纪90年代就采用了参与法来测算穷人的发言权和影响力，其具体的操作方法是：穷人们通过小组讨论的方式，确认哪些事物选项对于他们的日常生活是重要的，然后确定对这些事项进行评级的标准。一旦确定了这些标准而且大家都同意，小组就用小石头、豆子或者其他当地的东西打分评级。评级的内容包括诚实性、参与、责任感、团结社区的能力、反映能力、对人的尊重、公平性和细致性以及是否能够倾听社区的意见和是否具有爱心等。① 这种方法，是让穷人根据自身情况来评价贫困，不管是采用怎样的贫困标准来评价贫困，由穷人自身来参与评价贫困，都说明贫困概念是一个既具有客观性又具有主观性的统一特征。

（四）贫困概念具有空间同一性和时间同一性

若我们将某种事物在特定地点及时间的存在形式，对比在其他地点与时间的存在形式，那么就会产生差异性与同一性的认知。对于贫困这一属性概念进行比较和分析时，必须立足于在一定的时空背景条件下进行，超时空背景条件下的贫困是不存在的。因此，我们必须强调在评价或判定贫困时，就应当在时间与空间层面符合同一性原则。

空间同一性，它指的是在同一社会范围内来定义、比较和识别贫困，唯有如此，才具备现实价值与客观意义。例如在第二次世界大战结束以后不久，中国和印度都赢得了独立，从那以后，这两个国家都在战胜贫困上大获成功。很明显，我国对贫困取得的成果比印度更多更好，但是，我们在进行中国农村贫困的界定时，并不能用印度农村的收入标准来进行衡量。就如同在美国的社会学家布鲁姆在《社会学》一书中讲道：“在纽约的郊区，穷人并不会将自己跟其他偏远地区郊区穷人比较，而是对比周围富人。②”因此，

---

① 世界银行.2000/2001年世界发展报告——与贫困作斗争［R］.北京：中国财政经济出版社，2001：21.

② 谭诗斌.现代贫困学导论［M］.湖北：湖北人民出版社，2012：23.

唯有在同一空间下，对比才存在意义。

时间同一性是指在相同时代或时间来定义、比较以及识别贫困，也就是必须要用当时社会背景下的生活标准或共享规范，来对当时社会人们的生活或生存状况来进行评价，只有这样才能够符合历史唯物主义观点。在相关理论研究过程中，有人曾经用当下的生活标准与需求满足，来评判古代人们的生活水平，从而认为古人的生活极为贫困，这种说法并不科学。这是因为古人的生活水平是跟当时的共享规范与生产力水平相匹配，不然就会出现“现代穷人比古代皇亲贵胄还富有”的荒谬结论。例如我们当前的贫困人口同样也能享受到电视、汽车和手机等当前时代的生活必需品，但是即便在 150 年前的皇家贵族也不可能有这个条件享受到这些。

蒲鲁东在《贫困的哲学》一书中曾经讲过：“我把人类的存在划分为两个主要的时期，即基本上是停滞的野蛮时期和基本上是进步的文明时期。在前一个时期，人类不懂得劳动，只靠大地的天然物产和野兽的生肉为生，而后一个时期，人类变得灵巧，能够改造物质，可以以自己生产的产品为生。①”显然，我们是无法用现代的物质资料生产标准来评价原初人类的生活现状的，也不能得出原始人生活贫困的结论。每个时代的每个地区都有其相匹配的生活标准，不但跟生产力水平密切相关，同时还取决于当时社会文化与社会的共享规范，这就是本书所强调的贫困概念的时间同一性。

三、本研究中的国定贫困县对于贫困与反贫困概念的界定

综合以上所述，本书指出了“贫困”概念的四对特性：抽象性与具体性、相对性与绝对性、主观性与客观性以及空间的同一性和时间的同一性。通过对这些特性的了解，就充分奠定了我们准确理解“贫困”与“反贫困”的辩证思维基础。

要准确理解贫困的概念，需要把握以下几点：一是从历史角度分析贫困的概念，与贫困现象类似，贫困概念同样会不断发生变化；二是跟贫困问题类似，贫困概念也极为复杂，涉及经济学和社会学等诸多领域，其概念本身很难具备确定性；三是贫困问题是一个地区或国家的社会进步与经济发展过

① ［法］蒲鲁东．贫困的哲学（下）［M］．北京：商务印书馆，2009：828.

程中的重要组成，会伴随空间、时间以及主流观念的改变而不断发生变化；四是从贫困成因等多个方面对贫困问题展开分析及讨论，只有这样，我们才能更好地理解所谓的绝对贫困和相对贫困、农村贫困和城市贫困、收入贫困和人类贫困等由贫困概念派生出来的其他贫困概念范畴。

本书在综合相关学者研究结论的基础上，对中国农村贫困的一般性涵义概述如下：在中国农村区域内，个人或家庭由于缺乏基本的生活资源、发展机会、活动能力，使得他们的生活难以在同期社会上维持社会认可、平等规范的生活标准，不能过上有尊严的最低限度体面生活，这样的一种匮乏性生活状态称之为贫困。国定贫困县，又称国家扶贫工作重点县，是指经国务院扶贫开发办公室根据相关标准认定的特困地区县①，是国家区域扶贫开发的重要载体。对农村反贫困概念的一般性含义概述如下：指政府与社会对生活在农村区域内的贫困人口进行识别和管理，从体制和政策上给予其生活援助，同时帮助提高贫困人口的生存及发展能力，改善歧视与排斥现象，确保都可以得到平等就医、就业等合法权利，切实维护其尊严，从而促进社会收入分配的公平性，避免贫困人口的疏离化、边缘化。

在对农村贫困和反贫困概念的描述中，本书分别给出了一般性描述，或者说模式化的抽象定义，通过这个定义，我们明确了贫困概念的主体为“中国农村区域内个人或家庭”，反贫困的主体为“政府与社会”，通过这两个概念的定义，也就确定了本书的主要研究对象。

事实上，围绕着对于贫困和反贫困概念的阐述，在学界也从不同的角度对“什么是贫困”做出了理论解释，从而形成了不同的贫困理论范式。但是，对于相关贫困理论的发展，虽然涉及多门学科，但其实大多数情况下是从社会学与经济学角度来展开分析及探讨的，形成了两条线索，而每条线索的展开过程也吸收了其他学科的理论成果，或兼容并包，或另辟蹊径，但无论从影响贫困的宏观要素入手，还是从决定贫困的微观环境出发，最终都还是回到人——贫困者本身这一要素上来。下面，笔者将分别通过这两类视角，进一步来阐释贫困概念。

---

① 贫困县的标准曾经进行多次调整，重点县数量的确定采用“631 指数法”测定：贫困人口（占全国比例）占 60% 权重（其中绝对贫困人口与低收入人口各占 80% 与 20% 比例）；农民人均纯收入较低的县数（占全国比例）占 30% 权重；人均 GDP 低的县数及人均财政收入低的县数占 10% 权重。

第二节　经济学中对贫困的解释

在分析贫困的含义时，首先离不开经济学的视角，在国际上，许多经济学家在不同的时代，秉持不同的经济学思想学说，各自阐述了物质财富的性质、形态和来源，从而也对贫与富的概念有着不同的理解，形成了不同的贫困理论范式。

一、古典经济学的贫困概念解释

古典经济学家们把更多的研究放在如何促进国民财富的增长上，其中也涉及了关于财富的分配问题。在古典经济学产生之前的18世纪50至70年代的重农学派，是法国大革命准备时期的一种主流经济学派，这一学派对重商主义学派进行了批判，认为货币只是贸易的工具，不是国民真正的财富，一个国家之所以贫穷，并非是因为其货币储备少，而是因为商品的财富不充裕。而如何增加财富呢？重农的经济学家们认为“土地是财富的唯一源泉，只有农业能够增加财富①”。后来的英国经济学之父威廉·配第，在著作中提出了新观点，即劳动价值论，是在总结前人理论成果之后，提出了自己的财富观，也就是说土地是财富的母亲，劳动则是财富的父亲，该生产要素具有能动性。他认为，在土地与劳动共同作用下才创造了财富。

亚当·斯密是西方著名的经济学家，他在其著作中详细阐述了“贫”“富”，结合劳动价值论，提出了财富就是商品或价值之间相互交换，把“贫”“富”看作是可购买或支配的劳动力数量。并且他还提出，劳动力可以衡量所有商品的交换价值，从明确分工开始，个人生活所需物品，只有极小部分是为自己服务的，大多数物品都是为其他人生产的。看某个人是否贫穷，就看他可支配劳动有多少，也就是说看他可购买的劳动有多少。其中所指的劳动，并非实际劳动，而是抽象劳动，指的是在商品或财富中凝聚的所有价值。他也提出贫穷的劳动人民都迫切希望社会的进步和生活的改善，以此摆脱贫困，他讲道：“贫穷的劳动人民，即大多数国民，看上去最为快

① 谭诗斌.现代贫困学导论［M］.湖北：湖北人民出版社，2012：44.

乐和幸福的时刻并非是社会已经绝顶富裕那一刻，而是当社会不断进步的时候，他们才最安乐。若社会已经静止，那么劳动者的处境最为艰难，若社会不断退步，则劳动者生活困苦。社会不断进步，也是各个阶段飞速发展的状态，静止意味着发展停滞，而退步则意味着悲惨。[①]”

法国经济学家萨伊在其著作《政治经济学概论》中反对斯密的“劳动价值论”，他认为商品或财富的机制不是劳动价值，而是物品的有用性、使用价值或效用，创造具有任何效用的物品就等于创造财富，这就是萨伊的效用财富观。但是，我们该如何衡量一个物品的效用水平？学者萨伊提出，物品价值可以对物品效用进行测量，这显然陷入了循环论证的境况。但是，萨伊所提出的这一效用定义，这也是福利经济学、边际分析学的重要概念。

大卫·李嘉图是英国著名经济学家，他同样也认为“贫”“富”是由可支配娱乐品、便利品等数量多少来确定，但他并不认为价值与财富等同。在他看来，财富与价值存在本质区别，财富指的是生产的物品或商品，评价某人财富多少主要是按照其所拥有的物品或商品数量，并非是物品或商品的价值多少，主要是数量多少并不能完全确定价值多少，价值主要是受到生产的便利与困难程度来决定。按照这一分析，李嘉图否定了斯密的观点，提出了使用价值的贫富论，也就是“某个人是否贫穷，就看他可支配劳动有多少，也就是说看他可购买的劳动有多少”，他认为一个人所支配的必需品和便利品对谷物、货币或劳动具有多高的交换价值，都为所有者带来益处。其中，有益之处就是指商品的有用性，即其使用价值。

英国的经济学家马尔萨斯从人口学的角度对贫困进行了解释。他认为：人口若不受到抑制，会按几何比率增加，而人类所需的生活资料则是按算术比率增加的。[②]正是因为人口的增殖力比土地生产人类生活资料力增长更快，由此便会影响人们的物质生活资料供应，从而就会出现周期性贫困。学者马尔萨斯详细阐述了贫困定义，包含两重含义，即因人口素质与人口数量形成的贫困。

尽管马尔萨斯的人口论在世界范围内受到比较广泛的批评或质疑，但是对于发展中国家出现的由于人口急剧增长压力，迫使人们不得不反思经济发展和人口之间的关系。由此，在马尔萨斯之后，经济学家们主要从三个方面

① ［英］亚当·斯密.国富论［M］.北京：商务印书馆，2015：75.

② ［英］马尔萨斯.人口原理［M］.北京：商务印书馆，2016：9.

来阐述人口和贫困的关系：第一个方面，即人口数量论，这些学者认为人口过快增长，就会提升对粮食等生活必需品的需求，导致生产力水平的提升跟不上人口增速，因此，生活资料出现短缺，使得人民生活困苦，当生产资料落后，土地极为紧缺时，贫困户可以通过添加家庭成员，从而提升家庭总劳力，进而获得更多资料，但会让人口与资源产生剧烈冲突，加剧贫困恶化；第二个方面，即人口失控论，有些学者提出，贫困会导致人口增速过快，但也降低了人口素质，加重社会负担，素质论认为人的素质又分为个人素质和群体素质；第三个方面，人口民族论者则认为：贫困和民族性存在一定关联，贫困常常发生于各个地区或国家的部落或少数民族中，例如美国的印第安人和东南亚部落民族的贫困。

针对人口与贫困的相关的理论也具有明显的瑕疵，表现在：第一，马尔萨斯的人口论忽略了科学技术进步的作用；第二，关于人口素质和贫困的关系，即认为人口素质跟贫困存在一定联系，但哪些因素能够影响人口素质？我们又该如何解释同一个人在此地是贫困者，而到了彼地又变成为富有者的现象？因此，简单地把贫困归于人口素质的结论是较难成立的。

古典经济学确立了对贫困研究的基础起点，也完成了现代性贫困观的初步构建，但其对贫困的解释是以资产阶级统治地位的合法性为根据的，并形成了某一意识形态，并提出，穷人之所以贫穷，主要是因为他们太过于懒惰，缺乏上进心，行为不够理性，而资产阶级的成功就在于他们能够抓住机会，敢于冒险，具有经济头脑和灵活应对市场变化的策略。因此，他们认为，贫困虽然不幸，穷人虽然值得同情，但这是物竞天择、适者生存的“自然法则”。①

笔者认为：古典经济学家们对于贫困的阐述时代背景，正是资本主义原始积累时期，他们对于贫困的理解，始终集中于对物质财富的多寡进行分析，其中对于土地、劳动分工和效用价值等的概念阐述，不但反映了他们的各自经济思想，其实也是一种政策主张，对于催生生产资本和工业文明起到了重要的作用。

---

① 张帆．现代性语境中的贫困与反贫困［M］．北京：人民出版社，2009：84.

二、马克思主义政治经济学对贫困的解释

马克思对古典的经济学财富观念进行了批判性地吸收，并赋予了其科学的内涵。他以劳动价值论为基础，运用阶级分析法，创立了剩余价值学说，同时提出了无产阶级贫困化理论。而从贫困发生学理论发展的历史视野来看，马克思最早对绝对贫困和相对贫困这两个概念进行了系统而科学的论述。同时，他也提出了关于财富的含义，以及相对贫困、绝对贫困的研究分析法，认为绝对贫困的衡量指标为劳动力价值，而相对贫困的衡量指标为社会发展程度，从而对后期经济学家研究贫困提供了重要的理论依据。

首先，马克思认为财富的定义是建立在劳动价值学说的基础上的，他详细分析了商品的二重属性的辩证关系，将商品财富视为物质财富和抽象财富的统一。他从商品的自然形式角度，将商品本身，即使用价值或财物本身定义为财富的物质内容或物质财富，提出了“使用价值即物质财富”的概念。而从商品的价值形式角度，将商品在交换中所表现出来的共同东西（无差别的人类劳动的单纯凝结）即交换价值定义为商品价值，他认为价值是购买力本身和抽象财富本身，而货币正是抽象财富的物质代表，是抽象财富的物质存在。正是马克思对财富的这一定义，对斯密、李嘉图和萨伊等关于财富的理解片面性进行了纠正。同时，他反复强调劳动和自然物质相结合才能创造物质财富，而财富的表现形式在不同的社会和不同的历史阶段表现形式是不同的，“抽象财富”是一个历史范畴。

其次，马克思揭示了资本主义聚集财富和无产阶级累积贫困的对抗性与二重性。他提出，资本主义的生产本质其实就是获取剩余价值，资本家剥削工人剩余劳动，无偿占据工人剩余价值，马克思认为这就是雇佣劳动制下必然会发生的事情。而通过不断剥削剩余价值，将这些价值转变成资本，然后再次扩大生产规模。这一过程也必然会导致以下结果：资本家积累大量财富，而无产阶级却越来越贫困。通过分析该现象也可以得知，资本主义的生产关系存在双重性，也就是不仅创造财富，同时也产生贫困，在积累资本的同时也累积贫困。所以，马克思认为，资产阶级主导下必然会产生贫困与失业[①]。同时他还提出，资本主义制度也是导致无产阶级越来越贫困的本质原

① 马克思．资本论（第一卷）［M］．北京：人民出版社，1972：692.

因，只有改革旧制度，并构建新制度，才可以做到反贫困。

对于相对贫困与绝对贫困，马克思提出，资本的积累规律导致了工人阶级的贫困化。其“绝对贫困”的含义主要有两种含义：一是指被侵占了生产资料与劳动资料的工人，虽然比较自由，但是只拥有劳动能力；二是指雇佣劳动制下，工人工资通常配不上自身付出的劳动力，伴随资本不断积累，这一情况也会越来越恶化。而“相对贫困”同样有两重含义：一是工人相对工资降低；二是指工人所得与社会发展水平相比下降。马克思关于绝对贫困和相对贫困的科学论述，至今也一直是指导经济学者研究贫困问题的重要依据。

三、现代经济学对贫困的解释

自 20 世纪以来，现代的经济学家们开始更多地关注微观贫困的研究，他们采用的主流方法一般用家庭消费支出、收入和资产等货币性指标，来定义个人或家庭的物质生活和经济状况贫困。由此，出现了消费贫困、收入贫困和资产贫困等概念。

消费贫困泛指个人或家庭的实际物质生活消费水平，未能达到社会规范所认可的最低限度的物质生活消费标准的一种匮乏性状况。例如德国的统计学家恩格尔、英国的贫困问题专家布思、朗特里等，他们都是从分析工人家庭的物质生活消费入手来研究贫困的。其中英国的希波姆·朗特里在 1901 年对英国约克自治市工人的生活水平与收入展开调查，调查发现，该城市中有 10% 左右的人处于贫困状态。结合该调查结果，他对贫困下的定义是：家庭全部消费无法维持正常家庭成员对生活必需品的需求。其中，生活必需品指的是住宅等生活用品，并不包括奢侈品与享受品。因此，按照生活必需品最低数量及价格，对贫困家庭进行划分，也就是贫困线，且到今天还依然采用这一方法来作为贫困标准。例如世界银行采用的国际贫困标准（2005 年购买力平价 PPP 每人每天生活费 1.25 美元或每天 2 美元），即是根据消费定义的贫困标准。

虽然消费贫困能够从消费角度来评价个人或家庭的实际生活水准，但有的经济学家在进行贫困理论研究时，更多是采用收入贫困的概念，他们认为：一个人或家庭收入的多寡，不仅仅反映了个人或家庭对商品和服务的购买能力，也反映了这个人或家庭所拥有的选择高品质生活的能力，同时，个人或家庭的收入数据比消费支出数据更容易获得，也更不容易受到由于个人将收入转为储蓄而不进行当期消费的误导。因此，许多经济学家就是采用收入来评定家庭与个人的贫困程度。比如说，萨缪尔森作为著名经济学者，他在其著作中就将贫困定义为：贫困就是收入不足的状况。而在世界银行发布的《2000/2001 年世界发展报告——与贫困作斗争》一书中，也采用收入标准来定义贫困。但是，在定义收入贫困时，也有绝对收入贫困和相对收入贫困两种方法，例如，从 20 世纪 80 年代开始，欧共体（现在的欧盟）就采用了相对贫困的概念，将贫困定义为收入不足社会平均收入水平的 50%，甚至也有部分欧盟国家将贫困定义为收入不足社会平均收入的 60%。因为收入是对居民生活水平进行评定的重要指标，且极易统计、监测以及测量，因此，在国际上，反贫困工作中一个关键概念就是收入贫困。

在进行消费或收入贫困研究时，也有经济学家对单纯采用消费或收入来定义贫困进行了批评。例如美国学者罗伯特·哈夫曼在 1987 年出版的《贫困政策和贫困研究》一书中，针对美国官方的收入贫困线，他指出其官方标准中并没有计入资产，也没有计入人们之间获得不同质量住房机会的差别。他认为金融和物质资产与现金收入一样会影响家庭的经济状况，因此他提出在定义贫困时，除了现金收入，还应包括资产状况，一个家庭的贫困与否，取决于这个家庭可以控制的“经济资源”。同样，美国华盛顿大学教授迈克尔·谢若登在 1991 年出版的《资产与穷人》一书中，也认为美国以收入为基础的福利政策在帮助穷人摆脱贫困方面的收效不大，其中一条重要的原因是忽视了穷人的资产积累。因此，谢若登提出的反贫困的政策应寻求福利救助政策和经济发展的结合统一。1995 年，美国的梅尔文·奥利弗等出版的《白人的财富，黑人的财富——种族不平等的一个新视角》一书指出一个事实：如果采取传统计量方法，对于收入贫困，那么美国的白人与黑人就缩小了差距，然而从资产状况来看情形却大不相同，平均而言，如果一个美国白人拥有了 1 美元的资产，则一个美国黑人拥的资产仅有白人的 10%，即 0.1 美元的资产，这显示出了美国社会白人和黑人之间的巨大财富差距。[①]

除以上给出的关于贫困的相关理论外，还有其他经济学家也在其著作中提出了对贫困的分析，例如：早期的美国经济学家亨利·乔治所著《进步与贫困》一书中，他提出了财富的分配比财富的生产更为重要，资本主义的弊

① 王小林. 贫困测量：理论与方法［M］. 北京：社会科学文献出版社，2017：8.

病就在于社会财富不公，他主张通过一系列改革措施，将土地私有制解除，对土地采取单一地价税，按照土地估值来征税，把土地增值所获收益归入社会，以用于发展生产和为国民服务。瑞典经济学家冈纳·缪尔达尔（1974年与弗里德里希·冯·哈耶克获得诺贝尔经济学奖）所著的《亚洲的戏剧——南亚国家贫困问题的研究》以及《世界贫困的挑战——世界反贫困大纲》等书，从经济发展的角度，利用制度分析的方法对贫困问题进行了研究等等。

综上所述，当代主流的经济学家们对于贫困含义的理解，集中于穷人或贫困家庭的基本私人物品匮乏问题，即个人的消费、收入和资产的贫困。

四、经济学中的各种贫困概念解释对本研究的启示

对贫困进行研究时，始终绕不开经济学。通过以上分析，经济学对贫困的概念解释可以给出我们如下启示：

第一，在经济学领域，非常强调客观因素对贫困形成过程中起到的作用。在古典经济学领域，马尔萨斯、李嘉图等学者就提出，土地报酬存在递减规律，这也让人口增长与土地资源之间产生危机。比如说，马尔萨斯就提出以下命题：土地生产力与人口繁殖水平存在不平衡，但是自然法则需要获取平衡结果。[①]这一命题存在三个前提：第一，制约原理。就是说生活资料会限制人口增长；第二，增值原理。也就是说生活资料的增长，也必然带动人口增长，除非采取强力抑制措施；第三，均衡原理。对人口增长进行限制的这部分力量主要来自贫困、道德节制以及罪恶，即由于贫困的原因，也可能将限制人口数量的无限增长。

马尔萨斯的这一理论，阐述了人口的增长是一种自然状态，贫困可以对人口增长起到抑制作用，然而贫困并不是引起人口增加的本质原因，而且是结果，贫困可以起到自然抑制作用，二者相互交替，就形成了人口先增长、后衰退的循环过程。

第二，从经济学层面出发，生产问题实质上是各种生产要素在可供选择的竞争性用途上进行有效配置的问题。对于生活在中国农村的贫困人口来说，其生产的问题也可以具体表述为如何将他所拥有的生产性资源（劳动

---

① 沈红等．边缘地带的小农——中国贫困化的微观解理［M］．北京：人民出版社，1992：179.

力、土地、资金）在农业与非农业之间进行最有效率的配置。由此可以看出，经济学中对贫困概念的各种解释包含了宏观生产要素禀赋、经济结构运行的分析，也包含了对微观个体的个人收入分配行为的分析等，这也成了学者们对贫困研究中的主要出发点。

第三，由社会的客观演变规律可知，商品经济若发展不充分，那么生产就无法实现社会化，但若不开展社会化的大生产，就不可能实现全民富裕。为解决贫困问题，在人类社会发展的历史中，不管哪个地区或国家，以及采用哪种社会制度，其经济发展过程必然会经历从自然经济逐渐转变成商品经济的过程，需要经历原始资本的积累阶段。①

马克思认为，资本的原始积累，其实就是将工人和生产资料强制分离，少数人迅速掌握了大量的社会财富，并将其转变成资本。被称作原始积累，主要是因为该积累过程的发生在确定资本生产方式以前，并非资本主义的积累过程。通常而言，资本主义的积累过程，指的是资本主义已经明确了生产关系，资本家通过剥削工人剩余价值，并将其转变成资本。能够看出，原始积累不是资本主义明确生产关系以后产生的结果，其实是以原始积累作为出发点，从而确定生产方式。任何一个资本主义国家，其必然会经历原始积累这一过程，虽然可能每个国家采取的积累方式存在一定差别，但都拥有相同的本质，都是利用暴力措施，将生产资料与工人相分离，由资本家来掌握财富与生产资料。站在这一角度来分析，资本主义原始积累其实是对工人进行暴力掠夺，二者之间的关系具有对抗性。②

处于社会主义初级阶段的中国资本的原始积累，与资本主义的原始积累不同。我们这里所说的资本原始积累，指的是从自给半自给的自然经济向商品经济转变过程中，所必须经历的一个特殊阶段。在这阶段中，必须要将以前那种分散的、落后的、停滞的小生产转变为社会化的大生产，从自然经济逐渐转变成商品经济，唯有经历上述两大转变，那么才可以做到资本的原始积累，使物质能量迅速累积，才有可能顺利解决中国农村的贫困问题。

---

① 金明善．赶超经济理论［M］．北京：人民出版社，2001：107.

② 马克思．资本论［M］．北京：人民出版社，1975：781.

第三节 社会科学对贫困的解释

贫困观念、现象以及关于人们对贫困所持态度都带有历史、地域和文化的烙印。在远古社会发展中，经济史嵌合于社会及其制度之中，而并非一个独立的活动领域，经济行为从属于个人地位的维护与提升，而非现代社会所盛行的经济利益最大化，其社会分化和分层也主要依托于社会地位和政治权力来展开。随着社会化大生产的发展，现代意义的贫困观转变为以对物的占有为核心价值，但其仍然是社会分化和分层的另一种表达，而只是分化的标准出现了变化。

马克思曾经用一形象的例子，对现代社会背景中对贫困这一概念进行了解释，介绍了其社会性的本质。他说，比如一所房子无论如何，如果它的周围也都是此种大小的房屋，则它可以满足社会关于住房的所有要求，然而如果它的周围突然出现一座辉煌的宫殿，在对比的情况下，这座房屋就显得非常可怜。然后随着社会的发展，这所房子和旁边的宫殿都不断扩大，并且宫殿的速度可能更大，拥有小房子的人可能就会不满意这样的局面，感觉被对比下来，被人看不起。[①] 所以说贫困其实是相对的一个概念，具有社会性。由于我们的享受与需要都来源于社会，所以，对于享受与需要的标准都是从社会中来的，并非以满足其需要的物品来进行衡量，此种享受与需要具有一定的社会性质，因此属于相对的。[②]

美国学者萨林斯认为：贫困并非指拥有少数量的财富，因为世界上最原始的人们拥有很少的财富，但他们并不穷[③]。那种以通过评价物质财富占有的多寡能否满足人类需要的贫困的描述，不是对贫困本质进行描述。从社会学家的角度出发，贫困究其本质，是一种社会性的存在，是人与人关系、地位的表达，它与文明共同生长。

一、社会学语境中的贫困概念

社会学对贫困概念的理解是与两种社会模式联系在一起的。一种是自上

① 马克思，恩格斯．马克思恩格斯选集（第一卷）[M]．北京：人民出版社，1972：367.
② 马克思，恩格斯．马克思恩格斯选集（第一卷）[M]．北京：人民出版社，1972：367-368.
③ [美]萨林斯．原始丰裕社会[M]．邱延亮，译．北京：中央编译出版社，2001：77.

而下的社会分层模式，这种模式与社会有价值资源的分配有关；另外一种是“主流－边缘”的社会距离模式，这种模式与公民身份的权力状况有关。第一种的社会分层模式下的贫困被称为社会资源贫困，而第二种的社会距离模式下的贫困，即社会排斥。

在西方社会学领域中，主要的代表人物是马克斯·韦伯，作为德国著名的社会学家，他提出了有关社会不平等与社会分层的理论知识。他经过研究分析，提出了社会三维分层理论，主要有：第一，经济资源维度；第二，政治资源维度；第三，社会资源维度。所以，他提出了社会不平等，在社会成员当中，有价值物或者社会资源之间分配的时候存在不均等的现象，并且社会下层的贫困群体即为匮乏者。①

随着时代的发展，后来的学者对社会分层理论进行了拓展，例如美国社会学家戴维·格伦斯基在《社会分层》一书中归纳了七种作为社会分层基础并在社会中被不平等分配的资源，包括：经济类资源、政治类资源、文化类资源、社会类资源、荣誉类资源、公民类资源和个人类资源。社会的贫困阶层正是处在社会的最底层，是由那些在社会中离财富、权力和声望最远的人构成，他们接受的教育水平低、缺乏谋生技术、失业率高且经济长期得不到保障。

从多种维度的社会资源匮乏角度来定义贫困，得到了大多数学者以及国际社会的普遍认可，比如欧盟通过《向贫困开战的共同体特别行动计划的中期报告》，对贫困进行了定义：所谓贫困，是人的群体、个人或者家庭中的资源非常有限的情况，并且不能够被接受在生活方式最低的情况之内。此处资源并非物质生活资源，还有社会生活资源和文化生活资源等。

二、可行能力剥夺论和广义福利剥夺论

在英国，庇古作为经济学家，把贫困与福利相结合展开了深入研究，并于1920年在其著作中提到，个体福利是由自身满足来实现的，该满足可以由物质财富追求来提供，也可以由非物质因素来提供，庇古把前者叫作经济福利，而把后者叫作一般福利。此外，他提出，经济学理论及方法无法度

---

① 宋志辉.印度农村反贫困研究［M］.四川：四川出版集团巴蜀书社，2011：38.

量一般福利，但经济福利跟人们各项经济生活与经济生产密切相关。经济效用的满足，能够通过货币进行直接或是间接衡量，对福利总体而言，经济福利的影响有着决定性作用。他提出，对经济福利产生影响的因素主要有：国民收入总体水平和社会成员如何分配国民收入。对于国民总收入增加，他提出，可以通过优化资源配置，从而尽可能提升国民人均收入；对于国民收入分配，庇古提出，只要分配措施可以提升穷人收入且不降低国民收入水平，那么就可以使社会福利增加。他认为，在福利经济学领域，上述两个因素可以作为两大命题。为了使国民收入分配更加合理，他提出的是收入均等化。该理论的观点为：若转移富人一部分收入给穷人，那么不仅可以提升穷人经济福利，而且也让社会福利提升。但是需要结合收入再分配、税收来决定转移的具体手段与途径。①

1998 年的诺贝尔经济奖的获得者阿玛蒂亚·森提出了一个新的发展观：从人的可行能力的角度对贫困进行解释，他认为自由是发展第一目的，发展观就是 GNP 增长、技术进步、工业化等方面的观点是一种狭隘的观点②，同时，他提出，技术进步、财富等能够作为发展目标，但这些因素都是作为工具而存在，主要功能就是为了改善人类的福利与发展；对人类而言，自由就是最为可贵的价值，是人类发展的永恒主题及最高目标。真正的自由是可以免除疾病、饥饿、早逝等，以及获得算数、识字等自由。依据这一观点，他认为：应当把贫困视为达到某种最低可接受的目标水平的基本能力的缺失。③他认为贫困不是个人福利降低，其实是对个人福利缺乏追求能力。

在经济学领域，这种不平等与贫困的理论产生了深远影响，比如说，联合国结合该理论设计了《人类发展报告》。诺贝尔经济学奖获得者肯尼斯·阿罗荣认为，在关于福利经济、社会选择、分配理论等方面的测量领域，毫无疑问，阿玛蒂亚·森是一位享誉全球、造诣极深的学者。

从广义角度出发，福利已经得到了国际社会的普遍认可，并且也已经被广泛采用了。比如世界银行通过《2000/2001 年世界发展报告》，就从广义层面介绍了贫困的概念，并且给出了定义，所谓贫困，即剥夺了福利的一种状态。福利被剥夺的意思为：贫困并非物质缺乏，另外还有低水平的健

---

① ［英］庇古．福利经济学［M］．北京：世界经济出版社，1989：87.

② ［印度］阿玛蒂亚·森．以自由看待发展［M］．北京：人民出版社，1999：24.

③ ［印度］阿玛蒂亚·森．再论不平等［M］．北京：人民出版社，2016：126.

康与教育；另外，风险以及遇到风险的时候所表现出来的脆弱性也都是贫困，再加上无法表达自身诉求以及缺少发展机会。这一概念是从广义上来定义的，可以让我们深入了解贫困原因，促使我们需要在进行反贫困时制定全面、系统的政策与策略，从多个方面改善贫困状态。基于该定义，世界银行在《2000/2001 年世界报告》中提出以下反贫困战略框架：使经济机会进一步扩大，将市场活动和非市场活动相结合，提升穷人的回报率，更快聚集资产，提升收入水平；提升参与赋权，对国家制度进行改革，使其为穷人提供更好的服务，增强穷人对社区管理、地方政策、政治进程的参与力度，消除性别、社会地位、民族等方面存在的差距；提升安全保障水平，构建社会保障制度，减缓穷人受到的经济创伤，降低风险水平。①

三、社会学的各种贫困解释对本研究的启示意义

社会学对贫困的解释表明：对贫困人口来说，货币和财富的收入只是更为广义的潜在资产的一部分，有保障的生活通常比收入最大化的动机更为重要。从表面上看，贫困人口像是缺乏竞争性与稀缺性的一种资产从而促使生活得以改变的境地，然而其实缺少的是控制这些资产的权力以及社会谈判的一种能力，穷人的干预资产和组织能力才是最为重要的。②

阿玛蒂亚·森经过研究分析，提出的理论观点即对能力贫困进行了说明，阐明了其普适性。也就是贫困即被剥夺了基本可行能力，能力贫困并非只是衡量经济收入的情况，而是对一些因素进行考察，这些因素使得个体无法继续更好的生活，无法达到较低生活水平的情况，这些因素主要有健康、教育等。从当今社会能够得知，医疗保健与教育情况良好可以对穷人起到非常大的影响，生活质量能够得到较大的改善，可以加快摆脱贫困的进程，这也为我们反贫困策略的制定提供了更为丰富的切入视角。

由此，社会学对贫困的解释给本研究的启示如下：

第一，社会学丰富了我们对于“贫困的文化”和“贫困的代际传递”的社会现象的理解。“贫困的文化”即穷人所习惯的一套规范和价值观，是由

---

① 世界银行 .2000/2001 年世界发展报告［M］. 北京：中国财经出版社，2001：19.

② ［印度］迪帕·纳拉扬 . 谁倾听我们的声音［M］. 付岩梅等，译 . 北京：中国人民大学出版社，2001：75.

人类学家奥斯卡·刘易斯提出的。刘易斯认为贫困文化是全世界大多数贫困人口所持有的，当他们一直受到经济剥夺的时候，从而逐渐产生出了贫穷文化，在此情况下，穷人可以应对此种极端环境。在研究过程中，“贫困文化”具有屈从感等内容，此种特点尤为适用在环境的条件无法改善的情况中。① 然而，与其他所有的传统文化相同，贫困文化都表现出一种自我永存的现象，并且在一些地区中属于根深蒂固的，贫困人口即便有机会进行改善，他们也不会通过这样的机会来摆脱掉贫困的。刘易斯也提出，如果产生了贫困文化，则会一直影响下去，对后代的子女也会产生严重的影响，特别是孩童六到七岁的时候，基本上已经拥有了这种贫困的态度与价值观了，且从心理上进行分析，已经产生了一定的惰性，无法有效改善他们的生活状态，由此产生了“贫困的代际传递”现象。

第二，社会学对于“贫困文化”的阐释，对反贫困的战略实施也同样产生了巨大的影响，由此政府和社会在实施“向贫穷宣战”的战略中，也实施了主要为了促使贫困人口得到改变，“扶贫”与“扶志”结合，“扶贫”与“治愚”结合，使得个性特征发生变化，希望他们可以走进劳动力市场，更好地融入社会资源中，从而有效脱离贫困的战略措施。

综合以上分析，贫困问题的确非常复杂，是属于一项综合了社会科学、自然科学等多种学科的一复杂问题。在此方面的理论同样涉及了社会、历史和行为科学等多个学科。关于贫困的经济学理论更倾向于分析宏观系统的要素配置，而社会学理论更倾向于注重研究微观方面，注重贫困者个人的行为方式和需求，前者主要是由于经济环境当中的若干种或者某种的要素出现了短缺造成的，但是后者认为贫困主要是由于贫困者自身或者人文环境的一种特征与行为约束。具体可见表 2–1 所列：

表 2–1　贫困理论中经济学和社会学角度的不同

	经济学角度	社会学角度
宏观角度	区域要素禀赋 经济结构运行	人类活动的文化和特定环境 社会阶级和社会结构的不平等
微观角度	市场中个人的收入分配行为等	根据家庭背景、地位等级和行为传递来解释家庭组织的差别反映

① 沈红．边缘地带的小农——中国贫困化的微观解理［M］．北京：人民出版社，1991：187.

经济学和社会学这两条线索看似是相互独立、同时发展的，但这并不意味着二者之间没有内在联系。实际上，贫困理论的发展趋势是多种角度、多条理论线索的综合，各种复杂的贫困理论，基本都体现了共同的思想，即通过特殊环境对贫困主体和现象所对应的行为进行解释，也就是说一旦贫困发生的环境一定，则认为贫困的出现原因主要是人和广义环境之间的关系失败导致的。

第三章　贫困线与贫困测度及其在农村反贫困研究中的运用

第一节 贫困线理论与方法

度量贫困最重要的原因是为了进行比较研究，即对于各种不同的情况，需要进行判断哪种更为贫困。所以贫困的度量通常首先假定存在一个预定且清晰的生活标准的水平线，这一个水平线就是设定的“贫困线”。

一、贫困线基本理论

衡量个人、家庭或某一地区是否贫困的界定标志或测定体系，称为贫困标准或贫困线。美国经济学家德布拉吉·瑞在《发展经济学》中对贫困线给出了一个较为规范的描述，他说：“贫困线是针对消费和收入，在一般的情况下，对于服务或者产品可得性而言，如果某人的消费或者收入低于一定的门槛，则被认为属于穷人。即：贫困线即为在一定时点的社会环境中一种能够接受的、最低的经济参与水平[①]。”

虽然学术界正式提出贫困线的概念仅有100多年的历史，但从经济学的角度讲，贫困线的理论雏形应是古典经济学的生存工资理论，其中最具代表性分别是威廉·配第的“生存工资理论”、杜阁的“劳动的基本价格理论”和斯密－李嘉图的“劳动的自然价格理论”。

威廉·配第被称作是古典经济学之父。他在1662年写作《赋税论》一书当中，通过确定人们生存所必须物料以及工资标准，提出对工资起决定作用的自然基础为工人生活的资料所对应的价值大小，即工人工资需要从最低生活的资料费用方面进行考量。他的思想被认为是古典学派方面生存工资理论的重要内容。而最先将最低工资收入与贫困直接联系起来的，是杜阁提出的，他是法国著名的重农学派领军人物，1667年他对劳动工资进行了研究，提出了双重价格理论，他提出劳动工资包括如下内容：第一，现行价格，通过供求关系所决定；第二，基本价格，是工人在生活资料上花费的价值。其中杜

① 谭诗斌．现代贫困学导论［M］．湖北：湖北人民出版社，2012：118.

阁所讲的“现行价格”是工资的市场价格，由劳动力市场的供求关系所决定，而劳动的“基本价格”是工资的自然价格，它是由工人维持劳动力和家庭生活需要的最低费用决定的，并且劳动基本价格不能低于某一种最低限度，否则就会让劳动者陷入极度贫困之中。显然，杜阁把“劳动工资的基本价格”，视为一种尺度，类似于当今的绝对贫困线。亚当. 斯密接受了杜阁的劳动基本价格理论，并进行了发展，他在1776年的《国富论》的《论劳动工资》一章中讲道：“与其他的商品基本相同，劳动同样有自然价格与市场价格。他提出市场价格只可以在劳动的自然价格上下波动，并比较分析了三种不同的社会工资状况：一种是劳动报酬优厚，高于人道标准工资，这有利于国民财富增进和社会的繁荣进步；第二种是劳动者工资只能维持基本生活费，在人道标准工资左右徘徊，这是社会停滞不前的症候；而第三种则是劳动者工资比人道标准低，如果要降低此种生活标准的话，这是社会急速退步的症候。

以上古典经济学家所提出的劳动价格相关理论，在本质上其实是一样的，他们都认为工人工资保持的水准为维持最基本的保障条件，只允许达到勉强生存的标准，这从理论上也为资本主义的原始积累和剩余价值剥削提供了依据。因此，英国的经济学家迈克尔·佩罗曼称古典政治经济学家是原始积累的“同谋”。

马克思在《资本论》第一卷中系统地论述了劳动力价值应包含的内容：（1）对于生活中本人需要的最低生活资料的价值；（2）对工人的子女家属的生活所必需的最低生活资料的价值；（3）工人用于接受教育和训练所支付的费用。同时，马克思也指出，绝对劳动力价值的高低，除生理因素以外，还有历史的、社会道德习惯和自然条件差异等因素，工资低于劳动力价值就是生活资料被剥夺，是工人的绝对贫困化。

马克思的劳动力价值理论对于正确理解贫困线具有非常高的学术价值，也是我们研究贫困标准理论的重要依据。马克思关于劳动力价值最低限度的平均工资，实际上是一个绝对的贫困标准，他提出的劳动力价值决定因素，不仅取决于正常情况下维持工人和家庭成员生活所必需的生活资料的价值，而且还包含教育和训练费用，以及还“包含着一个历史和道德的因素”。这一科学论述，对于我们全面理解贫困线的构成要素和社会历史因素具有非常重要的理论价值和指导意义。

1901年，英国学者希波姆·朗特里发表了对英国约克郡贫困问题的研究报告《贫困：对城市生活的研究》，他在报告中阐述了对约克郡的贫困进行研究的内容。他参考了美国营养学家阿特华特的营养标准，计算得出了维持生理机能所需要的食物费用，另外还有清洁和住房等必需的支出，由此对该地区贫困线进行计算。他首次完整的对贫困进行了定义，即收入的总水平无法满足身体所必需的生活最低保障，比如住房与食品等必需的各种项目①。朗特里经过研究分析，提出了如下贫困标准：（1）一对夫妇三个子女的家庭，每周最低消费支出为21先令8便士；（2）如果家庭中有一对夫妇四个子女，则是26先令。低于以上标准即为生活在贫困状态之中，称为贫困家庭。同时，他对贫困进行了区分，他认为在地区主要包括如下贫困：第一，初级贫困，即若某人所有的收入无法达到其生理机能正常运作所必需的水准，则他处在了此种状态；第二，次级贫困状态，即若某人所有的收入刚好达到了生理机能正常运作所必需的水准，则部分收入可能就会被浪费或者被其他地方挪用，则处在了此种状态。在研究过程中，朗特里对贫困线是如此介绍的：如果人们无法达到贫困线标准的话，则在满足了生理机能的需求后，在出门的时候无法利用交通工具，若离开了公共性或者私人的救济就不能够正常的进行生活。如此可以看出此种贫困线主要是为了达到最低的生活保障，但朗特里定性与定量相结合的贫困线研究，丰富了贫困理论，也为贫困线的研究做出了开创性的贡献。

二、绝对贫困与相对贫困划分的挑战性

在20世纪70年代，在物质财富日益丰富的发达国家内，基于最低限度生存需要的绝对贫困线确定方法受到了广泛批评，因此，相对贫困和相对贫困尺度概念受到关注，由此，人们对于“什么是贫困、什么是最低生活水平”有了更新的看法。其中最具代表的英国贫困问题研究专家彼得. 汤森讲道：“从根本上进行分析，人类需求属于社会性的，因此要对生活水平进行阐述或者分析的话，必须基于社会才可以。”他认为：“最低需求理论，令人担忧，不仅仅是因为它忽视或低估了某些社会需求，而且是因为这种忽视和低估可能影响到政策建议。”

① 杨立雄，胡姝. 中国农村贫困线研究［M］. 北京：中国经济出版社，2013：7.

有人认为绝对贫困线是一个具有严格标准的“生存贫困线”，实际上这却是一个比较狭窄的定义，以至于缺乏一定的可操作性。即便在最穷的地域内，在实践中也难以找到仅仅是维持生存所必需的贫困线，对绝对贫困线更好的理解应该是按照一定的生活标准和基于整个贫困比较领域而制定的水平线，与之对应的相对贫困线就在此领域内变动，而且相对贫困线是随着平均生活标准的提高而提高的。这样，在同一个时间和空间地域内，绝对贫困的比较将认为是两个具有相同生活水平的人同被认为“穷”或者“不穷”，只有这样，基于贫困线的比较才具有一致性，即在所有相关方面境遇相同的人被同等对待。

所谓相对贫困，即某个家庭或者某个人的收入低于社会的平均收入的话，其处于的生活状态即为贫困。也就是相对贫困并非以比维持生存水平低这样的固定标准来对贫困进行定义的，而是从社会各个成员之间的对比情况，对低收入者与其之间的差距来对贫困进行定义的。所以，相对贫困是从社会收入的对比方面来对生活质量的差距进行衡量的方法。

关于相对贫困，它的概念包含的要素有以下四项：第一，明确相对贫困需要跟其他成员对比，是社会发展不均衡、国民收入不合理分配导致的，需要跟其他个体的关系来确定；第二，属于动态概念，它的标准跟经济发展、收入水平、社会环境密切相关；第三，可以反映出各个社会成员的差距，阐述了社会成员之间存在不平等；第四，按照一定价值进行判定，主观偏好比较明显。

提出相对贫困概念理论的假设认为：在个体需要中，不仅包括物质需要，同时也包括精神、文化等方面的需要。实际上这也是反映了马斯洛的需求层次理论和物质生活水平提高以后对文化精神方面的新追求，由于这一价值观念被社会所普遍接受，因此，实质上来讲，相对贫困是把社会存在的不平等、穷人生活质量降低等建立联系，提升了贫困概念内涵的丰富性。

由于绝对贫困和相对贫困的内涵不同，因此，在对反贫困的实践中，绝对贫困和相对贫困的划分就具有一定的挑战性，主要表现在：

第一，绝对贫困线采用绝对的方法来确定社会科接受的最低生活标准，而相对贫困线采用相对的方法来确定社会可接受的最低生活标准。同时，一般来讲绝对贫困线属消费型标准，即按照消费的水平来定义绝对贫困线，而相对贫困线属于收入型标准，即按照收入的水平来定义相对贫困线。两者之间的本质区别并不在于哪种贫困线表达的生活水准高低，而在于其确定的方法或选择的参照系不同。

第二，无论是绝对贫困线或者相对贫困线，都必须在同一个时间和空间内进行定义，如果脱离了时间、空间地域等因素而确定绝对贫困线，将会在实践中产生极大的迷惑性。例如，当我们试图确定一个绝对的贫困线来对世界范围内的贫困进行比较的时候，将不得不对所有国家使用同一个真实的消费水平作为贫困线，而这水平线对一个富裕的国家可能标准就太低了，而对于一个真正的特殊贫困的国家来说，这一水平线可能是太高了。所以，关于贫困线的理论，在发展中国家和发达国家的研究实践中是有差别的，发展中国家更多研究绝对贫困线，而发达国家更多研究相对贫困线。一些发达国家的主流观点甚至就是认为："贫困"完全是"相对的"。①

第三，究竟如何确定贫困线，这不仅仅是一个纯技术的方法问题，而更重要的是一个社会伦理和政治问题。贫困线的选择或确定，不能脱离特定的时间地点条件、社会经济发展水平、主流价值观念和社会伦理规范认同，尤其与政府的执政理念和财政转移支付能力密切相关。但这并不等于说技术方法问题不重要，技术方法是确定贫困线的手段，但最终的贫困线"线位"确定在什么位置，则主要取决于主流价值观念和政治决策者所做的公共选择。正是由于各种因素的影响，各国的贫困标准将很难用一个同一个水平来进行衡量，例如阿玛蒂亚·森讲的：在确定的社会当中，假设贫困线存在一致性，就表示歪曲了事实。②

通过对绝对贫困和相对贫困概念的内涵理解，使得贫困概念从经济视角转移到了意识形态领域，其概念外延的部分也和不平等概念的一部分相重叠。马歇尔曾这样说："贫困是一个想要割除，在理论上能够割除的肿瘤，而不平等却是一个机能损坏的致命器官。"③ 即有了相对贫困概念并不等于贫困时刻存在，贫困可以消灭，但贫困在一个时期的消灭绝不意味着不平等的不存在，它只是表明不平等有所削弱。因此，政府缓解相对贫困的社会意义在于：如果相对贫困得到减轻，则可以降低不平等程度，使社会各个阶层能够接受这一相对贫困；如果相对贫困进一步加重，那么不平等程度就会加剧，给社会造成极大损害，这是社会所无法接受的。

---

① ［美］马丁·沃瑞林.贫困的比较［M］.北京：北京大学出版社，2005：50.

② ［美］阿玛蒂亚·森.贫困与饥荒［M］.北京：商务印书馆，2001：41.

③ 周彬彬.向贫困挑战——国外缓解贫困的理论与实践［M］.北京：人民出版社，1991：7.

三、贫困线划分的国际实践

随着时间的变化，人们对于贫困的定义在不断地深入和丰富，因此对于贫困线的划分也处于不断的发展与演进中。从 1901 年英国学者朗特里定性与定量相结合的贫困线研究到 2010 年，联合国相关部门发布了多维贫困指数（MPI），极大丰富了贫困线划分的国际实践，扩展了贫困理论。

（一）英国的收入贫困线划分标准及其变化

在上一小节中，我们讲到了朗特里在 1901 年的开创性研究当中，是以体力维持最低需要的购物篮子所花费的货币，来估计英格兰约克郡的贫困线。通过他的研究，他认为当时约克郡的贫困发生率约为 10%①，这是最早以食物与非食物之分，将贫困采取货币量化处理的贫困线划分实践。

在 1950 年，当英国建立并实施了现代社会福利制度时，废除了依据“购物篮子”来划分贫困线，而开始采用了相对贫困的标准来定义贫困线。1979 年后，对于贫困，英政府的定义为：家庭收入比中位收入 60% 还要低。所谓中位收入，指的是中间阶层的税后收入。根据这一定义，英国政府折算出了不同类型家庭收入贫困的货币量。如表格 3–1 所示：

表 3–1　英国 2013/2014 年各种家庭类型相对贫困线

家庭类型	贫困线：家庭收入（英镑 / 周）
单个成人	134
1 对夫妇，无孩子	232
1 对夫妇，1 个孩子	278
单亲家庭，1 个孩子	181
1 对夫妇，3 个孩子	371

注：本表数据来源：Living Standard，Poverty and Inequality in the UK：2015，The Institute for Fiscal Studies。

根据统计，英国 1979—2013/14 年的相对贫困人口数及贫困发生率如表 3.2 所示。通过该表，可以看到英国在 1979 年有 13.7% 左右的人口收入低于相对贫困线，在 2007 年到 2008 年，有 23% 左右的人口收入低于相对贫困线，

① 王小林 . 贫困测量：理论与方法［M］. 北京：社会科学文献出版社，2016：26.

2008 年金融危机之后，英国的相对贫困状况得到缓慢改善。

表 3-2 英国的贫困状况（1979—2013/14）

年份	人数（百万人）			占总人口比例（%）		
	低于中位数收入的 60%	低于中位数收入的 50%	低于中位数收入的 40%	低于中位数收入的 60%	低于中位数收入的 50%	低于中位数收入的 40%
1979	7.6	3.3	1.3	13.7	5.9	2.4
1989	12.9	8.3	3.9	22.9	14.8	7.0
1998	14.0	9.4	4.8	24.4	16.3	8.3
2004	12.1	7.9	4.9	20.5	13.4	8.3
2007	13.6			23		
2010	13.0			21.0		
2012	13.2			21.0		
2013	13.2			21.0		

本表数据来源：王小林．贫困测量：理论与方法［M］．北京：社会科学文献出版社，2016：27.

随着英国经济社会发展程度的不断提高以及对于贫困内涵的不断丰富，英国的贫困线划分经历了如下的变化：

第一，1979 年后，英国的贫困线标准更多采用了相对贫困线的标准，这是由于英国创建现代福利制度至今，英国基本上已经将绝对贫困现象消除了，也就是社会上还属于饥饿状态的人群基本上没有了。然而英国为了促使收入差距进一步缩小，利用相对宽频的标准来对贫困人口进行确定。其中，反贫困政策的提出，主要是用在了公共资源方面，从而对那些低收入人群进行关注。

第二，在划分贫困标准方面，社会各界开始普遍关注社会排斥现象。1997 年的时候，执政的是英国的工党，布莱尔政府将重点放在了“社会排斥”方面。通过对社会排斥的关注，可以监测到“谁”受到社会排斥以及“谁”在排斥。如果地区或者个体暂时处在劳动技能低、高犯罪率等情况，则被认为具有社会排斥。所以，政府设立社会排斥局，主要任务是从国家政策与制度的角度出发消除社会排斥，促使社会更加包容团结。

（二）美国划分收入贫困线的具体标准及后续演变

在官方贫困线方面，美国具有如下两个版本：第一，贫困线，由统计局发布，主要作用是对贫困人口的具体数量进行统计，即美国官方贫困人口数量是由人口统计局根据贫困线标准来计算的；第二，贫困指南，由美国健康与人类服务部发布，目的是为了进行项目管理，比如对个人进行识别判断，确定是否可以得到联邦项目帮助。下面将分别对美国的贫困线和贫困指南进行介绍。

1. 贫困线

1964 年，时任美国总统约翰逊提出了“向贫困宣战”的观念，提出贫困的绝对标准，即根据 1962 年所提出的标准，由经济顾问委员会对不同家庭进行了分析，设定贫困线是一年消费 3000 美元。随后美国政府于 1965 年针对贫困线进行了扩展，主要包括如下两条：第一，“经济水平”；第二，低成本水平。首先，对家庭进行分类，包括了非农场与农场两种；其次，从家庭具体情况出发，考虑其规模大小与结构；再次，从户主情况出发，考虑其具体年龄。从这几个因素进行分析，另外还包括了另外一个因素，也就是最低生活标准。生活需要的最低消费品主要有两种：第一，食品类；第二，非食品类，也就是 $z^{BN}=z^{F}+z^{NF}$ 。从占比含量方面进行分析，若在家庭消费中食品消费占据 1/3，则在贫困线方面的占比就是食品贫困线的三倍，也就是 $z^{BN}=3z^{F}$ 。（见下表）。

表 3-3　美国经济水平和低成本水平的非农场贫困线（1963 年）

家庭规模（人）	经济水平贫困线	低成本贫困线	低成本贫困线 / 经济水平贫困线
1	1539		
低于 65 岁	1580	1885	1.19
超过 65 岁	1470	1745	1.19
2	1988		
户主低于 65 岁	2050	2715	1.32
户主超过 65 岁	1850	2460	1.33
3	2440	3160	1.30
4	3130	4005	1.28
5	3685	4675	1.27
6	4135	5250	1.27
大于或等于 7	5090	6395	1.26

此后，美国对贫困线标准逐步进行了扩充，从 2011 年开始，美国国家统计局按照行政管理与预算局办法的政策指令，根据种类不同的货币收入，

在家庭规模不同的情况下设定贫困线，并每年进行公布。其中测算贫困线的收入包括了失业补偿金、公共援助、由房地产获得的收入等，而非现金补贴和资本损益并不包括在内。但是，美国并没有根据各个地区的不同而设定与之对应的贫困线，地区间存在的不同是按照城市消费者所对应的价值指数来调整的。（见下表 3–4）

表 3–4　2014 年美国制定的贫困线

家庭规模（人）	18 岁以下儿童								
	0	1	2	3	4	5	6	7	8+
1									
不到 65 岁	12316								
超过 65 岁	11354								
2									
户主 65 岁以下	15853	16317							
户主 65 岁及以上	14309	16256							
3	18518	19055	19073						
4	24418	24817	24008	24091					
5	29447	29875	28960	28252	27820				
6	33869	34004	33303	32631	31633	31041			
7	38971	39214	38375	37791	36701	35431	34036		
8	43586	43970	43179	42485	41501	40252	38953	38622	
9 人及以上	52430	52685	51984	51396	50430	49101	47899	47601	45768

注：本表数据来源：US Census Bureau，" Income and Poverty in the United States：2014"。

2. 贫困指南

因为国家统计局给出的贫困线在计算上方式上具有一定的复杂度，大多数项目都是根据另外一种标准，即根据贫困指南来对贫困对象进行识别的，此项标准指南具有更强的操作性，应用起来更加便捷。而贫困指南也同样根据家庭的人口规模进行设定，表 3–5 为 2015 年美国政府制定的贫困指南。

表 3-5　美国家庭贫困指南（2015）

家庭人口数（人）	家庭贫困指南（美元 / 年）
1	11770
2	15930
3	20090
4	24250
5	28410
6	32570
7	36730
8	40890

注：1. 对于超过 8 个人的家庭，则每增加 1 人，贫困线则增加 4160 元。

2. 本表数据来源：Health and Human Service Department，Annual Update of the HHS Poverty Guidelines，Federal Register，January 22，2015。

通过美国的标准能够得知，确定贫困线的标准都从家庭结构与规模情况的角度进行分析研究，在结构与规模不同的情况下，选择的贫困线也有所不同。如果家庭收入比贫困线低的话，则其中的家庭成员就是贫困人口。相对于美国而言，我国的收入贫困线则并没有考虑家庭规模和结构，在某种程度上讲，这并不利于国家脱贫攻坚战略的实施。例如，在现实的反贫困实践中，针对贫困人口的识别，就出现了不少家庭的“拆户”现象，以便把家庭中的老人分离出来，从而被识别为贫困人口。如果针对不同的家庭规模和结构，制定不同的贫困线，既可以在识别上更加精准，也消除了人为“拆户”的动机。

（三）世界银行的收入贫困线划分标准及其变化

世界银行对贫困的定义是“福祉的被剥夺”，因而采用了基本需要法来测算个体或家庭是否拥有足够的资源以满足基本需要，基本需要包括食物和非食物两个部分。20 世纪 90 年代，世界银行进行了贫困线的收集，其中涉及的国家数量为 33 个，通过这些数据信息从而可以在一定程度上反映出全球的贫困线。在进行数据比较的过程中，首先根据 1985 年的购买力水平来调整此种贫困线，从而得到更加合理的货币单位，然后基于这些数据建立半对数模型来进行拟合和预测，分析平均消费水平在不断变化过程中，贫困线是如何改变的。通过研究得知，如果大于消费临界的水平之后，贫困消费水平不断上升时，贫困线会随着上升，富裕国家具体的弹性逐渐接近 1。所以，能够得出绝对贫困和贫困的国家之间具有更加紧密的关系，并且富裕国家表现最突出的即为相对贫困。因为扶贫资源一定，为了对绝对贫困的人口起到更大的作用，应该根据具体的标准来执行，从而对全球贫困的情况进行精准的衡量①。世界银行选择了其中六个最贫困国家的贫困线，并确定了 1 美元 / 天的标准，这个国家贫困线标准采用 1985 年购买力平价（PPP），在《世界发展报告 1990》中正式发布。

后来，根据世界经济的发展变化，世界银行先后多次对贫困线数据进行修订。历年的贫困线调整概要如表 3-6 所示。

表 3-6　世界银行国际贫困线历史简表②

项目 \ 时间	1979 年“印度线”	1990 年“1 美元”	2001 年“1.08 美元”	2008 年“1.25 美元”	2015 年“1.90 美元”
资料来源	Ahluwalia 等（1979）	1990 年世界发展报告（1991）	Chen and Ravallion（2001）	Ravallion，Chen and Sangraula（2008）	Ferreira F.H.G，S.Chen，el al（2015）
国际比较项目数据	1975 PPPs，Kravis et al（1978）	1985 PPPs	1993 PPPs	2005 PPPs	2011 PPPs
方法	印度的贫困线	均值	中位数	均值	均值
贫困线（国际比较项目基期美元）	0.56 美元	1 美元	1.08 美元	1.25 美元	1.90 美元
使用贫困线的国家	1（印度）	8（肯尼亚、菲律宾等）	10（中国、印度尼西亚等）	15（马拉维、乌干达等）	同 2008 年

根据世界银行 2015 年发布的每天消费低于 1.9 美元（2011 年 PPP）的贫困标准，2012 年的全球贫困发生率为 12.73%，贫困人口达到 8.97 亿人，其中撒哈拉以南非洲的贫困人口最多，达到 3.89 亿人，贫困发生率高达 42.65%；其次是南亚，贫困人口为 3.09 亿人，贫困发生率为 18.75%。

① Ravallion M.，S. Chen and P.Sangraula，Dollar a Day Revisited [J]，World Bank，Policy Research Working Paper 4620，2008.

② 王小林 . 贫困测量：理论与方法 [M] . 北京：社会科学文献出版社，2016：43.

第二节　贫困指数

贫困线的主要功能是为了界定贫困、识别贫困人口，而为了对一个国家或地区穷人的总体贫困状况进行测量或评估，就会设定贫困指数。常见的贫困指数有两种基本类型：一种是单一的货币化贫困指数，如人头指数（贫困发生率）、贫困缺口指数（贫困深度指数）、森指数等，而另一种则是多维贫困指数，如人类贫困指数、多维贫困指数等。本节分别介绍以上这些指数的基本定义、计算方法和实际应用。

一、货币化贫困指数

货币化贫困指数（以下简称贫困指数）的主要用途是对一个国家或地区全体穷人的收入或消费贫困状况进行总体度量与评估。贫困指数的可行性与有效性，需要基于如下条件：第一，该地区的消费或收入贫困线是已知的、确定的；第二，该地区的人口总数和落入贫困线下的贫困人口数量是确定和已知的；第三，落入贫困线下的贫困人口或其家庭的收入和消费信息是已知的。基于以上数据信息，主要的贫困指数设定有如下几种。

（一）人头指数（贫困发生率）

人头指数（Head-count index）又称“绝对贫困指数”“贫困发生率”，是指处于贫困线以下人口占总人口的比例。即设 z 为该地区的收入或消费贫困线，N_p 表示收入或消费水平低于贫困线 z 的贫困人口数量，N 表示该地区的总人口数，则该地区的贫困人口指数 H 是 N_p（z）和 N 的函数：

$$H=f(N_p(z), N)$$

N_p（z）表示贫困人口数量 N_p 是贫困线 z 的函数，而 H 是贫困线 z 的复合函数。当贫困线一定时，该函数可直接用以下具体公式来表达：

$$H = N_p(z) / N$$

该公式计算简单方便，用它来描述一个国家或地区的贫困规模程度具有较强的直观性，能够从总体上看出该地区的贫困发生面和变动趋势，所以贫困发生率就一直是测量总体贫困的首选指标。但该指数存在如下严重的缺陷：第一是没有考虑贫困线以下人口的收入低于贫困线的程度；第二是对贫困人口间的收入分配不敏感①。

（二）收入缺口指数

收入缺口指数就是贫困的所有人的贫困线与纯收入两者数据之和的一种比率，又称为“贫困缺口率”。其计算方法为：仍设 z 为该地区的收入或消费贫困线，N_p 表示收入或消费水平低于贫困线 z 的贫困人口数量，而各个贫困线下贫困人口的收入为 y_i（i=1，2…N_p），则全体贫困人口的收入离贫困线 z 的总缺口为：

$$\text{贫困人口收入总缺口} = \sum_{i=1}^{Np}(z - y_i)$$

通过计算贫困人口收入总缺口，就可以计算出将全体贫困人口的收入或消费提升到贫困线 z 所需要的最少资金投入总量，称之为最小扶贫成本。

但是由于贫困人口的收入缺口是一个有货币单位的指标，因此进行无量纲化处理后，将上面得出的贫困人口收入总缺口，除以贫困人口总数和贫困线后，就得到了收入缺口指数 PI，即：

$$PI = \frac{1}{N_p}\sum_{i=1}^{N_p}\left(1 - \frac{y_i}{z}\right)$$

通过以上公式可以看出，收入缺口指数 PI 具有越大的数值，则贫困水平与贫困线 z 之间的距离就会越大，就具有越深的贫困程度；反之，PI 值越小，说明贫困人口的平均收入偏离贫困线 z 越近，就具有越低的贫困程度。贫困缺口率相比发生率，在贫困人口的具体数量方面，前者并非十分敏感，而后者能够很好地反映出实际收入与贫困线彼此间存在的差距和贫困状况的变化情况。

---

① ［美］阿玛蒂亚·森.贫困与饥荒［M］.北京：商务印书馆，2001：18.

（三）森指数

由于人头指数 H 和收入缺口指数 PI 等对贫困人口内部的收入分布并不敏感，即前者主要是测量贫困面，而后者抓要是测量贫困的程度，那么如何结合两者的优点，以此来综合反映贫困状态，阿玛蒂亚·森推导出了一个将人头指数 H 和收入缺口指数 PI 和内部收入分配基尼系数结合在一起的贫困指数公式，简称森指数 Ps：Y^*

$$Ps=H\left\{1-y^*(1-G)/z\right\}$$

上式：H 表示的是贫困人口比例，y^* 表示的是贫困人口贫困收入，G 表示的是贫困人口收入分配的基尼系数，z 表示的是贫困线①。

由于森指数的计算比较复杂，所以其使用并不普及。

二、人类贫困指数

联合国开发计划署在 1990 年通过的《人类发展报告》对“人类发展”进行了介绍，此概念一经提出，就备受大家好评，国际社会以及学术界等多方组织都极为关注。此项概念，重点反映出人们讨论与反思了发展的最终目的是为了什么这样一个问题。20 世纪五十到六十年代的时候，普遍的观点主要表现为发展就是为了 GDP 的增长，认为国家在发展过程中，就是为了不断提高国民生产总值，反贫困能够依靠“涓滴效应”的增长。然而，后来随着经济的发展，许多国家实现了国家经济的大幅度增长，但随着经济发展的同时也带来了失业率上升、贫困增加等社会现象，经济增长的成果在很大程度上为富人阶层所享有，而大多数人仍然生活在贫困线以下，生活状况不但没有改善，反而更加恶化。通过实践得出，如果只是一味地“涓滴效应”与经济增长并无法有效解决失业与贫困等诸多社会问题。于是，“发展就是等于 GDP 增长”的理论受到了质疑和挑战，这种“增长发展观”呈现的“见物不见人”的弊端也日益被人们所认识。

20 世纪 70 年代，国际劳工组织与世界银行提出了“人类基本需要”与

① 叶普万．贫困经济学研究［M］．北京：中国社会科学出版社，2004：23.

“伴随增长的再分配”两大战略，提出了发展主要就是为了实现人们愿望，达到其基本需求。佛朗索瓦·佩鲁是法国著名的经济学家，1983 年撰写了《新发展观》一书，他在书中提到了发展过程中，还应包括为了所有人的发展而进行的努力。[①] 此项理论具有一定的意义，反映出发展观和发展理论的中心已经由“物”朝着“人”转变。

随着时间的推移，人们对“人类发展”的概念和内涵理解逐渐深化。通过《2010 年人类发展报告》，定义了“人类发展”其实就是人类自由扩大的一个过程，人们应该享有体面的生活、健康与长寿的自由；享有为了目标而努力的自由；享有在地球上努力实现自我梦想，创造可持续发展、公平的一种自由。不管群体还是个人，都能够从人类发展过程中获得一定的益处，并且都是促进人类快速发展的动力所在。

由于提出了人类发展概念，人们提出了如果收入不是人类生活的全部，则缺乏收入也不是人们被剥夺的全部，“人类贫困”的概念也就应运而生，并且属于“人类发展”的一个对称概念。《1997 年人类发展报告》当中定义的贫困概念为：“贫困是对一个人有价值的东西的剥夺”，这种“广义的被剥夺的贫困”被称为“人类贫困”，这一定义等同于阿玛蒂亚·森所提出的概念。

通过《1997 年人类发展报告》了解到，其中提到的“人类贫困”概念，并且创建了一套对人类贫困情况进行衡量的指标体系，即为“人类贫困指数”。此指标包括如下两种：第一，研究对象为发展中国家，对人类的贫困进行衡量，也就是人类贫困指数 HPI–1；第二，对工业化国家（主要是 OECD 经济合作与发展组织的国家）的人类贫困程度进行衡量，即人类贫困指数 HPI–2。

人类贫困指数 HPI–1 的计算公式为：

$$\text{HPI–1}=\sqrt[\alpha]{\frac{1}{3}\left(p_1^\alpha+p_2^\alpha+p_3^\alpha\right)}$$

在该公式中：

p_1^α 表示为对健康生活的剥夺，即出生后不能活到 40 岁的概率；

p_2^α 表示为对知识的剥夺，即成人的文盲率；

p_3^α 表示为对体面生活水平的剥夺，用不能持续获得改善后水源的人口

① 谭诗斌 . 现代贫困学导论［M］. 湖北：湖北人民出版社，2012：66.

百分比和相对年龄体重不足的儿童的百分比这两个指标的不加权平均数来表示。

α为权重幂指数，通常α = 3 。

而针对工业化国家的人类贫困指数 HPI-2，则对以上三个维度的取值范围进行了调整，并增加到四个维度进行衡量。

人类贫困指数 HPI-2 的计算公式为：

$$\text{HPI-2}=\sqrt[\alpha]{\frac{1}{4}\left(p_1^{\alpha}+p_2^{\alpha}+p_3^{\alpha}+p_4^{\alpha}\right)}$$

在该公式中：

p_1^{α} 表示为对健康生活的剥夺，为出生后不能活到 60 岁的概率；

p_2^{α} 表示为对知识的剥夺，用 OECD 所定义的功能性识字障碍的成人（16—65 岁）所占比例来表示；

p_3^{α} 表示为对体面生活水平的剥夺，则用生活在收入贫困线（中等可支配收入的 50%）以下的人口所占百分比（贫困发生率）来表示；

p_4^{α} 为长期失业率（12 个月或更长）；

α为权重幂指数，通常α = 4 。

以上两个指数的区别就在于测算维度有少许变化，且对各个维度的取值范围进行了调整。但总体看，HPI-1 和 HPI-2 的最终结果范围在 0~1 之间，指数结果越大，说明贫困的程度越严重。

三、多维贫困指数

经济学家们强调了收入对于满足人们的基本需要，从而实现减贫的重要性。但人们基本需要的内容是随着人类社会的发展而不断变化的，为此，联合国在 2015 年 9 月召开的可持续发展峰会上通过了《可持续发展 2030 议程》（2030 Agenda for Sustainable Development），在该议程中设定了联合国到 2030 年的可持续发展目标（SDGs），即到 2030 年在世界各地消除一切形式的贫困。“消除一切形式的贫困（End poverty in all its forms）”，使得对贫困的认识已经远远超过了经济学家们从基本需要的视角定义的贫困，这是多维贫困理念在联合国发展议程中体现，也体现了国际社会对贫困认识的进一步深化。

多维贫困指数（MPI）即是一个用于测量极度贫困（Acute poverty）的综合指数。其中极度贫困具有两个特征：第一是贫困人口没有达到基本能力指标所确定的国际公认的最低标准，例如没有获得充足的营养、没有达到接受一定期限的教育等；第二是贫困人口在同一时间内的几个指标都没有达到国际公认的国际标准。因此，多维贫困指数体现出人们所经受到的多维度贫困①。

多维贫困指数主要有包括如下维度：第一，健康；第二，教育；第三，生活水准。共10个二级指标。如表3-7所示：

表3-7 全球多维贫困指数（MPI）的维度和指标

指数	所属维度	指标内容
MPI	健康	营养
		儿童死亡率
	教育	受教育年限
		入学儿童
	生活标准	做饭用燃料
		厕所
		饮用水
		电
		室内地面
		耐用消费品

为获得多维贫困指数，首先确定各个指标的标准阈值（Cut off）或者贫困线，同时根据权重进行综合得分，即可以得到MPI。当一个人在1/3及以上的加权指标贫困时，被称为多维贫困人口，即多维贫困的阈值（k）为33.3%。

表3-8为全球多维贫困指数的各指标阈值及其依据和相对权重。

表3-8 全球MPI中使用的维度、指标和阈值

维度	指标	阈值	权重
健康	营养	70岁以下成人或儿童营养不良	1/6
	儿童死亡率	家中有儿童死亡	1/6
教育	受教育年限	10岁及以上人口未完成5年学校教育	1/6
	入学儿童	适龄儿童未入学	1/6

① Alkire S., A.Conconi, et al, The Global Multidimensional Poverty Index (MPI): 5-year methodological note [J], OPHI Briefing, 2016: 37.

维度	指标	阈值	权重
生活标准	做饭用燃料	家中使用粪便、木材或其他固体燃料做饭	1/18
	厕所	厕所设施未改善或与其他户共用厕所设施	1/18
	饮用水	不能获得安全饮用水，或需步行30分钟以上才能获得饮用水	1/18
	电	家中不通电	1/18
	室内地面	地面肮脏、沙土、有粪便或其他类型地面	1/18
	耐用消费品	家中无收音机、电视、电话、电冰箱等任一种，或者没有汽车或卡车	1/18

注：资料来源：Alkire S.，A.Conconi，et al，The Global Multidimensional Poverty Index（MPI）：5-year methodological note，OPHI Briefing 37，2016。

多维贫困指数对测量贫困起到了较大的作用，集合了贫困人口各项指标的数据，从而能够反映真实情况，更好的测量与了解贫困人口，分析其生活环境等情况。

总之，人们为了更加认识贫困的概念，在测量贫困方面所运用的方法逐渐完善。在监测贫困过程中，所使用的各项指标参数更加精准先进，可以更好地反映出目前人类贫困现状。根据不同情况，应用这些指数标准，也使得我国在识别贫困人口过程中更加精准，具备更高的效率，促使贫困监测进一步加强，为贯彻中国农村反贫困战略提供重要的参考价值。

第三节　我国农村贫困标准测算方法及动态调整

在我国，人们一直以来都认为贫困就是无法保障人们的基本生活，长期处于饥饿的一种状态。为能在反贫困的实践中精准测量贫困人口规模和贫困程度，我国政府也充分参考了国际实践，并根据我国的实际情况进行了贫困标准的设定和动态调整。下面就将我国现行的贫困标准测算方法和历年来的动态调整进行简单介绍。

一、我国农村贫困标准测算方法

根据国家统计局住户调查办公室出版的《2016中国农村贫困检测报告》

中的定义，贫困标准的定义是：在社会发展、时间和空间基本已定的情况中，能够维持人们生活必需的非食物以及食物方面所需要用到的基本费用大小。该定义基本上和国际标准一致。

从此种定义出发，通过世界银行提出的方法，我国当前农村测算贫困标准的具体数据过程是：首先需要进行的是调查住户情况，了解满足生活的基本食物需求大小，然后结合数据大小，创建食物需求模型，并得到非食物需求线，即可得到贫困线的具体大小，也就是非食物需求与食物需求两者之和。下面我们以 2014 年的调查数据为例，介绍贫困标准的测算步骤[①]：

（一）明确基本食物需求

从国际标准出发，即每人每天的热量达到 2100 大卡的情况下，确保人体得到基本的物质需求，食物支出达到最低标准，才能得以生存，具体见表（3–9），2014 年每天的食物基本需求是 3.924 元，然后还要加上调味品和食用油等支出，一共是 4.104 元，即每年 1498 元。

表 3–9　1985 年与 2014 年中国农村居民基本食品消费情况表

消费项目		计量单位	1985	2014
综合平均价	粮食（原粮）	元 / 公斤	0.43	2.48
	蔬菜（平均价）	元 / 公斤	0.2	2.96
	猪肉	元 / 公斤	3.44	18.39
	鸡蛋	元 / 公斤	2.52	9.53
基本食品消费支出	每日一斤商品粮	元	0.288	1.653
	每日一斤蔬菜	元	0.098	1.478
	每日一两肉或者是一个鸡蛋	元	0.174	0.794
	合计	元	0.561	3.924

数据来源：根据国家统计局全国农村住户调查和居民收支和生活状况调查数据。

（二）明确最低非食物需求线，对低贫困线进行测算

非食物最低需求线，即是宁可选择挨饿，也要选择的一种非食物需求，即基本的一种取暖和衣着。其标准线同样属于一种最低非食物需求线和基本

① 国家统计局住户调查办公室 .2016 中国农村贫困监测报告［R］. 北京：中国统计出版社，2016：3.

食物需求线两者之和，表示的是基本温饱的水平——食物需求所占据的百分比大概在 70% 到 80% 之间，甚至具有更高的水平。

（三）明确较高非食物需求线，对高贫困线进行测算

该条需求线，表示和食物需求的同样重要的非食物需求。其中包括了诸多支出内容，比如吃穿住行、教育等内容。其中的标准线主要表示的就是温饱水平，并且较为稳定，食物所占据的百分比大概在 40% 到 50% 之间。

在对农村的贫困标准进行测算时，根据调查数据，将食物消费支出（FE）表示为家庭总消费支出（TE）、家庭特征（H）和地区特征（D）的函数，即：

$$FE= f\{TE,H,D\}$$

根据该函数模型和调查数据可以建立如图 3-1 所示的食物需求曲线：

其中，ZF: 食物需求线。ZL: 低贫困线。ZU: 高贫困线。NF/N*F: 非食物需求线。

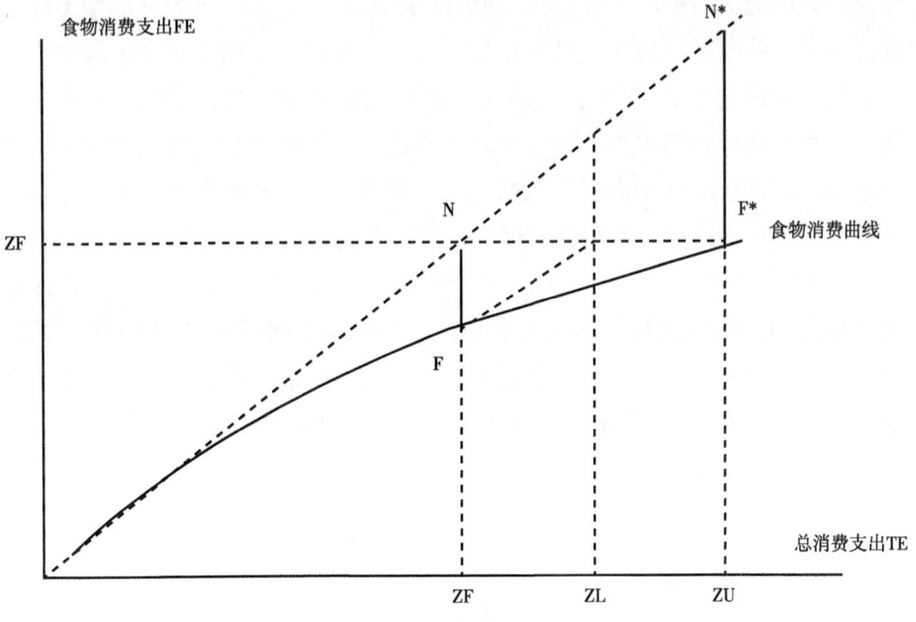

图 3-1　贫困标准划分曲线

基于函数：$FE= f\{TE,H,D\}$

在 TE= ZF 条件下，NF =TE-FE，低贫困线 ZL= ZF + NF 。

在 FE= ZF 条件下，N * F * =TE-FE，高贫困线 ZU= ZF + N * F * =TE。

通过以上公式，根据第一步中测算出的基本食物需求 ZF 是一年 1498 元。非食物支出由 NF 来表示，那么低贫困线 =ZF+NF。（具体的测算方法由如上所得）具体见曲线能够得知：在基本食物方面的需求得到满足时，高非食物需求 N * F * 的大小是每天每人 3.567 元，一年的量为 1302 元，则 ZU=ZF+N*F*=TE，即为 1498 与 1302 之和为 2800 元。

二、我国农村贫困标准的动态调整

调整贫困标准主要包括如下两种情况。第一，在各个时期，从人民生活水平以及经济发展的具体情况出发，紧随时代的发展适当的予以提高，从而达到人民群众基本生活要求的一种贫困标准；第二，确保生活水平保持始终如一的相同标准，根据各个时期的物价水平，确保具有一定的可比性。

关于第一种情况，我国从 1978 年至今明确了三种生活水平不同的贫困标准。具体为：“1978 年标准”，即根据 1978 年一个人一年的标准为 100 元进行衡量。此条标准属于一种水平较低的生存标准，是确保每天每人食物支出的热量保持在 2100 大卡，达到大概 85% 的食物支出的百分比。从具体的情况出发，在食物需求方面具有较差的质量，比如粗粮在主食当中占据较高的比重，肉蛋在副食中占据较低的比重，食物支出在标准当中占据了太高的比重，所以只是一种水平较低的标准，只能勉强达到果腹的标准。

“2008 年标准”执行的时间是 2000 年，因为从 2008 年正式当作扶贫标准开始使用，所以又称“2008 年标准”。即根据 2000 年一个人一年的标准为 865 元进行衡量的。此条标准属于基本温饱的标准，确保每天每人食物支出的热量保持在 2100 大卡，是基于上一条标准扩展了非食物部分，对食物支出占据的比重进行了调整，变为 60%，能够基本确保吃穿不同愁，达到基本的温饱。

“2010 年标准”也就是当前的农村贫困标准。根据 2010 年一个人一年的标准为 2300 元，2014 年与 2015 年标准为 2800 和 2855 元，属于一种基本的温饱标准，也就是俗称的三保障与两不愁，保障了住房安全、义务教育以及基本医疗的需求。当前的贫困标准主要包括了食物支出等内容，每天的消耗主要包括了 1 个鸡蛋或者 1 两肉，1 斤米面，每天的热量达到了 2100 大卡以及蛋白质保持在大概 60g，达到了基本的温饱需求。另外，还有非食物支出，关于食物支出方面，在 2014 年达到了大概 53.5% 的比重。并且，在具体测算时，高寒地区的标准为贫困线的 1.1 倍。

上述调整是按照一定的标准参数进行的，是具有一定可比性的标准。因为在农村，对贫困人口进行调查发现，食物支出在消费支出中占据较大的比重，所以在对其消费价格指数进行计算的时候，加权了其生活消费价格指数以及食品消费价格指数的内容，从实际情况下对食物支出的具体权重数值进行了适当的提高。根据不同的年份对应的不同价格水平，当前应用的贫困标准在 2010 年至 2015 年分别对应的为 2300、2536、2625、2736、2800 以及 2855 元。并且相同标准在年份不同的时候，尽管具有不同的数值，但是表示的生活水平都是相同的，在各个年度之间具有一定的可比性，具体见表 3–10。

表 3–10　我国农村 1978—2015 年贫困标准数据①

单位：元 / 人 · 年

年份	1978 年标准	2008 年标准	2010 年标准
1978	100		
1980	130		
1985	206		
1990	300		
1995	530		
2000	625	865	
2005	683	944	
2008		1196	
2010		1274	2300
2011			2536
2012			2625
2013			2736
2014			2800
2015			2855

① 国家统计局住户调查办公室 .2016 中国农村贫困监测报告［R］. 北京：中国统计出版社，2016：6.

根据以上贫困标准，则各时期我国农村的贫困发生率如表 3–11 所示。

表 3–11　不同贫困标准下我国农村贫困人口及贫困发生率统计

年份	1978 年标准		2008 年标准		2010 年标准	
	贫困人口（万人）	贫困发生率（%）	贫困人口（万人）	贫困发生率（%）	贫困人口（万人）	贫困发生率（%）
1978	25000	30.7			77039	97.5
1985	12500	14.8			66101	78.3
1990	8500	9.4			65849	73.5
1991	9400	10.4				
1992	8000	8.8				
1994	7000	7.7				
1995	6500	7.1			55463	60.5
1997	4962	5.4				
1998	4210	4.6				
1999	3412	3.7				
2000	3209	3.4	9422	10.2	46224	49.8
2001	2927	3.2	9029	9.8		
2002	2820	3	8645	9.2		
2003	2900	3.1	8517	9.1		
2004	2610	2.8	7587	8.1		
2005	2365	2.5	6432	6.8	28662	30.2
2006	2148	2.3	5698	6		
2007	1479	1.6	4320	4.6		
2008			4007	4.2		
2009			3597	3.8		
2010			2688	2.8	16567	17.2
2011					12238	12.7
2012					9899	10.2
2013					8249	8.5
2014					7017	7.2
2015					5575	5.7
2016					4335	4.5

注：1. 表 1996 年数据缺失。

2. 本表数据根据国家统计局住户调查办公室历年出版的《中国农村贫困监测报告》汇总整理。

如果按照世界银行每人每天消费低于 1.9 美元的贫困标准，中国 1981 年的贫困人口为 8.78 亿人，贫困发生率为 88.32%，而在 2015 年，中国的贫困人口下降到 5700 万人，贫困发生率下降到了 4.2%，毫无疑问，在中国政府的领导下，中国取得了举世瞩目的减贫成就。具体统计数字见表 3–12。

表 3–12　中国与全球贫困状况比较（按 1.9 美元 / 天贫困线）

单位：百万人，%

年份	贫困人口			贫困发生率	
	全球	中国	占比（%）	全球（%）	中国（%）
1981 年	1997.28	877.80	43.95	44.30	88.32
1984 年	1955.26	785.40	40.17	41.16	75.75
1987 年	1864.55	659.53	35.37	37.25	60.84
1990 年	1958.57	755.81	38.59	37.10	66.58
1993 年	1916.70	671.71	35.05	34.65	57.00
1996 年	1715.79	511.98	29.84	29.69	42.05
1999 年	1751.45	507.86	29.00	29.08	40.54
2002 年	1645.12	409.09	24.87	26.29	31.95
2005 年	1401.01	244.45	17.45	21.59	18.75
2008 年	1253.90	194.06	15.48	18.65	14.65
2010 年	1119.75	149.56	13.36	16.27	11.18
2011 年	983.33	106.19	10.80	14.12	7.90
2012 年	896.70	87.39	9.75	12.73	6.47
2015 年	702.00	57.00	8.18	9.60	4.20

第四节　现行农村贫困标准的局限性

在中国农村的反贫困实践中，贫困标准是重要的关键词，对于划定援助范围、确定援助对象和评价减贫绩效具有非常重要的意义，因此，其权威性是显而易见的。

但是，现行的农村贫困标准仍然具有如下的局限性。具体表现在：

第一，现行贫困线作为一个经济指标，不能反映出非经济因素。在实践中，当按照确定的贫困标准划定贫困人口和贫困地区时可能导致实际结果并不全面和客观。因为在实际生活中，影响贫困的因素除经济因素外，还有非经济因素的作用。在本书作者走访贵州云南等贫困地区时，就发现有些村庄的村民由于外出务工收入等原因，可以获得较高的人均纯收入，但事实上这些村庄却是远近闻名的穷村和乱村，其交通资源和社会公共资源处于完全的非整合和匮乏状态，而这种社区性的贫困往往比经济收入的不足更为可怕。另外，对于严格按照贫困标准测定收入时，对于在标准线上下浮动幅度较小的贫困农户、对于有子女而子女未能尽到赡养义务的老年人的收入判断上也充满着争议，这些都可能影响到反贫困工作的公平正义。

第二，现行贫困标准更强调收入指标而不重视支出，在描述现实状况时表现出极大的局限性。例如在走访湘西某贫困地区时，就发现一个共有 6 户人口的农户家庭，户主常年在外打工，每年可实现 5 万左右的纯收入，其人均纯收入远高于贫困标准，但因其有双亲赡养，其妻子常年患病，而两位未成年的女儿也需要培养，其支出已经远远超出实际收入，因此该村民家庭是大家一致公认的“困难户”，如严格按照收入标准确定该村民家庭是否为“贫困户”？

第三，贫困线往往是以人均指标作为标示线，则在贫富差距较大的地区将可能导致这样的风险：贫困在平均数字上被认为拉平或化解了，而在事实上仍然存在需要援助的贫困人口。因为在极端值较多的情况下，平均数难以反映数字全面的具体分布情况，即对于那些生活在富人较多的村庄的低收入人群可能会被遗忘在政府反贫困的计划之外。

以上情况表明，现行的贫困标准在识别和解释现实的贫困时表现出了相当的局限性。而这种局限性将影响到实践反贫困工作的公平与正义，也对政府反贫困的权威性提出了挑战。

总结各种论点，本书在进行贫困标准和贫困概念的理解时，做如下归纳：

第一，贫困是一个多元的问题，可以从经济、社会、文化和精神等各种角度去进行分析，但主要还是从经济意义上把握贫困标准。

第二，在确定贫困概念时，并不拘泥于“绝对”和“相对”的约束，绝对贫困理论中的“维持生理基本需求”和“必需的家庭预算”等，以及相对贫困理论中公众普遍认可的“对最低生活标准的理解”，都是对理解贫困标准的内涵有用的，都可以作为制定贫困标准的依据。把这两方面的精粹进行综合，在判断贫困标准时，要根据社会标准，且得到大家广泛认可的，从而得到生活最低需求的“清单”。

第三，贫困概念具有动态性，从纵向看，贫困是一个历史范畴，虽然在某个年度或若干年份它是静态的，不变的，然而在一定时期中，它属于动态不断变化的，而且变化的具体速率大小是通过经济发展的速度大小以及公众理解的关于最低生活的概念的具体变化来决定的。从横向看，贫困具体的标准有所不同，主要是由国家或者地区当时的经济社会发展情况而定，由于各个地区的差异，因此很难用一些固定不变的标准和指标加以评定。

第四章　中国农村贫困的成因分析

在一切人类社会中，贫困是一直普遍存在的，即便是在“某些特殊情形下，一个国家社会经济发展达到了接近其发展潜能的状态，即这个国家的社会生产能够在曲线上运行，但是依然无法彻底改变普遍贫困这一规律”。[①]基于这一认知，笔者认为人类虽然能够经过自身的不断努力，在一定程度减少贫困现象的发生，但无论如何也无法从根本对其予以消灭。从一定层面来讲，贫困一方面是经济发展的结果，另一方面也是在社会、政治、经济共同发展进程中必然存在的一种现象，它们既有可能被恶化，也有可能让穷人遭受的贫困折磨得到一定程度的减少，这是一种相互补充同时又相互作用的关系。[②]

英国经济学家阿瑟·刘易斯曾经讲过：“可利用的自然资源和人类自身的行为是影响人均产出增长的两个决定性因素，一旦出现自然资源不足的情况，将会严重限制人均产出的增长，不同的国家财富多寡的差异，相当程度上可由资源丰裕的差异来解释。但同样明显的是，即使那些资源丰裕程度大致相似的国家之间，也存在发展水平的巨大差异，因此必须深入探究对经济增长产生影响的人类行为的差异[③]。”

中国是一个具有悠久历史的发展中国家，农村的贫困，是多种因素综合影响的结果。刘易斯的研究无疑对我们进行中国农村的贫困成因研究提供了可供参考的思路框架。本书在前面章节中，从各个视角对贫困进行了解释，并认为贫困总是发生在一定的环境之中，导致贫困的主要原因就是人与广义环境关系的失败，其中既包含人与区域自然环境发展的失衡，宏观制度对人们行为的约束，也包含人自身行为条件的约束。影响人类生活质量的因素主要包括个体所拥有的可利用的生活资源规模和质量，以及个体对其所拥有资源的利用效率等。那又有那些因素决定了他占有生活资源的数量和质量，又有那些资源限制了他们对这些资源的利用效率从而导致贫困呢？本章节分别从制度成因、区域成因和个体成因三个角度对中国农村的贫困成因进行分析。

其中，制度成因将主要分析中国农村关于影响经济增长的土地制度及其演化，区域成因将包含区域的自然环境约束分析和区域经济环境等，而个人

---

① 叶普万．贫困经济学研究［M］．北京：中国社会科学出版社，2004：6.

② 世界银行．2000/2001 年世界发展报告［M］．北京：中国财政经济出版社，2001.

③ ［英］阿瑟·刘易斯．经济增长理论［M］．北京：机械工业出版社，2015：2.

的成因将主要分析个人意愿和能力等。分析框架如图 4–1 所示。

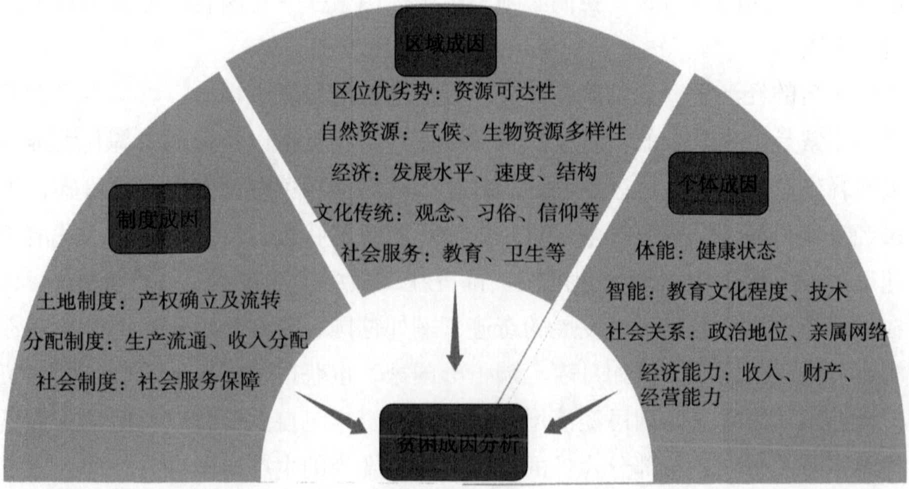

图 4–1　中国农村贫困成因分析框架图

第一节　贫困成因的个体因素分析

刘易斯提出对人类行为的探究，可以在不同的层面上进行扩展，从促进经济增长和财富增加的角度看，主要的直接因素有三个：首先是个人的意愿，即努力实现经济资源的充分利用，在既定产出时降低成本，或者在劳动和其他投入既定时增加产出，表现在人们可以接受更大的市场风险，但是在这个过程中，将可能受到风俗或制度的影响，使得人们缺乏充分利用资源的意愿，也就无法实现经济增长；其次是知识的增长与运用，即技术的积累与进步。知识的积累与运用发生在人类历史的各个阶段，但是直到现在近几个世纪才实现了更快增长，这显然是与生产中各种知识的更快积累和应用有关；第三是人均资本及其他资源数量的增长。

马克思的劳动价值论和人的全面发展理论中，也蕴含着关于发展的实质是人的全面发展的人本思想，他认为："人，永远是一切社会组织的本质。[①]"

① 马克思 . 马克思恩格斯全集（第一卷）[M] . 北京：人民出版社，1979：293.

贫困农户本身，既是贫困的主体，也是反贫困的对象，二者是两位一体。在进行贫困成因的分析时，我们必须考虑个体因素——贫困者个体人力资本的贫困成因。

著名的经济学家舒尔茨在其关于经济增长的研究中指出，影响生产力发展的因素是极其复杂的，若仅从自然资源、实物资本以及劳动力等几大维度去解释生产力发展是远远不够的。根据二战后的相关统计数据分析可知，国民经济增长和国家资源投入一直是处于不对等的状态，国家资源投入的增长速度远没有国民收入增长速度快。部分在二战中实物资本破坏严重的国家，在战后却能够创造出经济发展的奇迹，例如德国、日本等国家；部分本身资源十分匮乏的国家，例如丹麦、瑞士等国家，也获得了较快地发展。舒尔茨对此给出的解释是，国民经济增长与其实物资本、自然资源以及劳动力等显性要素有关外，还与部分隐性的或是尚未被发现的生产要素有关，即人力资本。由此，舒尔茨得出了人力资本是社会进步的决定性原因的重要结论，即人力资本理论。[①] 该理论的出现在经济学界产生了巨大的反响，广受学者的关注，例如，1988 年，美国经济学家罗伯特·卢卡斯在其撰写的《关于经济发展的机制》这篇文章中指出，人力资本对于社会经济发展具有十分重要的作用，这一资本的积累为人类社会经济发展提供了强大的动力，决定了经济的增长。

随着人们研究的不断深入，现代人力资本理论对于区域经济实力的判断主要依据区域物资资本和人力资本存量的数量和质量两大要素。进入信息时代以后，人力资本在区域经济竞争中的地位不断地提高，而人力资本存量的质量则代表了一个区域的经济竞争力水平，即所谓的劳动者素质，正是区域的人均资本占有量和劳动者素质共同决定区域的劳动生产率和人均收入水平。而人口素质可以主要表现为动力素质和能力素质两大方面。动力素质是一种心理素质，它反映了劳动力完成经济活动的积极性和主动性，由进取心和意志力的大小所决定。能力素质取决于体力和智力状态，它反映了劳动力把握或竞争经济机会的能力，可以用健康水平、文盲率高低、劳动技能的多样化程度来进行衡量。

美国经济学家罗伯特·巴罗等针对世界上多达 109 个国家的人口教育情

① 郭龙，付泳．人力资本理论问题研究［M］．北京：电子科技大学出版社，2014：198.

况展开了对比分析，对于不同国家人力资本差异情况进行了全面地揭示，具体可见表 4-1 所列：

表 4-1　不同类型国家人口受教育状况的比较[①]

年代	世界平均（109 个国家样本）	发展中国家（73 个）	发达国家（23 个）	转型国家（13 个）	南亚（7 个）	撒哈拉非洲（22 个）	拉丁美洲（23 个）
15 岁以上人口平均受教育年限（年）							
1960	4.64	2.05	7.08	7.42	1.51	1.74	3.3
1980	5.92	3.57	8.86	8.9	2.97	2.39	4.43
2000	6.66	5.13	9.76	9.68	4.57	3.52	6.06
15 岁以上人口文盲（%）							
1960	36.4	64.1	6.1	4.5	74.3	68.9	37.9
1980	29.5	49.7	4.8	2.8	66.9	56.8	23.8
2000	24.2	34.4	3.7	2.2	45.2	42.8	14.6
15 岁以上人口受高等教育人数的比例（%）							
1960	3.3	0.8	6.7	3.8	0.4	0.2	1.8
1980	7.5	3.1	15.8	7.7	2.1	0.6	5.2
2000	12.6	6.5	28.1	13.9	3.7	2.2	10.9

从表 4-1 可以看出，各地区的经济发展状况是与该地区的人力资源状况高度相关的。从表面上解读，人力资本现状的不同是由于各地经济发展的不同而造成的，因为人力资本的形成需要经济的投资，一个地区经济越发达，则有更多的投资流向人力资本的形成，而一个地区的经济越贫穷，则用于人力资本的投资就越少。但从更深层面解读，人力资本是一个地区经济发展的十分重要的动力源泉，同时，其人力资本也会反作用于该地区经济未来的发展程度。如此一来，就会形成由于人力资本的缺乏而造成“贫困的恶性循环”，即：国家贫困—对人力资本投入缺失—人力资本水平较低—经济增长动力不足—国家贫困，因此，人力资本对于区域贫困具有十分重要的影响。[②]

关于“人力资本”的概念，舒尔茨从不同的角度进行过阐述，其主要要点是：第一，人力资本体现在人的身上，表现为人的知识，经验、操作能

---

① 胡鞍钢．从人口大国到人力资本大国（1980—2000）[J]．中国人口学，2002（5）．

② 廖桂荣．中国城镇贫困人口的人力资本与反贫困研究［M］．北京：民族出版社，2010：60.

力、资历等，也就是人的综合能力和素质等；第二，在人的素质水平相等的条件下，人力资本则主要体现在劳动人数及其所用于劳动市场的劳作时间方面；第三，个体的素质来源于其对人力资本的投资，那么，我们就可以将人力资本理解为是由对人力的投资而产生的资本，表现在货币方面，则是人为了使人力得到发展所支出的一切费用，包括教育培训、人力转移以及身体养护等；第四，既然人力是一种资本，无论是个人或者社会对其投资，都必然会受益[①]。

下面将重点从中国农村贫困者个体的人力资本角度阐述其贫困成因。

一、贫困人口的人力资本积累匮乏

（一）贫困农户的受教育程度低

在我国农村的贫困地区，文化教育和卫生事业的发展受到极大的制约，教育设施落后，办学条件差。例如本书从政府提出的县域义务教育的均衡发展目标角度进行统计，根据教育部数据，截至 2015 年中期，全国 2195 个县区中，仅有 804 个县区实现了县域义务教育的均衡发展，占比仅为 27.58%，而中西部农村地区仅有低于 20% 的县区能够实现县域义务教育的均衡发展（见表 4–2 中的统计数据）。从该统计表格中可以看出，广大的农村地区长期受制于教育资源匮乏的状态，造成贫困人口无法得到良好的教育机会。

表 4–2　全国义务教育均衡发展达标县分布情况

地区	县区总数（个）	承诺达标个数（个）	通过评估数（个）	完成承诺任务比例（%）	占县区总数比例（%）
全国	2915	1913	804	42.03	27.58
东部	1009	818	473	57.82	46.88
中部	1036	688	209	30.38	20.17
西部	870	407	122	29.98	14.02

数据来源：邬志辉．中国农村教育发展报告 2015［M］．北京：北京师范大学出版社，2016：42.

① 郭龙，付泳．人力资本理论问题研究［M］．北京：电子科技大学出版社，2014：51.

由于贫困户生活困难，无力支持子女上学，适龄儿童失、辍学率比较高，青壮年的受教育程度比较低，文化素质相对落后。表 4-3 分别为 2000 年和 2004 年相关统计数据。

表 4-3　儿童在校率和成人文盲率（2000 年和 2004 年）

单位：%

年份	比较项目	全国	贫困农户	低收入户
2000 年	7—15 岁儿童在校率	97.3	92.7	95.5
	其中：7—12 岁儿童在校率	98.5	94.8	97.4
	13—15 岁儿童在校率	95.9	89.7	92.9
	成人文盲率	10.2	22.5	17.7
	青年文盲率	1.4	7.0	4.4
2004 年	7—15 岁儿童在校率	94.1	85	90.7
	其中：7—12 岁儿童在校率	96.4	88.4	94.0
	13—15 岁儿童在校率	90.6	78.6	84.5
	成人文盲率	11.5	25.5	18.8
	青年文盲率	2.5	11.9	6.5

数据来源：刘坚. 新阶段扶贫开发的成就与挑战——《中国农村扶贫开发纲要（2001—2010 年）》中期评估报告［M］. 北京：中国财政经济出版社，2006：538.

通过表格 4-3，可以明显看出贫困农户的各项文化教育指标均大幅落后于全国平均水平，这也使得贫困农户的劳动力文化程度呈现极低的状态，如表 4-4 所示，贫困农户中的劳动力中文盲半文盲比例达到了 20% 左右，是全国平均水平的两倍多，高中以上文化程度占有比例也极低。

表 4-4　劳动力文化程度构成（2000 年和 2004 年）

项别	2000 年			2004 年		
	全国	贫困农户	低收入户	全国	贫困农户	低收入户
劳动力平均受教育年限（年）	7.7	6.1	6.8	7.9	6.4	7.0
文盲半文盲（%）	8.1	21.1	14.4	7.5	18.3	14.0
小学程度（%）	32.2	39.8	36.8	29.2	38.4	24.7
初中程度（%）	48.1	33.6	41.9	50.4	37.6	43.3
高中程度（%）	9.3	4.5	6.1	10.0	4.7	6.8
中专程度（%）	1.8	0.9	0.7	2.1	0.6	1.1
大专及以上（%）	0.5	0.1	0.2	0.8	0.4	0.2

备注：刘坚. 新阶段扶贫开发的成就与挑战——《中国农村扶贫开发纲要（2001—2010）》中期评估报告［M］. 北京：中国财政经济出版社，2006：539.

由于贫困农户的受教育程度低，极易造成贫困的代际传递，形成恶性循环。从二十世纪五十年代后期开始，经济学家们开始研究贫困的代际传递问题，即认为家庭行为是贫困的代际传递工具，贫困在家庭的传导下，一代一代的循环。通过广泛的研究结果表明：出生在贫困家庭的儿童比出生在非贫困家庭儿童，在长大后将有更高陷入贫困的可能性。刘易斯在其研究中也表达了相同的观点，他认为贫困的代际传递存在一定的相互作用的经济特征和心理特征，如受教育程度较低，经济境况较差，社会参与不足，或长期未受到家庭之外社会资源的补充，这些都会是导致贫困代际传递的原因……家庭的故步自封，会导致成员间产生极其稳固的互依、互信关系，如此上一代所坚持的价值观、人生观以及习惯等都会得到年轻一代的继承，这些都为贫困的代际传递提供了保障。①

图 4–2 可以表示一个家庭的贫困代际传递的典型示范。

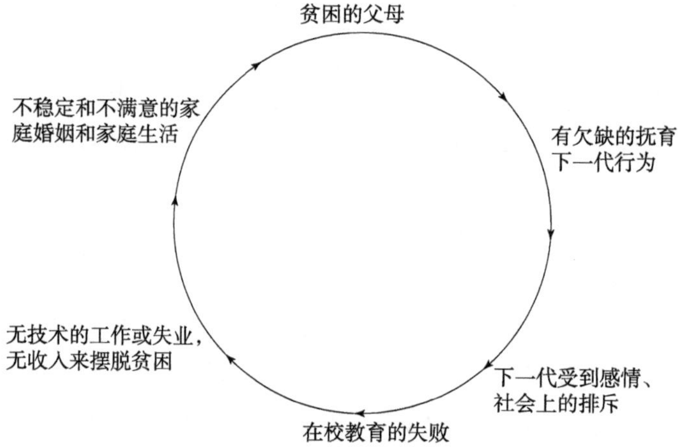

图 4–2　家庭贫困的代际传递示意图

通过以上的家庭贫困代际传递图，我们可以看出，任何一个反贫困的措施，都必须以把穷人纳入和看作是主流文化的一部分作为前提和目标，即必须要改变穷人，给予其赋能，使穷人和主流社会的成员一样思考、一样行动，并打破以上循环，改进家庭行为，具体行动可包含：第一要改变贫困人口家庭中父母的行为方式；第二社会要对儿童补足父母对其投入的欠缺。

① Sten–Ake，Stenberg.Inheritance of Welfare Recipiency：An Intergenerational Study of Social Assitance Recipiency in Postwar Sweden［J］，Journal of Marrige and Family，2000

家庭的贫困代际传递与“贫困的恶性循环”理论并非相同。“贫困的恶性循环”是基于国家的层面来阐释贫困的代际传递的，其中较具代表性的学者为美国的格拉纳·纳克斯，1953年，该学者在其撰写的《不发达国家的资本形成》这部著作中重点针对发展中国家长期贫困的致因展开了全面阐述，该学者指出，发展中国家的资本供给主要呈现出“人均收入水平低—人均储蓄水平低—资本形成效率不高低—生产效率不高—产出水平不高—收入水平不高”恶性循环的特点，而其需求方面则呈现出“低收入—缺乏足够的投资吸引力—资本形成效率低—生产率低—收入水平低”的恶性循环特点，当前发展中国家人力资本方面所面临的这种恶性循环状态将会持续较长一段时间。①此后，美国有一位学者于1956年提出了和“贫困的恶性循环”理论类似的“低水平收入陷阱”理论，这两种理论都是以国家或区域为研究对象，其研究再一次论证了资本投资不足是导致贫困的重要因素。同时，该学者在研究中也充分突出了储蓄和资本积累对打破贫困恶性循环的重要作用，②这也对我们进一步理解家庭的贫困代际传递具有重要的参考意义。

（二）贫困地区的农村医疗卫生条件薄弱，农户健康状况不佳

根据2011年的统计数字，在2010年的扶贫重点县农户中，参加新农合的农户比例虽高达93.3%，但与全国的平均水平98.7%比较，低了5.4个百分点，人均报销医疗费仅为13.8元，占人均医疗费支出的7.7%，也与全国平均水平的27元比较，低了近一半。如表4–5所示：

表4–5　全国扶贫重点县农户参加新农合统计（2002—2010）

年份	参加新农合的农户比例（%）	人均医疗保健消费支出（元）	人均报销医疗费（元）
2002	2.6	65.1	–
2003	6.4	69.5	–
2004	8.6	78.0	–
2005	17.1	86.9	–
2006	37.7	100.8	1.0
2007	81.7	114.4	2.9

① 李晓明．贫困的代际理论述评［J］．广西青年干部学院报，2006（2）．

② 祝建华．缓解城市低保家庭贫困的代际传递的政策研究［M］．浙江：浙江大学出版社，2015：9.

续表

年份	参加新农合的农户比例（%）	人均医疗保健消费支出（元）	人均报销医疗费（元）
2008	87.4	133.7	6.8
2009	92.1	155.3	10.5
2010	93.3	178.9	13.8

数据来源：国家统计局住户调查办公室.2011 中国农村贫困监测报告［M］. 北京：中国统计出版社，2011：34.

由于医疗保障制度和医疗条件的约束，贫困地区人口的健康状况非常不乐观。如在老区的国家级扶贫县，健康人口的比例相对较低，2008 年的统计数字表明，生病时不能及时就医的人数占调查总数的 9.4%；在有病不能及时就医的农户中，经济困难、无力承担高昂的医疗费用是主要原因，占比达 54%，其次是医疗点少、医院太远，占比达 34.7%。具体统计数字如表 4–6 所示：

表 4–6　老区贫困县医疗条件及农户健康情况（2007/2008）①

指标名称	国定贫困县	老区扶贫县	
	2008 年	2007 年	2008 年
一、卫生设施			
1. 有卫生室的村比重	77.4	72.3	73.6
2. 有合格乡村医生 / 卫生员村比重	77.4	71.6	72.6
3. 有合格接生员的村比重	73.7	69.1	69.1
4. 每万人拥有医院、卫生院床位数	17.1	16.0	18.1
5. 每万人拥有卫生技术人员数（人）	18.3	20.6	20.8
二、参加新型合作医疗的农户比重	87.4	71.5	77.5
三、健康状况			
1 残疾	1.0	1.0	1.0
2 患有大病	0.4	0.5	0.5
3 长期慢性病	1.4	1.8	1.7
4 体弱多病	3.8	3.9	3.8

① 国家统计局住户调查办公室，2009 中国农村贫困监测报告［M］. 北京：中国统计出版社，2009：72–73.

续表

指标名称	国定贫困县	老区扶贫县	
	2008 年	2007 年	2008 年
5 健康	93.3	92.8	92.9
四、有病是否能够及时就医			
1 是	89.3	90.1	90.6
2 否	10.7	9.9	9.4
五、不能及时就医的原因			
1 经济困难	56.3	57.9	56.0
2 医院太远	32.9	32.8	34.7
3 没有时间	0.7	0.3	0.3
4 本人不重视	2.8	1.9	1.9
5 小病不用医	3.6	4.4	5.1
6 其他	3.7	2.7	2.1

二、贫困农户内部约束下的行为方式

刘易斯指出："经济活动是经济增长的必要条件。这里的经济活动是指在投入的劳动或其他资源既定时，为了增加产出，或者在产出既定时，为了减少成本，所愿意付出的努力。[①]"这表明只有人们努力想要得到更多的东西，才有可能真的得到，增长和财富是人类付出劳动的结果。法国经济学家皮埃尔·布迪厄在论述其资本理论时，也曾反复强调了不同类型的资本只有在特定的场域内才能发挥作用，同时各类资本之间也可以进行相互转换。这表明了每个人拥有的各类资本之间存在着一种隐秘的相互关联性。[②] 针对这一问题，著名学者林南在其研究中强调：社会资本和人力资本二者间呈现出显著的正相关性，也就是说，当个体拥有的人力资本越高，其可能所有的社会资本也会更加丰富。[③] 丰富的社会资本也显然有助于产生更好的人力资本，如

① ［英］阿瑟·刘易斯．经济增长理论［M］．北京：机械工业出版社，2015：13.

② 包亚明．布迪厄访谈录——文化资本与社会炼金术［M］．北京：上海人民出版社，1997：202.

③ Linnan，Walter M.Ensel and John.C.Yaughn，Social Resources and Strength fo Ties：Structural Factors in Occupational Status Attainment［J］.American Sociologist Review，1981：46.

果拥有了广泛的社会关系背景，则这个家庭的所有个体也将在教育、培训和机能方面获得更多的机会，这些也都说明个人拥有的资本之间可能存在着相关关系。[①] 显然，从他们的论述中，都是认为个人的意愿和愿意为之付出必要的劳动，是获得丰富人力资本的必要条件。由此可知，在进行贫困成因的分析过程中，一方面要从经济维度的视角加以分析，同时，另一方面也充分考虑到文化形态可能对贫困产生的影响，若我们基于文化的视角去考察贫困致因时就会发现，文化和贫困、发展三者之间是存在极为紧密的关联的，甚至会认为贫困的本质致因就是贫困文化。[②]

美国学者奥斯卡·刘易斯是贫困文化重要的代表人物之一，他认为贫困并非是纯粹的经济现象，其中也包含了丰富的文化元素，是一种自我维系的文化体系。长期处于贫困状态的人，会逐渐形成一种独有的生活方式、行为习惯和价值观念并自成体系，在这样的情况下，这种文化体系就会对其周边人产生影响，并形成一个贫困文化圈，这个文化圈游离于社会主流文化之外，并在这种文化体系保护下不断地巩固和发展[③]。贫困文化将对个体产生如下两个方面的重大影响：

（一）影响穷人更大范围的人际交流

贫困文化是一种亚文化，其主要特征是该文化或者这种文化的体现者——穷人，脱离了社会生活的主流，他们由此很少参加广泛的社会活动，他们不属于市场大贸易的参与者，由此很难有机会去与外部进行资源的交

---

① 廖桂蓉．中国城镇贫困人口的人力资本与反贫困研究［M］．北京：民族出版社，2010：183.

② 经济人理论从自由市场体制解释贫困的原因，把贫困归因为个人在自由市场体制中的失败。例如美国的弗里德曼认为，人们对于他们自己的行动和状况负有完全的责任。自由市场体制把货币报酬给予那些有天分的、努力工作的、有创业精神的人们；穷人落入贫困是由于他们道德上和身体方面的缺陷，贫困的主要原因是由于个人的懒惰和缺乏改善的意愿；只要自由市场机制的供求机制充分发挥作用，就会存在挣钱的机会，不能接近和获得这种机会，责任只能是个人自己而不是管理体制或政府。无疑，这种观点认为的成功者理应拥有财富，而失败者的归宿就是贫穷。对于弗里德曼的这种观点充满着让人难以接受的傲慢与偏见，因为弗里德曼所谓的“自由市场配置过程”是理想化的，是不完善的。在实际社会中，有大量的外在干涉力量抑制了个人在市场上进行讨价还价、交易和工作的权力，这些外部的干涉力量包括了财富的继承、教育的资源倾斜和培训的机会等并没有平等地分配到所有公民，在这些力量中，个人的努力都是毫无意义的。虽然关于经济人贫困的观点存在明显的缺点，但是在实际社会中仍被广泛接受，本书已经在前面关于贫困的解释理论梳理中提到，贫困个体的特征也确实是构成贫困原因的重要变量。.

③ 周彬彬．向贫困挑战——国外缓解贫困的理论与实践［M］．北京：人民出版社，1991：81.

换，包括外出工作。他们长期失业，或者处于不充分就业的状态，也不具有良好的社会契约精神。这样的一个特殊生活方式，使得穷人处于自我封闭的孤立境地。

表 4–7　不同地区在本乡及外地从业人员的比例对比表

地区	在本乡从业人员（万人）	占从业人员比重（%）	在本乡外从业人员（万人）	占从业人员比重（%）
东部地区	19021.54	84.82	3404.48	15.18
中部地区	17090.62	87.94	2343.83	12.06
西部地区	12750.82	89.64	1474.29	10.36

备注：林乘东. 中国——走出贫困［M］. 昆明：云南教育出版社，1999：348.

笔者对贵州毕节地区实际调研中发现，由于居住环境恶劣，在将贫困人口搬迁到相对条件较好的地区时，发现越是贫困的人越搬不愿意进行搬迁，或者搬迁后又回到原地的状况，其中部分原因就因为这些贫困人口不愿承担由于外迁而可能造成与更广大市场进行竞争的风险。根据《全国第一次农业普查快速汇总结果公报》中资料显示：最早在全国东、中、西部农村外出从业人员的比例也是存在明显差异的，如表 4–7 所示，因此，从一定程度上讲：安贫认命、不求进取的心理素质是使贫困人口陷入贫困的重要原因之一。

（二）影响穷人的进取心且容易心理脆弱

贫困文化使得穷人单纯追求效用最大化，其创业冲动和风险承受力较弱。一部分经济学者认为：由于传统贫困人口自身的保守性和理性的缺乏，导致其不愿意接受各式各样的改革，使得其长期处于贫困状态，进而由此提出了贫困地区发展的增长前景悲观的论调。

美国的经济学家西奥多 · W. 舒尔茨则将传统农业部门的农户视为理性的，认为贫困农户和其他行业人员一样，只是他们所拥有的资源和技术条件不同而已，他们也在通过各种手段以期望能够获得最大的利润，对价格具有十分灵活的反映，在内部资源配置也是存在一定的效率性，即“贫穷而有效率”。西奥多 · W. 舒尔茨“贫穷而有效率”的论断主要建立在如下几个假设条件基础上：（1）具有一个以供求规律为基础而确定价格的市场；（2）农户是一个完全的经济体，以足够规模和质量的经济信息作为决策依据；（3）和当前现代化经济人口相比，传统农户在一个完整的贫困群体中活动，他们拥有其类似的行为习惯和活动方式。

舒尔茨在其论著的《穷国的经济学》这部著作中指出：任何一个国家和地区的农民都在和成本、利润、风险交流，每一个农民都是一个会精打细算的经济人。他们在属于自己的那一份领地中，都是一个名副其实的企业家。他们拥有极其敏锐的市场洞察能力，能够及时地判断出微妙的经济形势变化，这让大部分专业人士都无法认识到他们具有如此高的效率。虽然这些农民由于缺乏足够的学校教育，受到身心健康状况以及个人收入等各方面因素的制约，他们在新知识接受、认知以及执行合理行动等方面与其他群体具有一定的差距，但这些农民都天生具有企业家最原始的素质。这点不仅体现在男性农民身上，在农村妇女身上体现的也十分突出。[①]

舒尔茨在提出了“贫困地区的农户是理性的”这一命题后，引起了后来学界的大规模实证研究，后来的验证结果表明：实际中的贫困农户的在经济行为方面呈现出如下几个特点，即行为的自发性、行为的盲目性、行为的守旧性，而这些特点都是“非理性”的。农户由于在信息资源、风险判断能力等方面的缺失，他们在面对风险和收入选择时，往往无法准确把握二者的平衡点，最终他们多会选择稳定性的有把握的方式，不愿意顶着较大的风险去发展生产，也就是说，农户是在追求效应的最大化，而不是在追求利润的最大化。效用最大化的原则可以解释这样一个现象：为什么一个没有足够的土地资源，却依然坚持过多生育？因为这些农户认为在缺乏产业发展可能的情况下，继续投入劳动力，只需要很低的机会成本，同时可以获得很高的“边际效应”（养儿防老，传宗接代）。同样，当土地被分割成微不足道的小地块并被分配到众多的耕种者时，技术的进步和农业机械的发展投入就不会发生。

贫困地区农户行为效应最大化的原则同样也可以解释更多的贫困农户行为，例如：在笔者对江西永新的实践调查中，就发现有属于建档立卡的贫困农户生活本身是较为困难的，家中有两个正在读书的女童，还有一位患病的妻子，家庭负担沉重，其拥有的耕地并不多，因此他需要经常外出打工。在

---

① 沈红 . 边缘地带的小农——中国贫困化的微观解理［M］. 北京：人民出版社，1992：184.

对其访谈过程中，他正在家里盖一座大房子，其建房的投入甚至是他打工几年的收入，为此他不得不边打工边建房，建房工程也将因资金的不能及时到位而分阶段实施，如此，他和他的家庭将因建房这一工程而长期陷于经济拮据的贫困状态。在调查中发现，他的这一做法在他生活的地区并非个案，这里的绝大部分农民都是通过在外打工赚钱，然后陆陆续续投资在家乡建一所漂亮的大房子，最后房子被长期空置，也无资金进行内部装修，而自己因这样一套房子的建设而长期陷于贫困，其积蓄也并没有投资到真正的生产领域。如其将钱投资到风险更大的生产领域，不如将钱投资到房子这种无风险且可以让他在家乡人面前更为风光的房子上面，是这些贫困农户效应选择的最终结果，而其实际长远影响也将使的这些农户因为不能进行长期的生产性投资，使得贫困人口无法获得更为稳定的收入资源。

贫困文化的影响使得贫困个体故步自封，他们不愿承担任何风险，不愿做出实质性的改变，正是由于这种亚文化的影响，使得贫困个体难以走出贫困的恶性循环怪圈。我们由此反思我国政府多年来实施的农村反贫困战略，使得我们也不由地追问贫困者本身："为什么在国家实施的反贫困措施下，部分人可以在国家反贫困措施的帮助下逐渐走出贫困的境地，而又会有部分人长期停滞在贫困当中呢？"这一疑问的最终解释只能是因为"人"。针对这一问题，著名的美国社会专家胡格维尔特进行过阐释，他认为人类所生活的外部环境并非决定性因素，这并不是决定其行为最终原因，这种外部环境仅会对人类生活需求和生理特性产生一定的限制力，并不能干预到其行为的实际内容，最终决定其行为内容的是人的文化和所在社会组织。①

综上所述，贫困地区的农户由于受教育程度偏低，缺乏完善的医疗保障，对先进科学知识的应用和普及以及思维模式的更新产生了一定的阻碍，导致部分贫困农户难以建立起脱贫致富的信心和勇气，消极应对贫困的生活现状，故步自封，缺乏冒险精神，这些都成为贫困地区长期无法摆脱贫困现状的内在原因，也对脱贫致富造成了严重阻碍。

---

① ［美］胡格维尔特．发展社会学［M］．白桦，于一凡，编译．四川：四川人民出版社，1987：85.

第二节 以国定贫困县为代表的中国农村贫困区域性因素分析

为便于比较分析，我们首先假定我国整个农村地区具有大致相同的制度背景，区域之间的贫困率发生的不同完全是由区域性因素的差别而造成的，那些贫困率发生较高的地区在自然、经济和社会等各个方面具有突出的特征。在此假设前提下，我们分析其造成中国农村贫困的区域性成因。

贫困与区域环境之间存在密不可分的联系。对贫困可能给自然环境带来的破坏，人们已经早有所认识，1982年，联合国在斯德哥尔摩人类环境大会上签署了《斯德哥尔摩宣言》，其中也明确了贫困是发展中国家环境退化的主要诱因，该宣言确认影响环境退化的主要因素不是工业化而是贫穷。美国经济学家迈克尔·P. 托达罗在《经济发展与第三世界》中曾经提出用地域差异理论来解释贫困国家经济发展缓慢的原因。他在书中指出：从整体来看，当今第三世界国家所拥有的自然资源要少于目前发达国家开始他们现代经济增长时所拥有的资源。① 因此，区域的影响因素，包括经济区位的资源，是贫困的重要成因。

经济区位指的是地理纬度的经济增长带及其所辐射的范围，经济区位是资本、科技以及各种经济要素聚集的地方。地理环境、地区经济基础、文化水平等都是影响经济区位形成的重要影响因素。人们常说，万事成功必因“天时、地利、人和”。“地利”即有利的地理位置和自然条件。

我国农村的贫困人口主要集中在中西部地区，特别是在西南、西北几大省区更为密集。以2001年的数据为例，当年中央政府划定的592个贫困县，其全部县域的面积为245万平方公里，占全国总面积的25.5%，其中革命老区占17%，少数民族地区占45%，边境地区占7%，老少边区合计占到贫困重点县的59.3%。牧区、半牧区占14%，粮食生产大县占8%，棉花生产大县占3%。从地势看，丘陵地区占18%，山区占到66%，平原地区仅占14%，因此，这些重点县作为我们中国农村反贫困核心阵地，大部分地区都是位于高海拔、沙漠、山地以及喀斯特地貌等偏远地带，这些地区都与经济

① 陆远权. 人口贫困与区域可持续发展——以三峡库区为例［M］. 重庆：重庆大学出版社，2013：51.

聚集区有着较远的距离，交通条件较差，运输成本高。这些使得他们难以形成有效的资本吸引力，高新技术、人才都无法在这些地区形成有效的聚集，另外，这也在很大程度上增加了解决这些地区交通条件、通信条件、抗灾、医疗卫生等的投入成本，因此，相比其他地区其更加容易陷入贫困的境地。

由此，可以看出我国农村的贫困问题最突出的特征就是其区位特征——贫困的边缘性，80% 以上的贫困人口分布在远离中国经济增长中心的西部贫困乡村，这些贫困乡村不论在地理位置还是在经济区位意义上都处于经济发展的边缘或外围区域，而且由于远离西部的一些主要城市，缺乏“中心城市—城镇—乡村”完整的城乡连接条件，由此这些贫困地区就基本上失去了和现代部门及市场进行资源的交换联系和机会，由此处于“边缘的边缘”。

下面就以国定贫困县为对象，分析其贫困成因的区域性因素影响。

一、地理自然禀赋约束的区域经济发展

关于地理条件与经济区位的关系，学者们也曾作过相当多的科学论述。如斯密曾在《国富论》中指出，国民财富的增进似乎都是分工的结果，但分工受市场范围的限制，而市场的开拓又受交通运输限制。所以，自古以来我们都会发现大部分产业的分工改良，基本上都是从沿海沿河的地区开始的。斯密注意到，那些交通不便利的偏远地区如非洲内陆地区往往都是经济发展最为迟缓的地区，有的似乎还处于“未开化状态”。再如，马克思在《资本论》中提出了“级差地租”概念，并强调“级差地租”的形成是因为：第一，土地不同的肥沃程度；第二，土地的所处位置的差异；第三，生产效率的差异。通过“级差地租”理论，可以较好地解释为什么经济发达地区的土地要比欠发达地区的土地的市场价值要高得多的。另外还有杜能的农业区位论、韦伯的工业区位论、克里斯塔勒的“中心地理论”和廖什的“市场区位论”等，他们所主张的都是工业生产布局或经济聚集空间的最低成本运输指向和最大利润市场指向。

纵观现代贫困地区所在地理位置可知，大部分贫困地区都是位于经济聚集区或经济增长带的边缘，甚至还有部分贫困地区仍处于原始经济增长阶段。为什么一些国家陷入了贫困陷阱，而另一些国家则没有？杰弗里·萨克斯在《贫穷的终结》一书中的回答是：“大部分人在回答该问题时，往往忽

略了实际地理位置这一要素。以美国人为例，他们坚信自己财富都是依靠他们自身的智慧和劳动创造获得的，其实，他们根本没有想到自己还拥有着一个广袤的大陆，在这个大陆中蕴藏着丰富的矿产资源，拥有肥沃的土地，适宜航行的河流，以及庞大的海岸线和天然港口资源——这些都为其海洋贸易发展提供了重要的基础。而这一地理条件在其他国家却很难拥有。目前世界上大部分贫穷国家基本都被其交通的高成本所困，这些国家或是地处内陆深处，或是地处高海拔山地，或是缺乏可通行的河流和可停靠的天然港口等。如玻利维亚、埃塞俄比亚等国家的长期贫困仅仅从文化维度去解释显然是行不通的，被陆地包围的多山地区导致其一些现代经济活动都难以进行，进而使其在经济领域陷入了与世隔绝的境地。”

表 4–8 为 2001 年确定的 592 个国定贫困县在各省的分布情况。

表 4–8　2001 年确定的 592 个国定贫困县在各省的分布

省份	县级单位总个数	重点县个数	比重（%）
全国	2658	592	22.27
贵州	86	50	58.14
云南	128	73	57.03
甘肃	86	43	50
陕西	108	50	46.3
重庆	40	14	35
青海	43	15	34.88
宁夏	25	8	32
内蒙古	101	31	30.69
山西	119	35	29.41
新疆	96	27	28.13
广西	110	28	25.45
湖北	101	25	24.75
河北	173	39	22.54
海南	23	5	21.74
江西	100	21	21
四川	180	36	20
河南	158	31	19.62
安徽	107	19	17.76
湖南	123	20	16.26

续表

省份	县级单位总个数	重点县个数	比重（%）
吉林	60	8	13.33
黑龙江	131	14	10.69

备注：1. 因国家已在西藏全面推行扶贫政策，故此表中并未将西藏的县标注为扶贫重点县。

2. 数据来源：国家统计局农村社会经济调查总队.2002 中国农村贫困监测报告［M］. 北京：中国统计出版社，2002：19.

根据统计，从耕地数量上讲，扶贫重点县的人均资源条件接近全国平均水平，但耕地质量明显偏低，耕地面积中有效灌溉面积的比例仅为 35%，比全国平均 42.7% 的比例低了 7.7 个百分点。按乡村人口平均，扶贫重点县的人均有效灌溉面积只有 0.62 亩，与全国平均 0.87 亩的水平相比，差距十分明显，大部分扶贫重点县都没有摆脱靠天吃饭的状态。

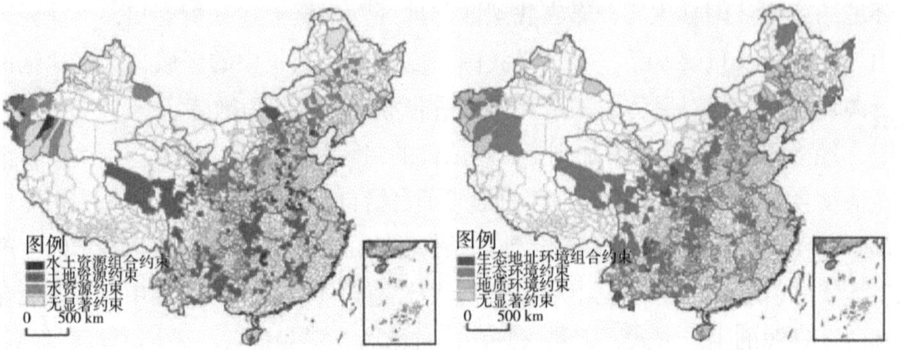

图 4-3　国定贫困县资源要素及环境要素约束性分布图

我国学者周侃与樊杰通过对国定贫困县的深入调研发现，资源环境承载力对于欠发达地区的制约更为严重，欠发达地区的分布与其所受的资源环境要素制约存在极为显著的空间耦合性。按照我国当前对主体功能区划单项指标分级评级结果①，可以将国定县划分为如下四个不同的约束型：一是资源约束型；二是环境约束型；三是综合约束型；四是无显著约束型等。从图 4-3 显示的相关数据可知，在我国的国定贫困县当中，有 456 个为受资源环境显著约束型，在我国国定贫困县中的占比为 77.05%；有 127 个为综合约束型，

① Fan J，Sun W，Zhou K，et al. Major Function Oriented Zone：New method of spatial regulation for reshaping regional development pattern in China［J］. Chinese Geographical Science，2012，22（2）：196-209.

在我国国定贫困县中的占比为21.44%；有193个国定贫困县为资源约束型，在我国国定贫困县中的占比为32.66%；有136个国定贫困县为环境约束型，在我国国定贫困县中的占比为22.95%。其中，属于综合约束型贫困县主要集中于我国青藏高原、云贵高原以及黄土高原等区域。资源约束型贫困县又可以按照其受约束资源的种类被划分为土地资源约束型、水资源约束型、水土资源组合约束型、无显著约束型四个亚类，其中土地资源约束型贫困县的占比为24.96%，水资源约束型贫困县的占比为20.44%，水土资源综合约束型贫困县的占比为8.54%，而受土地资源约束型贫困县主要分布在我国南方地区，而受水资源约束型的贫困县主要分布在我国北方地区。从环境因素约束型进行亚类划分又可以划分为生态环境约束型、地质环境约束型、生态与地质环境组合约束型、无显著约束型四个亚类，其中前三类约束型贫困县在此大类约束型贫困县总数中的占比分别为39.53%、1.34%、3.52%，而生态环境约束型贫困县主要分布在我国西部地区。根据上述分析可知，当前我国山地丘陵以及重要水系发源地是我国深度贫困较为集中的区域，这些地区的资源环境水平相对恶劣，区域人地关系非常复杂且较为敏感。

经济区位的边缘性，加剧了区域内部的封闭性。在贫困区域内，生产与消费活动合一，这就使得贫困地区内形成了自给自足的生产模式。为努力拓展外部生存环境，贫困农户也在自然地理条件恶劣的情况下，由于缺乏基本的生产生活条件，迫于生存的压力，在历史上曾经有过不合理的开发利用，采取掠夺和破坏资源的生产方式，刀耕火种，广种薄收，滥垦滥伐，破坏了森林草场，造成了粮食、吃水、住房、交通等均有困难，加上人口增长过快，资源承载力下降，生态环境进一步恶化，因而也导致了“越垦越穷，越穷越垦”的恶性循环，更大规模的资源遭到破坏，甚至形成了“一方水土养活不了一方人”的严重局面（图4–4描述了由于不合理的开发利用，导致的恶性贫困循环）。

生活在贫困地区的农民，由于自然条件相对恶劣，使得他们长期为解决温饱问题挣扎，加上投入不足，无法形成持续有效的生产力，产业结构单一，农民收入主要集中在种植业和采集业，工副业和多种经营很不发达，因此农民的收入一直处于低位徘徊。

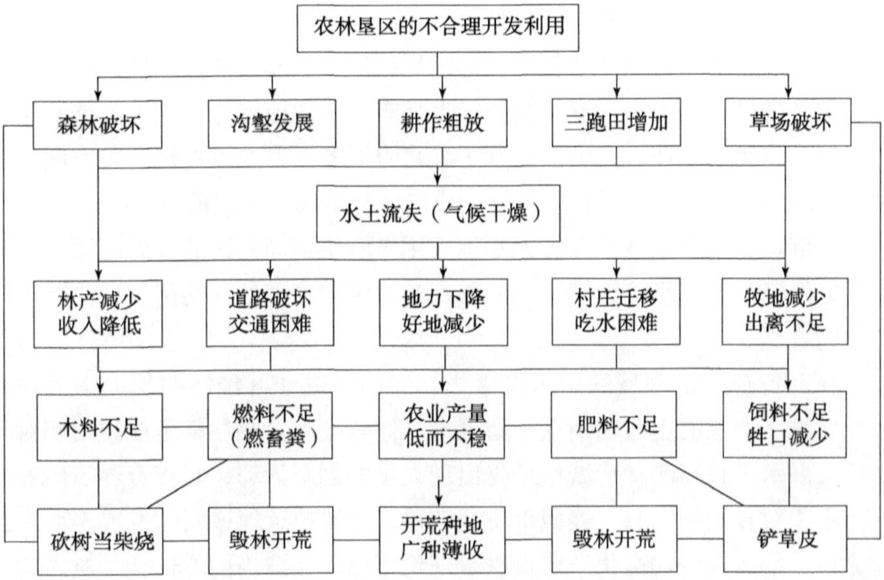

图 4-4　土地的不合理利用造成的恶性循环

二、传统封闭的农业生产模式限制了区域内产业发展

针对贫困地区的产业发展，经济学家们也曾经展开激烈辩论，但其共同之处都是承认传统的封闭的自给自足的农业生产模式，产业发展失败和产业集聚程度不高，都是贫困地区无法摆脱贫困的重点因素。[①]

法国学者佩鲁在其 1950 年出版的《经济空间：理论与应用》一书中，首次提出区域增长极理论，认为应该把增长极看作经济范畴的空间力场里具有推动作用的部分，对区域经济的具体作用重点是基于聚集与扩散两种效应。对于某个地区，抑或某个国家，想要达成经济的快速增长，必须基于很多个“经济发展辐射中心”的带动，逐步地向着周围各个区域和相关经济部门进行辐射。这种模式的特点是周围辐射区域将大面积实现地区经济的快速发展，部分产业在该地区中具备很强竞争能力，拥有资源优势，还能够不断进行产业技术与管理层面的创新，从而使得该区域内支柱产业首先得以发展。因此，要想让某个特定区域或国家达成经济快速增长，就一定要扶持培

① 任登魁 . 全球价值链视角贫困地区产业集聚发展研究［M］. 北京：中国经济出版社，2016：28-29.

养与确定一个或者多个相应的区域增长极。不容忽视的是，一定要注重科技的创新与应用，它是经济增长的关键因素。这里面涉及的推动性产业就是指那些生产规模比较大，发展势头很猛、拥有一定的市场竞争潜力、能够起到龙头拉动作用的产业，此类产业基于其自身对整个产业发展链条与空间的拓展来拉动该地区的经济增长，促使达成区域经济的均衡化前行。

区域增长极理论被许多国家和地区用来解决不同的区域发展问题，也成了西方经济学界中经济区域观念的基石，对区域经济的非均衡发展具有积极的借鉴意义。

在新古典经济领域的学术论著里，专门研究地区经济的相关学者在该领域融进了产业的生命周期这个新理论，同时提出：往往都是在城市相对集中、发展水平较高的一线城市最先出现大量的创新活动，紧接着逐步向着发展水平相对较低的二、三线城市跳跃转移，慢慢拉近地区间的发展距离。这就为达成地区经济均衡化发展提供了理论支撑。经济均衡增长这个概念就是基于上述理论慢慢形成出现的，业界学者 Paul rosenstein- Rodan 的均衡增长和大推动两个理论就是此理论的典型。该理论的观点是，供需不均衡是那些相对贫困的国家经济发展缓慢的一个重点因素。

J.R. Friedman 是美国著名的地理学专家，基于 K.G. 米达尔等相关专家的“核心—边缘”模式的探究所得出的相应结论，他针对中美洲地区各个国家的经济发展变化经过展开了深入探究，1966 年，他在自己的论著《区域发展政策》里对 K.G. 米达尔等人的理论进行了相同阐述。J.R. Friedman 的理论重点针对地区空间变化模式进行了阐述，特别指出相对于经济发展来说，无论哪个国家，均是基于中心地区与辐射地区协同发展。核心地区往往是在该地区经济发展迅猛、拥有资源与资本优势、工业类型多且具备很强竞争能力，人口高度集中发展很好的城市。与之相反的辐射边缘地区就是所有层面都相对滞后的地区，这种情况就衍生了空间二元结构，致使地区的经济空间结构发生演变，不过此类经济发展不均衡必然会拥有四类明显的情况：第一，人力资源必将向核心地区聚集；第二，基于中心城市各方面的优越条件，科技创新一定会最先出现在中心城市，然后逐步跳跃式向辐射边缘地区扩散，相反的情况一般是不会发生的；第三，各种类型的资金大部分都向着核心城市聚集；第四，大多数的政府机构都设在核心城市，往往会出现政策优先的情况，权力分配就很难得以均衡。当某个地区或国家的经济发展达到一定的均衡化水平，该地区或国家的核心地区对周边地区的辐射拉动力度就会明显增大，上述四种情况就会呈现相反的流向，那些原本属于边缘地区里慢慢就会出现次核心地区。

通过以上的理论梳理，笔者认为产业的发展与相对集中，对于那些经济发展滞后地区的资源整合具有重要的支撑作用，经济滞后地区能不能脱贫，关键在于该地区能不能形成产业集聚，实现规模经济的协同增长，进一步促进科技创新，创造更多的就业岗位。

目前，我们国家的乡村还有不少经济发展严重滞后的地方，其产业发展主要有以下几方面的限制因素：

第一，产业内生动力严重不足，缺乏创新意识和学习能力。由于传统的自然经济形成了自给自足的温饱意识，贫困地区的人口在生产经营决策上首先考虑自身的温饱问题，“温饱即安”的思想深重，市场意识不强，长期习惯于“庭院养猪羊、大田面油粮”小而全的生产方式，风险承担意识不强，尤其对市场风险的承受能力弱，“赚得起，赔不起”，在种植产品上只要有一季一品歉收，第二年就放弃种植，也不敢再开辟新的项目。同时，由于受教育程度较低，人才缺乏，无产品和技术创新能力，在产业发展上“跟风”“扎堆”等现象较为明显，加上资金等限制，产业的内生动力严重不足。

第二，产业发展资源要素不同程度缺失。区域产业发展是研发、技术和资本等要素在该区域中以适当方式集聚而形成的立体产业系统，其要素组合比例不适当或要素不完备都会引起产业发展的失败。贫困地区所需的产业要素均存在不同程度的缺失，在财力、物力上都存在较大的差距，且由于贫困地区区域内部的社会性人文环境，缺乏有利于要素孵化和衍生的土壤。

第三，产业发展规模小，未形成产业集聚效应。在贫困地区，首先是产品本身缺乏规模，有“产”无“业”，不能形成规模效益；其次由于地理位置偏僻，交通不便，物流成本较高，且缺乏专门从事农产品市场营销的组织或中介，导致在贫困地区一直延续小农户的经营方式，无法形成产业集聚效应，市场应对风险能力极差。

产业的发展，是贫困地区政府收入及个人收入的重要来源，由于贫困区域内的产业发展未能形成规模，使得本地区内的财政收入无法有效支撑其财政支出。笔者根据 2002—2010 年的统计数据[①]，以全部国定贫困县为研究对象，计算其地区的财政力指数（以当年的地方财政收入 / 财政支出），即可

① 根据历年国家统计局农村社会经济调查总队的贫困监测报告整理。

发现贫困县的财政担负能力长期在50%左右徘徊，与全国的财政担负能力存在极大的差距（如图4–5所示）。

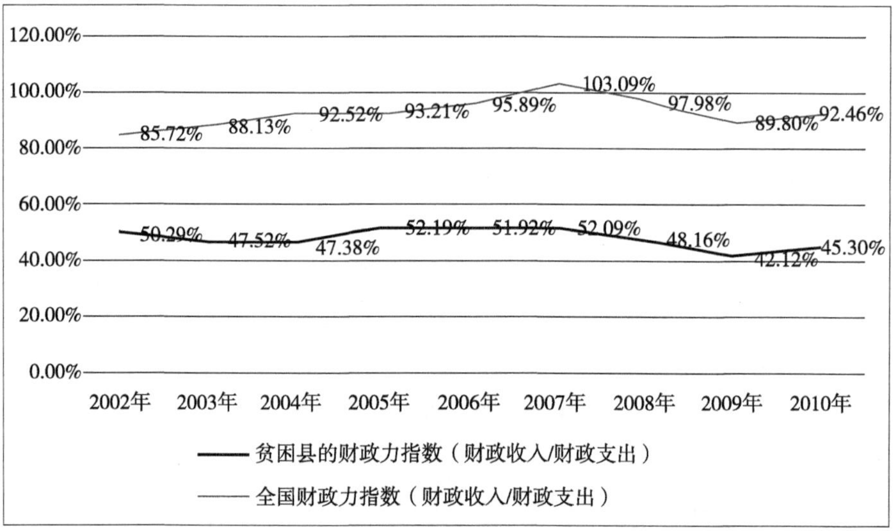

图4–5　贫困县财政力指数与全国财政力指数对比图

由于缺乏产业支撑，贫困县农民的可支配收入一直在低位徘徊，图4–6显示了贫困县农民、全国农民和城镇人口的收入增长态势。

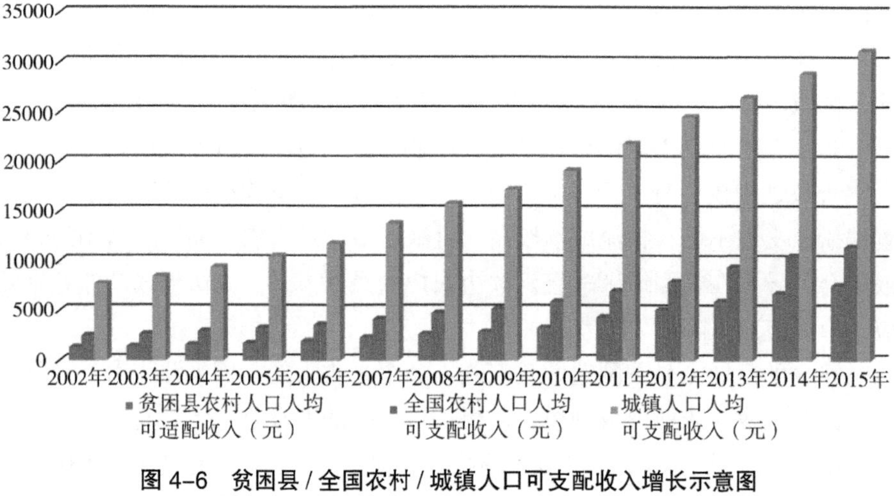

图4–6　贫困县/全国农村/城镇人口可支配收入增长示意图

为分析比较贫困地区与全国平均水平的农民收入，笔者根据国家统计局发布的农村贫困监测报告进行汇总整理（见表4–9）。通过该表的分析，可以发现全部592个贫困县农村人口的可支配收入与全国平均水平存在较大的差距，2002年全国农村的人均收入是贫困县的1.9倍，而城镇的人均收入更为5.9倍，虽然在国家扶贫政策的实施中，贫困县的收入增长比例大于全国平均水平，但其差距仍然较大，经过15年的发展，到2015年，其数据分别为1.5倍和4.1倍。

表4-9　历年全国农村人均收入与国定贫困县人均收入对比

年份	贫困县农村人口人均可支配收入（元）	全国农村人口人均可支配收入（元）	城镇人口人均可支配收入（元）	农村人口收入与贫困县人口收入倍数	城镇人口收入与贫困县人口收入倍数
2002年	1305	2475.6	7702.8	1.9	5.9
2003年	1406	2622.2	8472	1.9	6.0
2004年	1585	2936.4	9421.6	1.9	5.9
2005年	1726	3254.9	10493	1.9	6.1
2006年	1928	3587	11759.5	1.9	6.1
2007年	2278	4140.4	13785.8	1.8	6.1
2008年	2611	4760.6	15780.8	1.8	6.0
2009年	2842	5153.2	17174.7	1.8	6.0
2010年	3273	5919	19109	1.8	5.8
2011年	4350	6977	21809.8	1.6	5.0
2012年	5081	7917	24564.7	1.6	4.8
2013年	5945	9430	26467	1.6	4.5
2014年	6717	10489	28843.9	1.6	4.3
2015年	7543	11422	31194.8	1.5	4.1

备注：1. 中华人民共和国农业部.2016中国农业发展报告［M］.北京：中国农业出版社，2016：180.
2. 历年国家统计局农村社会经济调查总队的贫困监测报告整理。

以上各种因素的综合作用，使得贫困地区的产业发展动能不足，并进而导致贫困的持续。

第三节　农村贫困成因的制度因素分析

政府制度与相关政策在市场进行干预，主要为了达到如下三个目标：资源分配、收入分配和促进社会与经济发展。为实现第一个目标，政府力图从国家角度出发对现有经济资源实现最优分配，更长期地看，政府努力增加可分配资源总量以促进经济和社会发展；其次，政府希望国家财富在个人和地区间的分配更加公平；最后，政府通过相关政策和制度来刺激产量和就业的增长以实现第三个目标。现实中，这些目标相互关联，并不矛盾，而且政府经常用同样手段力图同时实现所有的三个目标。①

制度的设计与实施，在促进经济和社会的发展过程中发挥了重要的基础性作用，刘易斯也曾经讲过："相对于制度来讲，它既能够实现地区经济的快速发展，也能够制约地区经济的发展，主要在于所制定的制度能不能维护广大群众的劳动所得，能不能实现专业化的分工，还要看能不能让广大群众相对拥有自由发展的空间。②"各个国家或地区所制定的社会制度以及相关政策对于经济发展严重滞后有根本性的影响，"一个国家或地区所制定的制度有缺失，出台的政策在实施过程中出现问题均能够致使经济发展严重滞后。③"部分业界人士指出："假设对原有制度进行大尺度是变动，给予那些贫困人员相对公平的机遇，这个世界将不会再有贫困出现。④"所以，必须要基于制度的角度寻找致贫的因素，对现有制度重新评定与反省，修改完善出能够带动经济发展的健全制度。

下面将根据各个不同的发展阶段对中国农村贫困的制度成因进行分析。

一、长期计划经济体制限制农村经济发展活力

新中国成立之后，我国坚定地选择了非常优越的适合我国国情的社会主义制度。建国时期，我国主要任务放在了国民经济的恢复建设方面，充分发

① [日]石弘光.日本财政政策的制定——经济效应和制度设计[M].北京：中国财政经济出版社，2005：281.

② [英]阿瑟·刘易斯.经济增长理论[M].北京：机械工业出版社，2015：41.

③ 周怡.贫困研究：结构解释与文化解释的对垒[J].社会学研究，2002(3).

④ 赵玉亮.制度与贫困：以中国农村贫困的制度成因为例[J].经济科学，2009(1).

挥社会主义经济制度中资源分配的巨大功能，创建了较为完善的工业体系，让国民的各方面生活得以基本保证，促进了社会主义生产力的快速发展，给今天的经济崛起做好了铺垫。但是，在新中国成立初期，基于计划经济制度，我国坚定不移地走以农促工之路，加之那个时期的平均分配、劳动分工等各种制度因素，国民生活依旧处于贫困状态。

（一）计划经济下的平均分配制度很大程度上无法调动国民的劳动积极性

所谓分配制度，实际上就是国民经过生产劳动所获得的产品怎么样分配给每个国民。分配制度直接显示社会的公平程度，我国在建国之后的前五年，对生产资料进行了改造并实施了人民公社制，平均分配制度就形成了。自 20 世纪五十年代中期到改革开放这二十几年里，我国实施的是社会主义公有制与按劳分配制度，全国城镇的各个企事业单位，包括行政领导机构执行的都是工资发放制度，乡村大集体执行的则是工分记录制度，按照工分多少进行实物折算。

所谓的按劳分配，是基于当时的计划经济制度，以生产资料公有为前提，把各个集体所获取的产品集中在一起，先把国家提留部分拿掉，然后根据参加劳动的每个人为集体所做的工作数额以及质量来分配生活所需用品。虽然表面上是按照劳动所得来分配消费品，看起来很公平，可是基于计划经济制度，慢慢就变成了实际意义上的平均分配。这种情况就致使以下现象的发生：各个城镇的集体企业里，员工的工资是固定的，和单位获利状况没有了关联；各地乡村的生产队里，农民们都一起参加劳动，所获产品进行均分。这样就出现全国各地全部是工作劳动只谈参与，不谈质量，最后所得都是相同的。所以，当时的这种分配制度是不科学不健全的，平均分配致使人们工作没有了相应的激励，积极性无法得以调动，工作效率非常的低，根本无法做到脱贫。当时的贫困状况让我国政府不得不针对以往的这种分配制度展开反省：必须抛弃以往的经济体制与相应的分配制度，让生产力得以彻底解放，从根本上提升我国农民的生活质量与水准。

（二）生产效率的提高受到当时人力资本制度的制约

这里的人力资本其实就是人们身上拥有的文化知识、生产技术能力以及劳动体能等条件加在一起的资本，这些资本都是基于个体接受各种各样的教育培训以及参与实际生产所形成的经验累积而成的，它们能够创造一定经济价值。各个国家相关的教育培训制度发展完善程度，决定了各国相应形成的人力资本制度的不同。那些经济发展长时间严重滞后的国家，有时候并不一定是他们的资源匮乏，可能是因为他们自身的经济里有着很多相互关联、作用的循环致贫因素，究其根源就是资本的缺失以及创设资本的机制不健全。[①]也就是我们这里所说的人力资本，形成人力资本的关键在于教育培训以及人体的健康状况。

根据统计，新中国成立初期，我国的总人口的文盲率达到惊人的七成到八成，与城镇相比，乡村文盲率远在这个数据之上，而至改革开放初期，我国的文盲率仍高达 34%[②]。农业现代化进程的快速推进，在以往的基于土地与劳动力扩增基础上，必须要把现代农业生产技术的运用与创新放在首位。[③]改革开放前，我国的教育即使获得了相应的进步，然而整体水平不高，特别对于乡村来讲，还不具备质量相对较高的人力资本，这就制约了我国农业经济的发展，未能为摆脱贫困做出更大的贡献。

（三）社会保障制度未能给全部的贫困者带去实惠

社会保障制度就是以国家与政府为主体，依据法律规定，通过国民收入分配，对所有国民基本生活权利提供安全保障，保证其基本生活的制度。新中国成立初期，毛主席就十分注重社会保障工作，强调“如果不能够让国民经济尽快恢复与快速发展，取得一定的成就，让各行业劳动者带来生活水平的提高，我们共产党人就无法执政，必然会导致失败”。[④]为此，自新中国成立以后，我国逐步建立包括劳动保险、困难补助、生活补贴、社会救济等制度，但在整个计划经济时期，只有城镇居民拥有一定的社会保障，乡村农

---

① 陈力军．改革开放撞击着“贫困恶性循环的怪圈”［J］．西北师范大学学报（社会科学版），1993（4）．

② 郑志龙．基于马克思主义的中国贫困治理制度分析［M］．北京：人民出版社，2015：168．

③ 舒尔茨．改造传统农业［M］．北京：商务印书馆，1987：122．

④ 中共中央文献研究室．毛泽东著作专题摘编［M］．北京：中央文献出版社，2003：759．

民都没有这样的权利。改革开放前，农村的社会保障制度主要包括集体供养模式下的农村“五保”制度和农村合作医疗制度。

在当时的生产物质生活条件下，其社保制度必须符合当时的计划经济制度。由于这一时期我国的经济发展能力还比较薄弱，导致当时的社保能力很低，根本无法实现社保的全覆盖，社会福利保障制度在消除农村贫困方面并没有起到应有效果。

二、市场经济体制之下的制度供给不足

在改革开放的大时代背景下，农村体制改革得到逐步落实，农民基本生活能够得到满足，大面积和广泛性的贫困人口数量不断下降。随着我国市场经济的飞速发展，农村贫困人数也在大幅度下降，贫困农民的制度成因也产生了很大的差异。对于众多导致农村贫困的原因来说，制度供给不足是非常关键的要素。因为制度供给不足，所以贫困农户的基本权利没有纳入制度的保护范围之内，进而导致农村贫困群体的社会保障缺失，自身的社会生存能力较弱。

（一）农村微观经济基础的重构与现行土地产权制度的矛盾

改革开放后，在农村实施了家庭联产承包责任制。家庭联产承包责任制的落实，虽然并未从根本上转变集体土地所有权的形式，但是让集体统一管理的土地转变为农户各自独立管理，使得我国人民公社时期的三级所有、队为基础的农村土地集体所有制度之下的土地产权形式产生了明显的差异。实行家庭联产承包责任制之后，农户基本上享有自身独立经营土地的权利、经济利益收益权利以及使用权的转让等权利。自从我国实行市场经济变革以来，农村土地管理制度发生了深刻的变化，从本质上来说就是在坚持集体土地所有权的原则下，赋予并逐步加强和维护农民土地承包经营权的土地产权结构，这体现了我国政府部门不断探究和深化农村土地集体所有制的实现模式。

为了保证市场经济体制下的农村经济体制变革目标的实现，需要具有客观有效的微观经济基础。这种微观经济基础也就是具有鲜明独立的产权结构。所谓的产权也就是说社会上很多人赞同这种资产管理权利，这种赞同也

体现为社会所有人或者社会某一领域人员具有对全部资产或部分资产的所有权、占有权、转让权以及收益权。产权区别于其他事物的关键就是其具有显著的排他性和独立性。当社会中产权划分不清楚时，市场机制就不能顺利有效开展。目前中国的农村土地产权主体是属于社区集体所有，这是法律上早已确定了的，没有什么可争议的。但是，究竟是谁代表集体行使土地的集体所有权？这就存在着必须明确“集体”的边界。其关键点就是，确定让谁来发包土地和在什么区域范围内发包土地，确定由于土地被征用等情况而导致的土地变化范围，确定政府对征地补偿以及拆迁安置的保障程度，确定农村尚未发包土地的使用和经营情况。

现阶段，中国农村土地集体所有制基本上体现为乡镇、村集体、组占有土地的不同方式。按照土地的使用性质，可以将农村集体土地的经营划分为两种形式。其一是农业用地，主要包括农耕地、林业地、养殖用地以及湖面等，进一步按照经营方式可以划分为承包地、自留地以及买断使用权的四荒地等。其二是建设用地，主要包括农户宅基地、企业建设用地、水利用地、道路设施用地以及建设学校、医院、娱乐设施等公共事业用地等。农村土地集体所有权包括乡镇集体所有以及村组集体所有两种类型。因此，要在分析农村土地的不同使用目的以及使用目的的调整所影响的群体的基础上具体确定其财产权利的实现模式。

目前，中国土地产权结构具有以下主要缺陷：

（1）从土地使用权方面来看，经过30年的改革，很大比例的农村被国家赋予并保障其具有长期稳定的土地承包经营权和使用权，农村土地使用权的稳定性、长期性以及资本性已经基本上确定了。目前比较明显问题是，因为农民土地使用权尚未得到法律保障，使得基层政府在执行中还存在着较大的偏差。尤其是在农业产业结构调整、产业化发展、规模经营、城市化等过程中，有的地方还出现随意终止合同，非法强迫农民转让土地、出租土地或以土地入股，以较低价格征用农民已承包土地等形式来破坏农民独立自主经营，严重损害了农民合法管理土地的权利。

（2）从土地处置层面来看，虽然中国法律中写到农民土地使用权能够自由转让、转包、出租、转换、入股等方式变换土地承包经营权利，但是因为多方面的限制，当前农村土地流转的数量和比例都非常低。而且，随着房地产业快速发展土地价格不断攀升，很多地方政府部门强迫农民以较低的价格转让土地，强行剥夺了农民土地承包经营权，而且也让农民无法获得土地资本化环节中能够获得增值收益。中国土地问题的关键，从本质上来说，就是土地价值增值收益究竟由谁所有的问题。中国当前形成的城乡二元化土地模式，一定程度上为地方政府盲目进行城市化改造创造了机会。然而中国法律明确强调，农村集体所有的土地，并不可以直接纳入土地一级市场，当农民的农业用地转变为城市的建设用地性质时，土地所有权也由之前的集体所有转变为国家所有，最终国家统一管理土地一级市场。但是依据中国目前法律规定，对于失地农民和集体的补偿金额应该以土地作为农业用地的产值或价值进行确定。《中华人民共和国土地管理法》中明确写道，征收农民农耕地的土地补偿金额，应该是该农耕地未被征收前三年平均年产值的六至十倍。征收农户耕地的安置补偿金额，应该根据被安置人数进行确定。每一个被安置的农业人口的安置补偿金额标准是该耕地未被征收前三年平均年产值的四至六倍。然而，每公顷的被征收耕地的最高安置补偿金额的，不能够高于该耕地未被征收前三年平均年产值的十五倍。[①] 这也就是说当地政府给农民的土地征收补偿款，仅依照土地作为农业用地的产值进行计算，而土地转变为非农用地，即城市建设用地所形成的大量土地增值收入并不由农民获得。通过以上分析能够看出，现行的土地征收制度和土地用途管理机制，对于农民的土地产权并未有完全的保证和公平的处理。

随着中国市场经济变革的不断深化以及农村土地产权结构的不断调整，更多的农民倾向于从事非农生产。然而这支庞大的队伍中，绝大多数人却仍然与土地维持了稳定不变的关系。他们因为户籍制度的严重阻碍而将土地视为社会生存的强大后盾，而且农村土地流转制度并没有全部实现，这些农民就成为城市农村双向工作的人群，往返于农村和城市之间。因为，农业经营的利润较低，“兼业”所带来的后果是农民对土地的粗放经营乃至撂荒。

（二）现行土地制度的制约

由现行土地制度带来的小规模农业限制了农业产业竞争力的提升，贫困人口更无法获得规模农业优势。始于 1980 年左右的中国农村经济体制变革，主要是进行人民公社废止以及家庭联产承包责任制落实。因为基本上按照人

---

① 中国法制出版社 . 最新土地法律政策全书［M］. 北京：中国法制出版社，2009：13.

口进行土地划分和农地承包，所以实行家庭承包制的时候，农村土地呈现了土地分散、各自经营的小农经营模式。这种农业经营结构给中国农业的市场竞争力带来许多限制：一是这种经营结构在一定程度上还是相对封闭的、带有自然经济色彩的农业生产单位，以满足自给和半自给为主，市场行为较为薄弱，既难以得到准确的市场信息，也不会按照市场信号调节生产，造成生产与市场的脱节；二是小规模农户经营，导致固定资产的低效率利用，以及阻碍大型农业机械的推广运用；三是小规模农户经营，缺乏吸纳现代科学技术的内在动力；四是小农户的流通能力不能适应中国国情和市场化需要，作为单个农户，由于农产品商品量小，农户缺乏强烈的激情去了解市场信息，也尚未具有强大的能力向商品流通链条的上一层级进行宣战，这就在很大程度上限制了中国农产品经济市场的建立和发展；五是农产品的购买者和销售者在组织结构方面的不同，让农民在农产品市场流通中长期位于弱势地位，即卖主是分散的小农户，买主则是相对集中的、有相当规模的群体，与卖主相比，买主更能操纵、控制市场，使农户在谈判中处于不利的地位。

贫困农户由于大部分不占有地域优势，交通、信息闭塞，与社会的对接能力差，这种小规模经营方式，则更无法让其摆脱贫困。

（三）户籍制度的壁垒限制了农村人口的流动

户籍制度就是让有关权力部门对其管辖区域内的人群户口展开调查、登记以及申报等，然后按照一定的标准对其人群进行划分、归类、登记以及编制等。中国的户籍管理制度和人群就业、饮食、教育和医疗等资源配置密切相关，在设立了一套健全的大城市社会基本保障机制的时候，严重限制了农村人口涌向城市，城市和乡村的二元结构一直都存在，所以，政府部门和管理层都认识到农村贫困并不简单是由农户个人原因导致的，贫困农村长时间不能获得发展，是由于农村的教育、就业、医疗等层面的资源保障和发展机会都和城市有较大差距。从本质上来说，户籍制度最明显的劣势就是将农民和产权固化的土地进行捆绑，严重限制了城市化发展速度以及农村土地产权结构的转变，这也是使得农民贫困的关键原因之一。[①]

其他影响农村贫困的制度成因还有农村医疗保险制度缺失、教育制度重

---

① 靳涛．农民贫困的制度滞后分析［J］．人文杂志，2004（1）．

城轻乡、社会救助制度不完善等因素，本书不再一一进行解释。正是由于缺乏合理的教育和培训制度、医疗卫生制度、收入分配制度、公共财政制度、社会保障制度、土地制度以及与之相匹配的法律体系，构成了贫困地区的基础性原因。纵观以上的贫困的制度性成因，他们并非是贫困地区所独有，只是在这些贫困地区内，由于区域差别等原因，使得这些制度的约束表现更为突出。

第四节　结论与启示

关于贫困的成因分析，已经分别通过三个角度进行了阐述，即制度成因、区域成因和个体成因。其中制度因素确定了经济资源的配置过程，区域因素确定了区域经济发展的约束条件，而个体因素确定了贫困个体的经济日常行为，其中各因素的相互影响可以通过图 4-7 来进行简单理解。

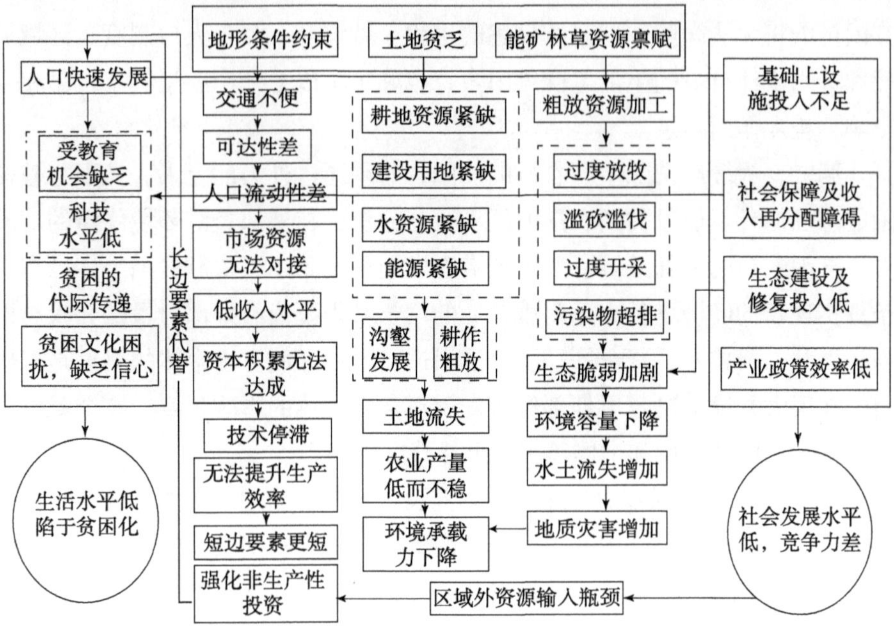

图 4-7　贫困成因各要素的相互影响

中国农村贫困的成因是许多综合因素影响的共同结果，通过以上的理解，我们做如下总结：

第一，中国农村的贫困成因是多种要素综合影响的结果，且各个要素之间是相互影响、相互作用的。中国农村的贫困归根结底要分析生活在农村的贫困农户，他们是生活于各种特定环境之中，但环境无论如何转换，其维持基本生活需要是农户经济行为的根本出发点。生活水平需要不仅仅是收入水平需要，而且也是小农经济行为的最直接动力，这一点决定了贫困个体的经济决策必须考虑接受其宏观制度环境、区域环境和贫困个体自身的生活态度的影响。例如，贫困农户生产的主要过程就是如何将其拥有的生产要素——土地、资金和劳动力进行有效配置，但资金和土地是其生产资源的短边要素，其能控制的就仅仅是劳动力，因此贫困农户此时选择的配置决策就只能是用人力投入替代资金和技术等要素的投入，通过不断增加劳动力来扩大总产出。但劳动力的增加不外乎只有三种选择：延长劳动时间、增加劳动人口和延长家庭代际劳动力的共享期。其中增加人口就会成为其中一种选择，但当这种选择之后，由于人口的增加不仅直接压低了家庭的生活水平，而且将可能使得短边生产要素更短（人均土地更少），达不到正常的积累点，由此贫困可能将无法缓解。这里所描述的过程，就涉及了关于人口制度、区域环境和贫困个体自身的生活态度等因素，也确定了以上几个要素其实也是相互影响、相互作用的。

第二，为缓解消除中国农村的贫困，必须通过外力的介入，从而打破贫困的恶性循环。通过贫困农户的经济行为分析，在外部经济环境停滞的情况下，贫困农户的内部经济资源配置潜力已经开发殆尽，依靠贫困个体已有的条件实现新的经济增长十分困难，新的增长必须要依靠外部力量的介入与推动。因此，新技术、资金等经济要素引进贫困地区的贫困个体的渠道是否畅通，在很大程度上决定了外部经济发展对贫困个体的影响程度，这个就更需要从制度、区域环境和个体等因素上寻找突破点。

第三，中国农村反贫困必须要实现农村贫困地区的发展，而发展首先是内生的，即要充分利用贫困区域内的资源和发挥贫困农户的内生动力。经济增长并非反贫困的最终目标，发展的目标仍然应当从发展主体自己的文化价值系统中产生，所以反贫困的目标也应当根植于贫困个体自己文化的内在需求。因此，在反贫困的实践中，必须摒弃那种把传统农村贫困农户视为安抚、救济的消极角色予以对待的观念，不能把反贫困仅仅当作一种政府的主观努力，而成为一厢情愿的行动。摆脱贫困，必须是贫困农户和政府的双向行为，即要求发展的双方进行平等和积极的协调发展，才能实现持续、稳定的经济增长，从而摆脱贫困。

第五章　中国农村反贫困实践：一般性分析

1949年，中华人民共和国成立，作为世界上最大的发展中国家，中国政府面临着人口众多而耕地过少的现状，且长期的殖民统治和频繁的战争，使得当时的中国在经济及社会发展上一片凋敝，因此，如何带领全国人民摆脱贫困，从而过上富裕的生活，是一代代政府领导人不懈追求的目标，也是亿万人民的期盼。社会主义制度的建立为中国农村反贫困的战略实施奠定了坚实的制度基础，但是，由于我国的社会主义建设几乎是在一穷二白的基础上进行的，而社会主义制度优越性的发挥需要一个基本过程。为此，中国政府全面致力于推进经济和社会的发展，并实施有效的农村反贫困政策措施来解决中国农村的贫困人口的温饱问题。经过政府部门和社会各界的共同拼搏，中国不单单在经济发展和社会进步层面获得了显著的成效，在中国农村反贫困方面也是成绩斐然。

中国农村反贫困的过程，体现了中国经济发展、进行工业化建设以及实现现代化的进程。中国农村反贫困的时间段和中国保持经济发展、实现社会进步的整体时期是基本相同的，而且，具有显著的阶段性特点。①

第一节　计划经济体制下的中国农村广义反贫困实践

中华人民共和国的成立，建立了社会主义基本制度。但在新中国成立初期，鉴于我国社会经济长时间受到战争损害，而且土地集中统一管理，使得很多农民没有或者仅有少量的土地，同时生产技术比较落后，所以那个时期的中国农村普遍存在贫困现象。为了早日摆脱“一穷二白”的落后局面，减缓贫困成了政府进行制度制定和政策安排的优先考虑，中国政府实施了计划经济体制，相继实施了土地变革、农村合作社、人民公社管理等一些意在减

① 关于中国农村反贫困历史进程的描述，参考了张磊．中国扶贫开发——政策演变（1949—2005年）［M］．北京：中国财政经济出版社，2007.

少资源集中、收入分配不均的活动。虽然在当时并未明确制定反贫困计划，然而很多制度设计和政策、计划也在一定程度上降低和减少了农村大范围内的贫困和两极分化情形。同时，为了大力汇集社会资金进行工业化建设，自1950年以，中国政府积极执行农村合作化运动和人民公社管理制度，借助土地等农业生产资源的高度集中、农产品政府的低价征收以及平均分配等活动，来资助国家工业化发展和进步。

一、社会主义制度的建立奠定了新中国农村反贫困的制度基础

中华民族在近5000年历史的发展进程中，创造出了灿烂而辉煌的中华文明，从而为整个人类社会的发展做出了卓越的贡献。但是，自1840年的鸦片战争以后，中华民族曾经不断遭受到了西方列强的侵略和掠夺，腐朽的封建社会制度逐渐走向了消亡，在这一历史发展时期，中国经历了连绵不断的战火，拥有了五千年历史的文明古国一步步沦为了半封建半殖民地的国家，山河破碎，生灵涂炭，中华民族由此遭受到了前所未有的苦难。就在整个中华民族陷入了苦难深渊的巨大危机的历史时刻，中国人民和中华民族在中国共产党的领导下进行了艰苦卓绝的斗争，无数仁人志士为了中国民族的崛起而抛头颅、洒热血，描绘了一幅幅悲壮感人的斗争画面，谱写了一首首可歌可泣的英雄史诗。在中国共产党的领导下，经历了连续二十八年的艰苦战斗，最终推翻了美帝国主义、传统封建制度以及官僚资本主义三座大山，最终取得了国家的独立和民族解放，建立了社会主义制度，从而为中国的现代化建设和反贫困奠定了最基本的政治基础和制度基础。

新中国宣告成立后，强国富民成为国家治理的重要目标。在这一历史时期，中央政府明确强调，将带领广大人民群众积极消除阻碍，开展全领域的经济发展和文化复兴，去除传统中国社会留存的贫困和落后，不断提高和增强广大人民的物质生活和文化生活水平。[①] 始终坚持中国共产党的指导，建立社会主义制度，迅速摆脱贫困，坚信只有社会主义才能救中国，成为当时中国贫困治理道路的唯一历史选择。

新中国建立初期，社会主义制度的基本要素是实行公有制、计划经济和

---

① 毛泽东选集第五卷［M］. 北京：人民出版社，1996：348.

实现人民当家做主①。1953年，中国政府确立了过渡阶段经济发展的总体方向和主要任务，也就是在较长时间内，逐步完成社会主义工业化的目标，完成对传统农业生产、手工业生产以及资本主义工商业的社会化变革和优化。1956年末，中国基本实现了对农业生产、手工业生产以及资本主义工商业的社会化变革，消灭了生产资料私有制，建立了生产资料公有制的主导地位，这也标志着社会主义制度在中国的初步建立，对于中国政治发展、经济繁荣以及文化复兴等层面的制度有效性不断发展完善有决定性作用。

这一时期，确立了社会主义政治机制，坚持人民代表大会制度政治制度，落实民族区域自治制度，始终坚持中国共产党领导下的多党合作和政治协商制度，坚持人民当家做主，从根本上改变了劳动人民的政治命运。社会主义经济制度的建立，消灭了剥削制度，建立了以生产资料的公有制为主体的经济制度，极大解放了生产力，满足先进生产力的发展标准。社会主义文化制度就是强调以马克思主义为根本遵循，确立社会先进文化的发展目标，给全社会经济繁荣、社会进步和人民幸福奠定浓厚的精神基础和智力保证。

总之，社会主义制度的建立，消灭了导致贫困产生的制度性根源，为全面反贫困创造了更大范围、更宽领域、更深层次的制度保障。

二、计划经济体制下的中国农村反贫困措施

（一）针对农民占有与使用土地资源的权利予以扩大

在新中国成立以前，中国农村的土地分配是极其不均衡的，依照有关数据推测，在1934年，占农村人口总数百分之四的地主占据农村百分之五十的农耕地，而占农村人数百分之七十左右的贫困农户只占有农村百分之十七的农耕地。②自1949年新中国成立之后，中国政府不断推出一系列农村土地变革运动，将地主占有的大量土地平均分配给广大的贫困农户。这次土地改革赋予了广大农民的土地所有权，到1952年，中国农村长期具有的不同阶层人员之间占有土地不均匀的现象得到了很大程度地消除，从整体上避免了农民无地这种情况对国家社会发展的阻碍和影响，也给之后中国大规模的农

① 郑志龙.基于马克思主义的中国贫困治理制度分析［M］.北京：人民出版社，2015：120.

② 章有义.中国近代农业史资料［M］.北京：生活.读书.新知三联书店，1957.

村扶贫项目的开展提供了详细而具体的实践基础。从 1950 年之后，中国政府实行了农村合作社制度，将农民所有的土地变为合作社所有，随后又在人民公社化运动的实施下，形成了农村土地三级所有的制度。在农村生产关系不断变化的时代背景下，农民对土地的所有权、管理权以及经营权也出现了很多次的调整，但是在法律规定层面上来说，农民依旧是其所在农村集体管理土地的一个重要主体。

（二）建设农村基础设施

自 1950 年至 1975 年期间，全国政府采用多种形式对土地资源进行有效管理，并积极发挥三级所有、队为基础的集体土地所有权制度下的农民积极性，在全国区域广泛实行农村基础设施建设，改进农村水利灌溉设施以及交通运输情况，在该时期内，全国范围内的公路通车里程长度增长了九倍之多，水利设施的灌溉范围也增加了 1.25 倍之多。

（三）提高农村基础教育以及基本医疗服务水平

自 1949–1978 年，全国范围内的小学数量增长了 1.6 倍之多，中学数量增长了 28 倍，小学入学比率由之前的 51% 增长至 96%；构建了以农村医生为核心的农村合作医疗保障系统，恢复和新建了 5 万左右个乡级医院，可以为全国农村的 68% 的农户治病，对于一些经济较为落后的农村，大力推行传染病、职业病以及寄生虫病等不同类型疾病的介绍、告知以及管理、治疗等活动，很大程度上弥补了农村缺少医疗的缺陷，保证了当地居民的基本身体健康。联合国妇女儿童基金会在 1980 至 1981 年的报告中强调，中国的农村医生制度给偏僻农村区域带来了基本医疗护理保障，是其他欠发达国家提升医疗发展能力的模板。

（四）建立农村科技服务网络，推广农业技术

在此期间，我国农村共建立了 4 万多个农技推广站，这些直接延伸到村的农村科技服务网络，在一定区域内进行育种、施肥、农药以及种植方面的介绍和推广，构建了一个能够涵盖全国所有农村地区的农村科技服务网络，很多先进有用的农业知识和技术被广泛了解和应用。

（五）构建全国范围内的农村合作信用体系

直到 1978 年，中国全国范围内已构建了由六万多个乡镇、县级农村合作信用社和三十五万个农村网点的农村合作信用体系，总体上给农民带来了 1373 亿元的农业扶助资金。

（六）形成初步的农村基本保障体系

积极落实农村的五保户制度，给农村那些欠缺劳动能力和无法保证基本生活要求的贫困人口带来最基础的社会保障和最低水平的生活帮助。

此外，在此阶段，政府还在广大的农村地区设立了全国范围内的供销合作社系统，积极落实计划生育等措施，给之后改革开放的农村发展和反贫困提供了坚实的基础。

三、评价与反思

在 1949—1978 年的这一历史时期，中国的社会经济发展经历了恢复—发展—破坏—恢复的螺旋式上升进程。为了缓解普遍的农村贫困，相关反贫困政策的实施，极大促进了中国农业生产力的发展和村民人均生活质量的提高，是我国长期以来的首次大范围的贫困缓解。依照有关数据，在 1952 年至 1958 年期间，农业总生产指数不断呈现攀升的状态。假设 1952 年基数是 100，那么 1958 年的农业总生产指数就转变为 127.8，相较于基数增长了 27.8%，同时自 1949 年至 1978 年，中国粮食总生产数量增长了 1.69 倍之多，农村人群的热量使用数增长了百分之二十，无法实现基本生活保障的贫困人口数量下降为 30%，这在很大程度上保证了农村人口的生活和生存。[①]然而，鉴于计划经济机制的滞后性和“大跃进”以及“文化大革命”的错误运动，虽然该时期的经济收入和其他社会事业获得了巨大的发展，现代化工业模式也基本建立，然而大范围的农村人口的生活和生存压力还是非常巨大。到 1978 年左右，中国农村贫困人口将近 2.5 亿人，是当时全国范围内农民数量的 30.7%。

---

① 张磊．中国扶贫开发政策演变（1949—2005 年）［M］．北京：中国财政经济出版社，2007：4.

政府采取的经济发展措施和缓解农村贫困的措施都取得了一定的成果，但是这些方针措施的效益，在那段特定的历史时期内一些错误的路线指导下，并没有得到全面地、持续地发挥，甚至造成了中国的经济体系在1978年几乎要滑落到崩溃的边缘。[①]同时，在这一时期政府所采取的很多政策也成了制约中国农村经济发展，并成为中国农村人口长时间贫困的根本原因，具体可以表现为以下两个层面：

第一，城乡二元发展的隔离政策。在新中国成立初期，政府为解决当时所面临着的城市失业和农村的剩余劳动力问题，曾经先后制定了一系列的城乡二元户籍管理，主要包括户口迁移管理、粮食提供管理、社会保障管理以及就业用工管理等制度，构成了城乡之间发展的铜墙铁壁。这种城乡隔绝政策的推行，严重限制了农村社会经济的进步，很多农村的剩余劳动力都被固定在土地上，资源的对外交接能力和交接机会极少，也限制了农村劳动生产力的提升。使得农民的收入来源基本固化在以农业、林业、牧业为主的产业领域，且生产效率愈加降低。

第二，重工轻农，以城市和工业为优先的经济发展政策。为了能够在较多的时间内在全国建立起国家工业化体系，政府在当时的资源匮乏、资本积累薄弱的情况下，选择了以重工业优先发展的非均衡经济发展战略，将有限的社会经济资源投入到了重工业发展领域。但重工业领域本身所具有的资本密集特征与当时资本稀缺的农业经济的资源禀赋状况形成了直接的矛盾，因此，为了保证重点项目的资本需求，在缺少资本积累的背景下，中国政府采取了以工农业产品“剪刀差”的方式，从农业源源不断地抽取剩余，为重工业建设提供资本积累。农业利润的外溢，导致我国农民的收入一直维持在较低的水平，基本生活状态也主要以解决温饱问题为主。因此直到1978年，我国仍然有近2.5亿人仍生活在贫困状态之中。

在国民经济面临瓦解，中国农业发展萧条的情况下，普遍的贫困促使中国政府重新寻找发展模式，由此酝酿已久的农村经济体制改革在十三届三中全会后，在中国的大地上开始启动。

---

① 张磊.中国扶贫开发政策演变（1949—2005年）[M].北京：中国财政经济出版社，2007：59.

第二节 市场经济体制改革中的中国农村反贫困实践

在实施改革开放的早期，因为全国人民的生活质量较低，贫困问题仍十分严重。邓小平提出了“贫穷不是社会主义”的重要论断，由此，中国政府在反贫困层面执行了众多的制度完善和形式优化，建立了专门的反贫困部门，设立专项扶贫资金，中国的农村反贫困逐渐走向了制度化、常规化和可持续的发展道路，形成了有中国特色的中国农村反贫困治理模式。

下面就根据各阶段所采取的措施，对中国农村的反贫困的治理模式进行阐述。

一、农村经济体制改革引发的大规模贫困缓解

1978 年，中国政府启动了由计划经济发展制度转变为市场经济发展模式的战略调整，积极按照以自身发展优势战略取代政府安排的重工业优先发展的模式，坚持国门大开，实施引进来和走出去相结合的战略。这些战略和安排也推动了农村经济体制的调整以及农村生产经济收益的增长，具体介绍如下：

（一）开展以家庭联产承包责任制为中心的经营变革

家庭联产承包责任制取代了生产队模式，让农民重新取得了土地使用权，这样在很大程度上激励了农民生产的积极性和主动性。而且，在分配机制方面也消除了早期平均主义和大锅饭的农村资源分配形式，坚持按照交足国家的、留足集体的，余下都是农民自己的经济利益分配模式，有效均衡了国家、集体以及个人的利益关系，鼓励农民积极生产和创新技术，以此推动整个农村、农业和农民的发展和进步。相比于早期实行的人民公社化管理制度，家庭联产承包责任制有以下特点：其一，家庭独立经营具有很强的自主性、便利性以及灵活性，可以满足农业生产的基本人数要求；其二，相比于其他生产组织模式，家庭经营具有更强的积极性和效率性；其三，从分配层面来说，家庭经营有效破除了平均主义，将土地产权和家庭关联在一起，能

够激励广大农民积极进取，从而获得较高的经济利益。

（二）建立以市场化为导向的农产品价格和流通体制

自 1978 年之后，中国政府部门调整了十八种农产品的政府采购价格，从总体上看价格提升了 24.8%，而且减少了粮食采购数量、农产品类型方面的限制，推动了城乡农产品之间的流通和交易。由于市场体制的改革，有力地促进了农村由自给、半自给经济向社会化、专业化的商品经济转化的进程，农民的生产积极性得到极大提高。

（三）促进农村劳动力向非农产业转移

从 1978 年到 1985 年，国家对劳动力转移政策从控制流动到允许流动。在改革开放以前，中国执行城乡二元的户籍管理制度和劳动用工制度，农村的剩余劳动力很难到城市工作。改革开放后，中国政府开始逐渐放开了农村劳动力的流动限制，先后制定和落实了很多政策和计划，鼓励和推动城乡之间劳动力的交换、贫困农村人口到城市进行工作，让城乡之间的人口流转速度迅速加快，也增加了农民的收入。

表 5-1 为 1978—1985 年中国政府出台的关于劳动力流动主要政策一览表。

表 5-1　1978—1985 年中国劳动力流动政策一览表

发布时间	颁发单位	文件名称	政策要点
1980 年	中共中央、国务院	关于进一步做好城镇劳动就业工作的意见	农村剩余劳动力通过发展社队企业和城乡企业的形式进行吸纳，努力建设新城镇。要限制农村人口向城市进行流动。对于城市向农村招聘的工作人员，要坚持严格的标准，必要时要经过省市自治区管理部门的许可
1981 年	中共中央、国务院	关于广开门路，搞活经济，增加城镇就业率的规定	农村剩余劳动力借助社队企业和其他经营模式进行吸收，不让其进入城市。当农村人口迁入城市时，要坚持严格审核标准。迁户时农民要提供众多证明材料。对于不合规进入城市的农民要实施清退制度
1981 年	国务院	关于严格控制农村劳动力进城务工和农业人口转化为非农业人口的通知	城市向农村招工要坚持严格标准，不合规的用工要进行依法处理，对城市户口和城市粮食供应进行严格管理

续表

发布时间	颁发单位	文件名称	政策要点
1984 年	国务院	关于农民进入城镇落户问题的通知	鼓励农民进入城市进行工作、经商、办公等，以此推动城市化进程。对于那些申请到城市工作和经商的农民及其家人，在城镇有固定居所的，城市部门可以发展其为城市户口，认定为非农户口。那些到城市务工的农民要安排好田地的生产工作，不能耽误农业劳作，当从城市返回农村时，有关部门要给予适当的帮助
1985 年	中共中央、国务院	关于进一步活跃农村经济的十项政策	鼓励农民进入城市进行工作、经商以及兴办企业，城市有关部门要完善相应的基础设施和服务管理制度，帮助他们在城市落户生根

注：张磊. 中国扶贫开发政策演变（1949—2005 年）[M]. 北京：中国财政经济出版社，2007：72.

正是在各种农业政策的实施背景下，中国农村的面貌发生极大的变化。自 1978 年到 1985 年期间，全国范围内的农业化肥使用量增加了一倍之多，农用设备的科技含量增长了 78%，单位面积的粮食生产量增加了 40%，农业生产率增长了 40.3%，而且全国农业总产值由原来的 2037.5 亿元增长至 6340 亿元，每年的平均增长率是 15.25%，农村居民人均纯收入也由 133.6 元上升到 397.6 元。①

该时间段的农村扶贫措施就是以制度变革和调整农产品价格为主，以此来增加农户的经济收入，鼓励农户进行非农生产。虽然全国范围内农户的平均收入和生活水平有了很大程度的提高，但是由于地理环境因素、地区资源状况以及居民自身能力的限制，不同区域农户之间的收入差距也在逐步增加，甚至有些农村地区出现了万元户，而有些地区的农户仍然处于无法解决温饱的处境当中。

二、经济高速增长大背景之下的中国农村扶贫开发

在中国市场经济变革以及农村经济转型的时代背景下，农村改革的边际效用在不断下降，农村的经济收入和经济发展也处于稳定状态，中西部地区农村经济发展和沿海地区农村经济发展之间的差距正在逐渐增大。自 1984 年之后，中央政府的发展重心也由农村转向了城市建设。在长期的发

① 国家统计局 . 中国农村统计年鉴（1999）[M] . 北京：中国统计出版社，1999.

展和摸索的过程中，中国基本上确立了具有中国特色的社会主义市场经济发展模式，实现了改革、发展与开放之间的共同发展，有效推动了我国的城市化进程以及工业化进程。随着我国市场经济的飞速发展以及改革开放政策的稳步推行，我国国民经济增速具有显著的增加，这给农村脱贫带来了新的机会和历史契机。同时，农村贫困的原因也产生了变化，由原来制度不完善导致的贫困转变为区域发展不均衡导致的贫困。自 1986 年起，中国政府制定并有效执行迄今为止范围最广的农村专门扶贫计划。具体的扶贫措施有以下几种：

（一）设立专门扶贫开发机构

形成中央到地方的专项扶贫工作组，也就是贫困领导工作组及其办公室，主要进行扶贫政策确定、扶贫对象划分、扶贫结果汇报、划拨扶贫资金、加强扶贫工作监管等任务。

中国的专业扶贫管理体制建立于 1986 年，设立国务院扶贫开发领导小组，并下设办公室，分为国务院、省、市、县四个级别，每个级别的扶贫办接受本级扶贫领导小组和上级扶贫办的双重领导。县级扶贫办是基层扶贫机构，执行本县扶贫开发规划和实施计划、管理扶贫开发项目、监管扶贫资金、协调和组织社会扶贫以及其他具体扶贫开发工作。而这些工作的职责又是在其上级扶贫办的领导下实施，尤其省级扶贫办。各级政府扶贫办的具体职权在不同的历史时期的不同政策框架下有所不同，其中对于国定贫困县的角色也经历不断明确和强化的过程。

（二）划分扶贫对象和区域

自 1986 年起，中央政府将全国划分为十八个区域，明确了 331 个国家级贫困县，每个省份又共明确了 368 个省级贫困县，制定国家贫困标准，明确以 1984 年农民人均收入 200 元为贫困线。

（三）安排专门的扶贫财政资金

加大对贫困地区农民的扶持力度，在该时期，中央政府设立了三项专门扶贫财政资金（后续中央政府也增加了多项专项资金，见表 5–2），分别是支援不发达地区发展资金、义工代赈资金以及扶贫贴息贷款。在将近八年时间里，中央政府总体投入专门扶贫资金416亿元，包括无偿资金170亿元，扶贫贴息贷款246亿元。

表5-2　近年来中央财政专项扶贫资金清单

序号	资金名称	设立时间	规模说明
1	支持经济欠发达区域发展的专项资金	1980年	中央财政，主要为支援经济不发达地区的发展。最初规模为8亿元，到2016年增加到660.95亿元，逐渐成为中央最大额的财政扶贫资金
2	“三西”地区农业建设资金	1982年	“三西”地区（指甘肃的定西、河西地区和宁夏的西吉、海原、固原地区）农业建设资金主要为专项支持该地区的农业建设和扶贫开发，最初规模为每年2亿元，2009年后开始增加为每年3亿元
3	以工代赈资金	1984年	专门用于改善贫困地区的基础设施和生产条件，最初规模为每年9亿元，“八七”扶贫攻坚计划时期增加到每年40亿元，2013年以后稳定在每年42.2亿元的规模
4	少数民族发展资金	1992年	是中央财政用于支持贫困少数民族地区推进兴边富民行动，扶持人口较少民族发展、改善少数民族生产生活条件的专项资金。1992年只安排了0.6亿元，1996年增加到每年3亿元，2009年后资金规模逐渐扩大，2016年达到每年46亿元
5	国有贫困农场（林场）财政扶贫资金	1998年	该专项资金为专项扶持国有贫困农场和国有贫困林场，2004年开始改为中央财政补助地方专款，2015年该两项资金为6.8亿元
6	扶贫贴息贷款	1984年	国有大银行从1984年开始发放扶贫贷款，从1986年开始，中央财政对计划的扶贫贷款给予利息补贴。扶贫贴息贷款在1986年为23亿元，2001—2003年曾达到185亿元，2008年稳定在140亿元左右，中央财政对扶贫贷款的贴息依据贷款规模变化而变化

注：李培林．中国扶贫开发报告（2016）[M]．北京：社会科学文献出版社，2016：12.

在此阶段中国扶贫采用的方式是片块扶贫战略。但是在实际的扶贫模式上，尚属于探索阶段。很多地方政府尝试发放扶贫贷款进行间接扶贫或直接贷款给农户，然而一直没有有效提高贷款到农户的比例以及农户按时还款能力；在资金扶贫环节中也进行了农村基础设施建设、水利灌溉技术的改进等扶贫开发工作。经过8年的扶贫开发，农村的绝对贫困农户人数大幅度降低。按照 1984 年确定的农户贫困指标，从 1985 年至 1993 年，中国贫困人数从 1.25 亿人下降至 7500 万人，每一年的平均降幅是 625 万人。[①]

三、“八七扶贫攻坚计划”阶段的农村扶贫开发

截至 1994 年度，中国政府在早期的八年扶贫工作之后，农村贫困人口数量在急速下降，而扶贫攻关的难度也在持续增强，为了采取更为强有力的措施，中央政府启动了“国家八七扶贫攻坚计划”，向世界庄严承诺：将使用七年的时间，在 20 世纪末基本上让剩余的八千万人能够摆脱生活困难。这也是中国迄今为止首次制定明确的扶贫规划。

该时期，政府采取的扶贫方式和手段主要包括以下方面：

其一，重新规划贫困县。基于之前八年时间里进行扶贫工作所取得的良好成效，中央政府在 1994 年度按照新的贫困标准来规划全国范围内的贫困县，最终确定了 592 个贫困县。

其二，增加扶贫领域的财政扶持。自 1994 年到 2000 年，中央政府通过多种形式向扶贫工作注入了大量的财政资金，累计高达 1130 亿元，每一年平均为 161.4 亿元，相较于之前的财政支持，有很高的增长比例。

其三，增强科学技术扶贫水平。安排科技专业人才到贫困区域进行工作，通过金融机构发放科技贷款，鼓励农民创立科技扶贫工作组，推动农业生产的科学性和技术性。通过这些科技创新和科技工作人员的努力，贫困地区的农民生产水平在不断提升，而且整个贫困地区的农业生产量也在不断增加。

其四，鼓励社会各界人员向贫困地区进行扶贫。社会力量加入扶贫队伍能够弥补政府和市场在扶贫工作中的缺陷，帮助贫困人口改进生产方式和盈利模式，让贫困地区尽快脱贫。让社会力量和社会资源涌入扶贫事业，不但能够增加扶贫资金和扶贫物资，也能充分发挥社会各界的创造力，推动农村更好更快发展。

其五，扶贫方式进行转变。在目前的扶贫工作中更强调对农户的直接帮

---

① 中国政府用于测量 1978—2008 年农村人口贫困的标准很低，在这个标准下，农户食品消费支出占其家庭消费支出的 85%，属于严格意义上的温饱标准。

扶，让贫困户更快增收，基本实现温饱，达到小康水平。自从1996年之后，中央政府的扶贫资金就是直接发放给农户的，相关的扶贫贷款也是直接向农户进行投放的，这样更加具有针对性，能防止资金的滥用。

同时，在该段时期内，政府相关部门也陆续出台了一系列有助于农村贫困地区经济、社会发展的政策和措施，包括实施“贫困地区义务教育工程”，实施交通扶贫、文化扶贫等。

正是在以上政策的实施和全国人民的共同努力之下，该段时期内的中国农村贫困面貌得到了较大的改善，贫困地区的经济实现较快地增长，经济效益的增加比例远高于全国农村的平均增收能力，各乡村之间的差距正在不断减少。同时，广大贫困农村地区的基础设施条件得到了明显改善，社会服务事业也得到了较大发展，贫困人数和贫困产生的比率不断下降，按照当时的贫困指标标准，截止到二十世纪末中国贫困人口降低到3209万人。①

四、新世纪以来的农村扶贫开发

我国在2001年发布了《中国农村扶贫开发纲要（2001—2010年）》（以下简称《纲要01》）。这一历史时期既是中国成为世贸组织一员的时期，也是中国深化社会主义市场经济体制改革的时期，同时还是深化改革开放政策的历史时期。从区域政策的角度来看，中国出台并实施了西部大开发政策。《纲要01》的制定和实施，将中国农村的扶贫开发推入了一个新的历史阶段。

在该段时期内，主要实施的政策和措施有：

（一）调整扶贫开发的战略目标

《纲要01》确定的中国扶贫开发战略目标是：“满足少数贫困群体的基本生活需求；改善贫困地区基础设施条件，以便巩固扶贫成果；提升贫困人口综合素质，改善他们的生活质量，优化生态环境，使贫困地区逐渐摆脱落后状态，为贫困人口过上小康生活提供重要保障。”这一目标是解决温饱与巩固温饱并重，与《国家八七扶贫攻坚计划》以解决温饱为主的目标有着明显的区别。

---

① 李培林.中国扶贫开发报告（2016）［M］.北京：社会科学文献出版社，2016：14.

（二）调整贫困县和贫困标准

2001 年，中央将国定贫困县改为国家扶贫开发重点县，还调整了重点县名单，其中将西藏视为集中连片贫困地区，增加对西藏地区的扶持力度，中央不再负责东部六省扶贫工作。同时，中央政府又在 2008 年将贫困标准从年人均收入 895 元提高到 1196 元，提高了 30% 多，由于贫困标准的提高，使可享受扶贫政策优惠的对象增加了 3000 多万人。

（三）完善扶贫开发战略和方式

《纲要 01》指出的基本方针是坚持开发式扶贫，强调以经济建设为中心，充分发挥市场导向作用，使贫困地区尽快摆脱贫困状态，这不仅是贫困地区的出路，同时也是扶贫工作中应该长期坚持的重要方针。中国政府应引导和支持贫困地区大力提高生产力，合理开放当地资源，提高贫困户的未来发展能力，后来被概括为二十字战略方针，即“政府主导、社会参与、自力更生、开发扶贫、全面发展”。与之前制定的开发式扶贫战略相比，此次二十字扶贫战略方针更全面，也更系统，最需要指出的是，新的扶贫开发战略中增加了社会参与和全面发展两个重要理念，这说明社会参与扶贫在中国农村反贫困工作中处于战略地位，原来以增收为导向的扶贫思路被打破。

（四）建立全国农村最低生活保障制度（简称低保）

2007 年，中国政府在全国范围内建立了农村最低生活保障制度，该制度的扶持对象是没有达到低保标准的农村贫困人口。截止到 2010 年末，享受低保的农村贫困人口达到 5214 万，在全国农村人口总数中所占比例为 5.4%，享受低保的农村人口人均可得 840 元，这一数额等于国家农村扶贫标准的 66%。[①] 低保制度为农村失去劳动能力或家庭遭遇重大变故的贫困农民提供了基本生活保障，大大减少了贫困人口数量。

截至 2010 年，中国农村居民的最低生活问题基本得到解决，不仅明显提高了农村贫困人口的生活条件，改善了基础设施条件，而且促进了社会发展，有效缓解了生态环境恶化的现象。2000 年，全国农村扶贫标准为 865

① 以上数据转引自：民政部《2010 年 12 月份全国县以上农村低保情况》，http://files.mca.gov.cn/cws/201107/20110711152301813.htm。

元，全国农村贫困人口数量为9422万，贫困发生率为10.2%；2010年上升为1274元，农村贫困人口数量缩减为2688万，贫困发生率下滑至2.8%。（见表5-3）

表5-3 中国农村的贫困标准及贫困人口状况（2001—2010）

年份	绝对贫困标准（元）	低收入贫困线（元）	绝对贫困人口（万人）	低收入人口（万人）	低收入以下贫困人口（万人）	贫困发生率（%）
2001	630	872	2927	6103	9030	9.8
2002	627	869	2820	5825	8645	9.2
2003	637	882	2900	5617	8517	9.1
2004	668	924	2610	4977	7587	8.1
2005	683	944	2365	4067	6432	6.8
2006	693	958	2148	3550	5698	6.0
2007	785	1067	1479	2841	4320	4.6
2008		1196			4007	4.2
2009		1196			3597	3.8
2010		1274			2688	2.8

注：该表数据转引自：左常升. 中国扶贫开发政策演变（2001—2015年）[M]. 北京：社会科学文献出版社，2016：37.

2011年，中国政府发布了《中国农村扶贫开发纲要（2011—2020）》（以下简称《纲要11》），该开发纲要提出了新的历史时期的扶贫目标以及整体扶贫战略，自此之后，中国农村反贫困工作迈入一个崭新的发展阶段。中国政府在这一阶段制定了一系列的政策和措施，主要包括：

1. 对中国农村扶贫战略目标进行调整

《纲要11》明确规定，中国从2011年至2020年的农村反贫困战略目标是：截止到2020年，保证扶贫对象满足基本生活需求，使其享受义务教育服务和基本医疗服务，改善住房条件。保证贫困农村人均收入增长水平在全国平均水平之上，基本公共服务条件与全国平均水平大致相当，消除发展差距逐渐增大的现象。显然，《纲要11》确定的战略目标包含了中国农村反贫困的3个重大转变：第一从解决温饱问题向综合解决农民的生存和发展需求转变；第二从侧重满足农民的物质需求向同时满足农民的物质需求和社会服务基本需求转变；第三将扭转发展差距扩大直接纳入了扶贫的战略目标。

2. 扶贫开发主战场为连片特困地区

立足于区域发展环境对返贫工作的制约作用越来越明显，少数民族贫困人口所占比例增加的基本状况，《纲要11》将包括六盘山在内的14个连片特困地区划为全国农村扶贫开发的主战场。为此，国家确定了680个连片特困地区（简称片区县），其中包含440个扶贫工作重点县，同时以“高出低进、出一进一、自主调整、总量控制”为依据调整了之前的592个重点县，调出38个，调进38个，由此形成了680个片区县和152个片区外重点县共832个贫困县成了国家农村扶贫开发的重点对象。

3. 适应扶贫开发战略目标调整需要，大幅提升农村扶贫标准

2010年中国扶贫标准为1274元，2011年，这一标准增加到2300元，增长幅度达到80.5%。如此一来，扶贫标准与低保标准之间的收入差距加大，开发式扶贫的发展空间加大，农村可以享受扶贫政策的人口增加了1亿人左右。

五、评价与反思

1978年12月，十一届三中全会上通过了《中共中央关于加快农业发展若干问题的决定》，中国政府在该文件中第一次明确提出了中国存在较大规模的贫困人口。1984年9月，中共中央、国务院发出了《关于帮助贫困地区尽快改变面貌的通知》，由此，中国政府在真正意义上把反贫困作为了国家的重要任务。伴随着中国市场经济体制的改革，促进了中国市场化体系的建立，政府也陆续出台了一系列的反贫困政策，使得贫困人口大幅度减少，农村的贫困地区经济状况得到了一定程度的改善。

总体来讲，农村经济体制改革是中国政府实施改革开放后中国农村经济发展的巨大动力，这一阶段的农村经济体制改革，其核心是以集体经济经营体制改革为中心的农村微观经济组织再造[①]，同时，专门的扶贫开发制度建立和农村税费制度改革也为中国农村的反贫困战略实施提供了坚实的制度基础。

第一，开展制度改革，实行家庭联产承包责任制，土地所有权收归国

---

① 张磊．中国扶贫开发政策演变（1949—2005）[M]．北京：中国财政经济出版社，2007：62.

有，农民享有土地经营权，大大提高了农民的生产积极性，使得农民的收入快速增长，为中国农村的反贫困治理提供了坚实的物质基础。家庭联产承包责任制的富民政策，取代了人民公社时期“平均主义”的分配政策，农民有了更大的自主权，由此提升了农业生产效率，解放了农村生产力，开创了农村发展的新局面。

第二，乡镇企业发展制度，是中国农村经济体系建设的重要部分，也开创了通过产业可持续发展来进行中国农村反贫困的历史。改革开放政策实施不久，大批乡镇企业涌现出来，不仅在国民经济发展中扮演着重要角色，而且为当地提供更多就业岗位，同时还为当地经济增长做出了巨大贡献。乡镇企业的出现为农村经济结构调整、农村相关产业的发展和广大农民的就业创业提供了重要战略机会。根据统计，从 1986 年起至 1988 年间，乡镇企业成为农民主要收入来源，显然，乡镇企业成为农村经济的重要支柱。①

第三，国家建立的扶贫开发制度为中国农村反贫困的提供了集中的、可持续的制度保证。所谓扶贫开发制度，指的是以政府为领导，在遵循开发式扶贫战略方针的条件下所颁布实施的一系列用于提升人力资本、改善环境以及促进经济发展的政策规范和制度措施。我国在 1986 年之前并没有设立扶贫机构，也缺乏专门的扶贫管理机构，当时的扶贫主要采用救济式扶贫措施，即民政部门为极端贫困农民或家庭提供基本物质资料。1986 年后，中国政府建立扶贫开发专门管理机构，形成了以政府为主导、依靠行政组织体系、自上而下的管理型治理结构，实施了扶贫开发制度，从而通过政府的组织管理和推动，协调政府资源和全社会的资源，进行中国农村反贫困的战略实施，这也是中国农村反贫困治理的重要制度。

第四，以税费制度改革为核心的财政制度是对中国农村反贫困治理的反哺举措。农村的税费制度改革是新中国成立之后的又一次重大改革，税费制度改革大大降低了农民负担。针对中国农村的经济发展现状，中国政府本着“多予、少取、放活”的原则，陆续出台了一系列的支农惠农的财政支持制度，尤其是 2006 年决定不再实施农业税，自此之后，在中国存在了 2600 年的农业税彻底从中国消失。农村税费改革对提高农民收入水平，降低农民负担，改善农业基础设施条件，从而实现农村的反贫困战略目标具有重要的意

① 许经勇．农村市场化程度低是加剧城乡收入差距扩大的重要原因［J］．经济纵横，2009（9）．

义。同时，中央政府自2000年开始实施的粮食直补方案，也对充分调动农民种粮积极性、促进粮食增产增收，促进农民经营收入具有重大意义。

中国农村税费改革为反贫困工作的开展提供了重要保障，促进了农村经济发展，也带来了极大的边际收益，但是，由于很多贫困农村地区自然环境较差、资源紧缺，再加上基础设施条件落后等，并没有能够直接受益于农村的经济体制改革。

回顾这一阶段的相关反贫困措施，主要有如下启示：

第一，改革开放后，中国政府倡导的“让一部分人先富起来，最终实现共同富裕”理念，打破了我国在计划经济时代实行的平均分配体制，这一理念虽然在理论和原则上可以普惠所有农民，但是由于个体之间、区域之间的资源禀赋和市场机制的引入等方面存在极大的差异，使得农民之间产生了分化，收入差距被不断拉大。例如在改革开放初期的1985年与1979年相比较，农村人口收入的基尼系数增加了17.37%，平均每年递增3.5个百分点。[①]

第二，在这一阶段的农村反贫困的战略实施中，我国建立了扶贫开发管理机构，并通过瞄准区域（贫困县）来瞄准贫困人口，通过以贫困区域为扶贫开发主战场，定向进行资金扶助和政策支持。总体来讲，这种区域瞄准的方式，在贫困发生率比较高、贫困人口集中的情况下是十分有效的，但这不可避免地导致了区域之间为了享受相关扶助资源而进行不当争夺，也导致了部分目标瞄准的偏离以及扶贫资源的渗漏。

第三，随着国家综合国力的提高和政府行政方式的转变，中央政府出台的一系列惠农政策对贫困地区的反贫困发挥了重要的制度保障作用，但是部分政策的实施并没有顾及各地区的实际情况，例如在许多环境敏感的贫困地区，一些政策的实施可能给贫困人口造成的损害超过收益，例如天然林保护工程和不断扩张的自然保护区建设等项目，在许多地方限制了农民的收入来源，却没有对农民的后续收入安排和收入保障进行筹划。另外，也有许多的针对农村的政策设计含有不利于贫困地区的实施条件，使得那些迫切需要该项政策的地区并不能得到优先实施，例如设计理念先进、符合农民实际需求的农村最低生活保障、贫困人口的医疗救助等政策，都要首先依赖于地方政府的财力，这样的制度设计所造成的结果就是发达地区先行实施和收益，而

---

① 张磊.中国扶贫开发政策演变（1949—2005）[M].北京：中国财政经济出版社，2007：85.

贫困地区则由于受限于持续的财力支撑，则无法得到持续的实施。

第四，这一阶段实施的农村反贫困战略实施的思路主要是由政府依靠传统的行政体系，把相关扶贫资源单向传递给贫困地区和贫困农户，这种输血式、漫灌式的反贫困做法很容易因为信息不对称、措施不完善而导致扶贫成本高涨，且不利于贫困主体自我积累和自我发展能力的培养。贫困人口是反贫困工作的主体，虽然政府一直强调自力更生，并通过开发式扶贫来期望贫困人口能够形成自我持续发展的能力，但在实践工作中，由于反贫困的战略实施和干预活动基本上都是自上而下进行的，贫困人口的主动参与意识薄弱，“等、靠、要”的思想严重，由此，这种单向的反贫困行为并没有发挥应有作用，甚至起到了相反的作用。

因此，由于自改革开放后我国政府实施的一系列农村经济体制改革，激发了农村经济活力，提高了农民收入，提升其生活水平，使得大规模的贫困人口摆脱了贫困。但是由于各方面因素的综合影响，仍有相当规模的贫困人口认为处于贫困的生活状态，在面临贫困程度较深、反贫困成本更高的情况下，我国的农村反贫困进入了新的历史阶段。

第三节　精准扶贫战略中的脱贫攻坚

精准扶贫的战略思想是中国共产党对我国历史上反贫困战略思想的继承和发展，这一战略思想的提出和发展具有特定的时代背景。自实施改革开放政策之后，中国的反贫困工作取得了巨大成就，摆脱贫困状态的农村人口数量超过 7 亿，脱贫人口数量排在世界第一，从而为全球的反贫困事业做出了重大贡献，走出了一条有中国特色的反贫困道路。①但是，截止到2014年底，中国仍然有 7000 多万农村贫困人口，且贫困人口相对集中的中西部地区的贫困程度仍然较深，减贫成本更高，脱贫难度加大，由此扶贫开发进入了啃硬骨头、攻坚拔寨的冲刺期。②

① 习近平．携手消除贫困 促进共同发展——在 2015 减贫与发展高层论坛的主旨演讲［N］．人民日报，2015-10-17（1）．

② 刘永福．扶贫要防止扶富不扶穷 扶农不扶贫［N］．兰州晨报，2016-07-07：（07）．

社会主义的本质要求就是消除贫困，改善民生，实现共同富裕，贫困问题作为影响我国经济发展和社会发展的一个突出短板，关系到在2020年将我国全面建成小康社会的目标实现，因此，在新的历史条件下，随着贫困特点的转变、扶贫阶段的转移，精准扶贫成了在治国理政新理念下逐步形成的反贫困战略新思想的核心内容。

一、精准扶贫战略思想内涵和战略意义

在前面的分析中已经提出，由于过去的扶贫政策和实践，在很多时候面临着扶贫主体瞄准不清、项目实施考核效果不佳及内生动力启动不足等问题，因此，“精准扶贫”作为在新阶段、新形势下因地制宜的一种创新反贫困方式，是中央政府对扶贫开发工作的新要求和新思路，也是全面建成小康社会的重要保障。

近年来，有许多学者对于精准扶贫的内涵进行了解读，举例来说，王思铁学者认为：“精准扶贫是粗放扶贫的对应概念，指的是从贫困地区的环境条件、贫困人口的具体贫困状况出发，按照精准识别扶贫对象、精准帮扶贫困群体，并对贫困群体进行精确流程管理的扶贫的方式。简单来讲，精准扶贫的关键在于准确识别贫困对象，保证扶持对象就是贫困对象，越是贫困的群体，越能得到更多的扶持。”[①]刘占勇学者也对精准扶贫展开研究，认为精准扶贫的核心是保证扶贫地区、扶贫对象、贫困原因以及扶贫策略达到精准化，依靠新时期的反贫困理论，全面实现扶贫工作目标，进而使贫困人口尽早达到小康生活水平。

根据《中国精准扶贫发展报告2016》的描述，精准扶贫的内涵即是以精细管理、综合协同、持续再生的理念为指导，采用统筹、分类、协调等方法，转变扶贫工作方式，加强扶贫工作管理，在精准识别扶贫对象的基础上，对其精准扶持、精准管理的综合治理贫困新方式。精准扶贫的起点在于明确贫困居民的致贫原因，从而针对特定的原因制定特定的反贫困措施。精准扶贫包括两点关键内容，一是真扶贫，二是扶真贫，为真正贫困群体提供扶贫资源，归根结底，精准扶贫的实质是促进贫困人口发展能力的提高。精

① 王思铁.精准扶贫：改“漫灌”为“滴灌”[J].四川党的建设（农村版），2014（4）.

准扶贫的主要内容包括贫困人口的识别和扶贫资源（资金和项目等）瞄准两个部分。精准扶贫的最终目的是在于减少贫困和消除贫困，实现全面脱贫、全面小康、全面发展。①

在新的历史时代，中国农村的反贫困事业的成败事关将我国全面建成小康社会的目标实现，事关人民福祉，事关巩固党的执政基础，事关亿万贫困群众“中国梦”的实现。因此，实施精准扶贫战略思想，打赢脱贫攻坚战，是促进全体人民共享发展成果、实现共同富裕的重大举措，它的战略意义包括如下两点：

第一，精准扶贫符合社会主义本质要求。解放生产力和发展生产力，消除两极分化，最终实现共同富裕是社会主义的本质。中国经过多年的改革开放，在经济发展领域已经取得了举世瞩目的发展成就，但由于地区差异和发展的不平衡，仍有相当规模的农村人口仍然生活在贫困的状态之下，特别是在革命老区、少数民族地区，部分农民仍然无法摆脱贫困的生活状态，如何让他们能够真正享受到经济发展的成果，是中国社会主义建设的本质要求。只有让贫困的群众彻底摆脱贫困，社会主义的优越性才能得到更好体现。

第二，精准扶贫是践行中国共产党的根本宗旨、推进“四个全面”战略布局、实现“五位一体”总体布局的必然要求。中国共产党是中国的执政党，其根本宗旨是服务于人民群众，只有这样才能巩固党的执政基础。由于中国共产党的坚强领导，中国农村反贫困事业已经取得了辉煌成就，在现阶段，中国农村的反贫困对象都是“硬骨头”“大难题”“深水区”，农村的贫困问题是我国经济发展的一个突出短板。因此，在新的历史条件下，坚持在中国共产党的领导下，坚持精准扶贫的反贫困战略，是削减贫困、缩小收入差距、统筹区域协调、实现共同富裕的内在要求，也是全面小康社会和现代化建设的一场攻坚战。

二、精准扶贫的反贫困措施

习近平在中央扶贫开发工作会议上系统阐述了坚持精准扶贫的重要思想，就是要做到“六个精准”、实施“五个一批”解决四个问题（扶持谁、

① 陆汉文，黄承伟 . 中国精准扶贫发展报告（2016）[M] . 北京：社会科学文献出版社，2016：18.

谁来扶、怎么扶、如何退）。后来在《中共中央国务院关于打赢脱贫攻坚战的决定》中对精准扶贫的基本措施又进行了更加详细的规制和拓展。其中，“六个精准”体现在扶贫对象、项目设置、资金使用、因村派人、措施到户以及脱贫效果六个方面；“六项措施”包含：产业扶持、转移就业、易地搬迁、教育支持、医疗救助和社保政策兜底；形成“九条路径”包括：大力发展特色产业脱贫、通过易地搬迁脱贫、利用劳动力转移脱贫、与生态保护相结合脱贫、着力加强教育脱贫、开展医疗保险和医疗救助脱贫、实行农村最低生活保障制度兜底脱贫、探索资产收益脱贫、健全留守儿童、留守妇女、留守老人和残疾人关爱服务体系。① 以上关于精准脱贫的各项措施都并非孤立存在，而是相互联系、相互促进的。其主要内容概括如下：

第一，精准识别扶贫对象，确定扶贫主体，解决“扶持谁”的问题。精准识别扶贫对象，是实现精准扶贫的第一步。如果不能精准识别扶贫对象，则将成为制约反贫困措施的基础性问题。精准识别，根据贫困标准，通过对贫困人口建档立卡，了解贫困户的贫困状况，分析其致贫原因，明晰帮扶要求，明确帮扶主体，落实帮扶措施，同时开展动态考核和动态管理，是精准扶贫工作的基础。2013 年底以来，中国政府开始组织进行了贫困的识别和建档立卡的工作，以 2013 年农民人均收入 2736 元（以 2010 年贫困标准 2300 元的不变价为基础）的国家贫困识别标准，在全国累计识别出 12.8 个贫困村 3000 万家贫困户，共计 8900 多万贫困人口，全国贫困人口数量到 2015 年末缩减为 5630 万②。通过建档立卡等精准识别方式，为最终瞄准贫困对象、精准实施反贫困措施奠定了坚实基础。

第二，精准帮扶，明确帮扶主体，解决“谁来扶”的问题。为打赢脱贫攻坚战，中国政府就是要举全国之力，发挥国家制度优势，动员社会各方力量，形成精准扶贫和脱贫攻坚的合力，帮助贫困人口摆脱贫困。因此在精准识别并确认扶贫对象的基础上，确定帮扶主体，则可以明确以下几点：一是明晰了脱贫攻坚的领导责任主体，强化了领导责任机制，实行中央统筹、省（自治区、直辖市）总负责、市（地、县）抓落实的工作机制；二是明确了具体的部门责任，充分调动各个部门资源进行反贫困工作开展；三是动员了社会各方力量，拓展多层次扶贫协作有效途径，实现社会帮扶资源和精准

① 中共中央国务院关于打赢脱贫攻坚战的决定（中发（2015）34 号）[Z]，2015-11-29.

② 杨秋宝.2020 中国消除农村贫困 [M]. 北京：人民出版社，2018：43.

脱贫的有效对接；四是实施和健全定点帮扶工作措施，明确定点帮扶目标任务，组织落实扶贫项目，引导扶贫资金进行有效产业培育及发展，增强贫困个体的“造血”机能。

第三，精准施策，确定扶贫路径，解决“如何扶”的问题。精准扶贫的重点内容，就是要精准施策、确定脱贫路径，由于贫困农户的贫困状况、致贫原因各不相同，因此在进行脱贫攻坚时，就要坚持分类施策、因人因地施策，精准发力。根据 2014 年的建档立卡的 8962.2 万人的数据显示，其中有 5732.9 万人拥有劳动能力，所占比例达到 63.97%；在有劳动能力的贫困人口中，3689.9 万人在家务农；在总贫困人口中，初中及以下文化程度的贫困人口在贫困人口总数中所占比例为 92%；生活环境恶劣，需要搬迁移民的贫困人口约为 1000 万人，超过总贫困人口的 10%。以上这些情况，就需要坚持精准扶贫，坚持因地制宜地实施反贫困策略，通过扶持产业和就业安置、易地搬迁安置、生态补偿、教育扶贫、社会保障兜底等方式，探索反贫困路径。

第四，精准退出，健全退出机制，解决“如何退”的问题。精准退出是脱贫攻坚的成效体现，在实践工作中，“限时脱贫”并非反贫困的工作重点，只有建立在稳定、持续基础上的长效脱贫机制才是最终反贫困目标。2016 年 4 月 28 日，中央政府印发了《关于建立退出机制的意见》，明确了贫困人口、贫困户、贫困村和贫困县的脱贫退出标准，且明确坚持正向激励，在贫困个体退出后，国家扶贫政策短期内不会发生变化，继续为贫困地区提供扶贫支持，留出缓冲空间，保证贫困地区真正脱贫。

精准扶贫战略思想中的农村反贫困目标，可以分为三个层次理解：一是稳定解决农村贫困人口的温饱问题，实现“两不愁、三保障”的目标；二是缩小贫困地区经济社会发展差距，实现“一高于、一接近”；三是实现贫困人口和贫困县在现有标准下脱贫，就是“两确保”的目标，其中主要的脱贫指标（见表 5-4）：

表 5-4 “十三五”时期脱贫主要指标

指标	2015 年	2020 年
建档立卡贫困人口（万人）	5630	实现脱贫
贫困县（个）	832	0

续表

指标	2015 年	2020 年
贫困地区农民人均可支配收入增幅（%）	11.7	年均增幅高于全国平均水平
贫困县义务教育巩固率（%）	90	93
建档立卡贫困户因病致（返）贫户数（万户）	838.5	基本解决
建档立卡贫困户存量危房改造率（%）	—	近 100

注：杨秋宝.2020 中国消除农村贫困［M］. 北京：人民出版社，2018：35.

通过实施精准扶贫的反贫困战略，在全国各级政府的努力之下，我国农村的贫困人口大幅减少，区域性贫困也得到明显缓解。按现行国家农村贫困标准测算，2012 年的全国农村贫困人口总数为 9899 万，到了 2016 年，农村贫困人口数量下降为 4335 万，全国脱贫人口达到 5564 万人，贫困人口年均下降 1391 万，2012 年的贫困发生率为 10.2%，2016 年的贫困发生率下降至 4.5%，下降幅度达到 5.7%，年均下降 1.4%[①]（如图 5-1 所示）。

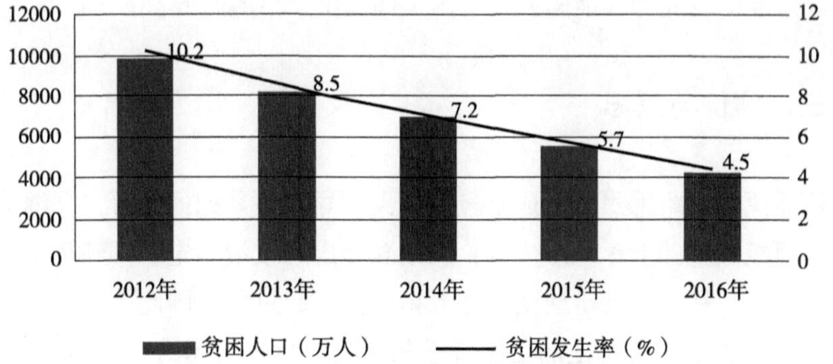

图 5-1　2012—2016 年全国农村减贫情况

中、西部深度贫困地区在深化精准扶贫的基础上，也加快了脱贫进度，逐步建立了更为完善的脱贫机制，在探索农村反贫困路径等方面也取得了显著成效。2012 年，西部地区农村贫困人口数量为 5086 万，2016 年贫困人口数量缩减为 2251 万，约 2835 万贫困人口摆脱了贫困状态，贫困人口总数下降了 55.7%；2012 年，中部地区农村贫困人口为 3446 万，2016 年贫困人口数量缩减为 1594 万，贫困人口总数下降了 53.7%；东部地区贫困人口下降

① 国家统计局住户调查办公室 .2017 中国农村贫困监测报告［M］. 北京：中国统计出版社，2017.

幅度甚至达到了 64.2%（如图 5–2 所示）。

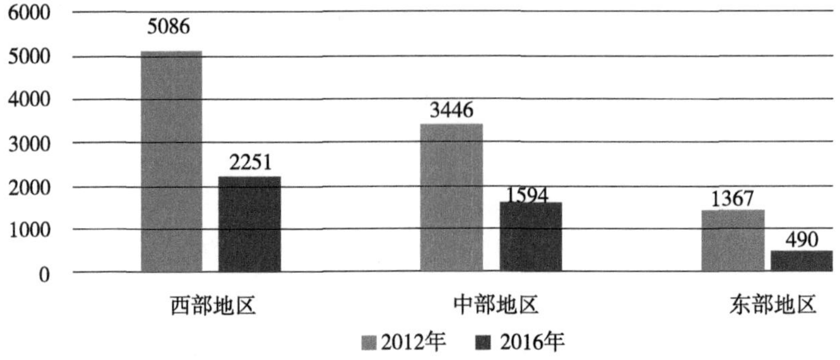

图 5–2　2012 / 2016 年各地区全国农村减贫情况

由于中国农村反贫困在近年所取得的巨大历史成就，2015 年，联合国开发计划署公布了《联合国千年发展目标报告》，报告肯定了中国为全球反贫困工作做出的巨大贡献，认为中国起到了核心作用。中国精准扶贫的实践活动以及理论研究为其他国家反贫困工作提供了借鉴经验。

三、评价与反思

精准扶贫战略思想的形成是经过中央领导人一系列的调研，在继承以往的反贫困经验基础上逐步形成的，从概念提出到政策制定，再到政策的分解和政策落地，是一个逐步演变和深入拓展变化的过程。因此，这一反贫困的战略指导思想是具有特定的历史背景和深刻的特定内涵的反贫困政策体系，是在充分发挥中国共产党领导下的社会主义制度优越性的集中体现，蕴含了创新、协调、绿色、开放和共享的发展理念。

精准战略的提出，是在我国农村反贫困面临啃硬骨头、攻坚拔寨的历史背景中提出的，以往那种“大水漫灌”式的反贫困方式存在着底数不清、目标不准、效果不佳、扶贫对象偏离和扶贫资源渗漏等问题，由此很难将宝贵的反贫困资源和社会经济发展成果通过涓流机制滴落到所有贫困人口身上。通过实施精准扶贫战略，可以切实做到“真扶贫、扶真贫”，使得反贫困资源可以更好瞄准目标群体，做到精准识别、精准扶持、精准管理和精准考核，从而取得卓有成效的反贫困成就。

但是，精准扶贫战略的实施，是在中央政府的领导下，以各级政府为主要的实施主体的反贫困方略，而由于各行政区域、部门的垂直分割管理和贫困地区的各方面力量发育不足等因素影响，精准扶贫战略的实践中仍面临着诸多挑战，主要表现在：

第一，贫困人口瞄准和反贫困对象的识别机制存在疏漏，例如政府启动的“集中连片特困地区区域发展与扶贫攻坚规划”，造成了部分贫困地区和贫困人口被排除在精准识别范围之外。政府将扶贫资源主要投放于集中连片特困地区，其主观本意是通过对特困地区的集中资源投放，以促进和推动贫困地区区域层面的综合发展，然而在客观上却可能造成部分贫困地区或贫困农户被排除在精准识别范围之外。由此，反贫困目标瞄准的偏离将可能造成全社会的反贫困成效降低。

第二，地方政府在限时脱贫压力下，采取突击脱贫、报表式脱贫。部分地方政府由于限时脱贫的政治压力，未能切实建立起长效脱贫机制，或者采取各种临时性脱贫措施，急速提升贫困农户的收入；或者不顾贫困农户的实际状况，采取简单的报表造假。

第三，缺乏鼓励多元社会主体共同参与农村反贫困的机制，社会组织参与反贫困的动力不足。当前农村的反贫困战略实施主要是以政府为主导，这固然可以起到更好的反贫困效果，但是由于缺乏强有力的激励措施，未能形成其他社会组织共同参与农村反贫困的局面，且政府与社会组织的合作形式有待探索，而仅以政府或社会组织为单线的单兵突进方式进行反贫困，无法发挥各自优势形成合力效应。

第六章　中国农村反贫困实践：国定贫困县的重点分析

第一节　国定贫困县反贫困的历史进程

从1986年开始，中国政府设立了扶贫专业机构，并划分了18个片区，确定了331个国定贫困县。后来贫困县名单进行了多次调整，现在中央政府政策层面，贫困县包括国家扶贫开发工作重点县和集中连片特困地区县，这些区县是当前国家区域扶贫开发的重点区域。根据2011年颁布实施的《中国农村扶贫开发纲要（2011—2020年）》，中国共有扶贫开发工作重点县592个，连片特困区县680个，在这个两类县中，其中有440个县重合，由此国家贫困县合计为832个。由于国定贫困县（后称为国家扶贫开发工作重点县）是自1986年开始设立，此后虽经过多次调整，但政府对国定贫困县的专项扶持政策一直延续至今，为能保持历史分析的连续性，本章将以592个国家扶贫开发工作重点县为样本进行分析。

一、国家扶贫开发工作重点县概况

国家扶贫开发工作重点县（以下简称国定贫困县）共有592个，以2015年全国共有2850个县级行政单位计，国定贫困县占全国县级区域总个数的20.8%。国定贫困县共覆盖全国8871个乡镇，行政规划面积251万平方公里，占全国行政区划总面积的26%；户籍人口数24528万人，占全国总人口的17.8%。

表6-1为根据国家统计局县（市）的统计数字汇总整理的国定贫困县的基本情况。

表6-1　2015年592个国定贫困县经济统计数字与全国统计数字比较表

序号	统计项目	全部592个国定贫困县统计量（亿元）	占全国数字比重（%）
1	地区生产总值	43115亿元	6.3%
2	第一产业增加值	9912亿元	16.3%
3	第二产业增加值	17493亿元	6.2%

续表

序号	统计项目	全部 592 个国定贫困县统计量（亿元）	占全国数字比重（%）
4	第三产业增加值	15709 亿元	4.6%
5	公共财政收入	2786 亿元	1.8%
6	公共财政支出	14636 亿元	8.3%
7	全社会固定资产投资总额	48001 亿元	8.5%
8	小学生在校人数	1768 万人	18.2%
9	中学生在校人数	1152 万人	17.2%
10	医疗卫生床位数	80 万张	11.4%

注：国家统计局住户调查办公室.2017 中国农村贫困监测报告［M］.北京：中国统计出版社，2017：60.

根据全国农村贫困监测调查，按照国家农村贫困标准（每人每年 2300 元，2010 年不变价）测算，2016 年国定贫困县农村贫困人口 2219 万人，贫困发生率 10.5%，远高于全国 4.5% 的平均水平。

二、国定贫困县的设立和调整

在国务院的努力下，我国于 1986 年成立了专门的扶贫开发领导小组，同时还设立了国务院扶贫开发办公室，扶贫开发办公室需要向扶贫开发领导小组负责，由此启动了历史上规模最为宏大的针对农村贫困的扶贫开发计划。为防止扶贫资金等资源的分散使用，同时根据我国贫困人口分布的区域集中特征，中国政府第一次确定国家贫困县范围，由中央政府直接组织各种资源给予扶持。在 1986 年，共 258 个县被列为国家重点扶持贫困县，当时按 1985 年农民人均纯收入低于 150 元为标准进行划分，其中的革命老区和少数民族区县的标准扩大为 200 元，对中国革命做出突出贡献的老革命根据地和内蒙古、新疆和青海的一部分有特殊困难的少数民族地区的标准提高到 300 元。1987 年，再次加入 13 个革命老区县和 2 个其他县。1988 年，又有 27 个牧区和半牧区县被定为贫困县。如此加上自 20 世纪 80 年代初期以来一直得到国家财政援助的“三西”地区的贫困县，国定贫困县在 1988 年达到 328 个。1989 年，海南独立建省，国家又在海南确定了 3 个国定贫困县，使得国家贫困县的总数达到 331 个。[①]

中国政府于 1994 年出台了《国家八七扶贫攻坚计划（1994—2000 年）》，预计在七年之内使全国 8000 万农村贫困人口的温饱问题得到解决。在计划中，对于国定贫困县进行了调整，调整的主要依据同样参考农民的人均纯收入，但不再区分农区和牧区，而采用所谓的“四进七出”的标准，即以 1992 年县农民人均纯收入为标准，低于 400 元的全部进入，超过 700 元的一律退出，根据这一标准，最终在全国范围内确定了 592 个国家重点扶持贫困县，作为扶贫攻坚的主战场。在《八七计划》中，也首次明确提出了中央的财政、信贷和以工代赈等扶贫资金要集中投放到国家重点扶持的贫困县，资金的分配也要以贫困县的贫困人口、贫困程度等因素为依据，此阶段贫困县的中心任务就是扶贫开发、解决群众温饱。

中国政府于 2001 年初出台了《中国农村扶贫开发纲要（2001—2010 年）》，纲要将贫困县改称为国家扶贫开发工作重点县，同时对贫困县的范围进行了第二次调整，即取消了东部发达地区贫困县，在中西部地区设立 33 个贫困县，东部地区取消同样数量的贫困县。西藏自治区具有特殊性，整个地区与贫困县扶持力度相同，不额外占用重点县指标。调整之后，国家扶贫开发工作重点县数量保持不变，还是 592 个。之后，政府出台了 2011 年《中国农村扶贫开发纲要（2011—2020 年）》，将集中连片特殊困难地区作为了扶贫开发的主战场。全国共划分出 11 个连片特困地区，再加上之前已经设置的四川藏区、西藏、新疆南疆三地州三个连片特困区，共计 14 个片区，包含 680 个县，其中扶贫重点县 440 个，民族自治县 371 个，革命老区县 252 个，陆地边境县 57 个。由于部分重叠，扶贫重点县和片区县合计为 832 个，同时，对于国家扶贫重点县的名单进行了第三次调整，这次调整明确原定重点县支持政策不变，并将调整权力下放到省，允许各省根据实际情况，在保持总量不变，且不得将连片特困地区内重点县指标调到片区外使用的前提下，将比较富裕的县调出，相应地补充进较为贫困的县。经过此次调整，国家扶贫重点县分别调出和调入 38 个，总数仍为 592 个。

---

① 本节所述贫困县政策的演变，参照了李培林 . 中国扶贫开发报告（2016）[M] . 北京：社会科学文献出版社，2016：230-240.

三、国定贫困县政策演变

在中国农村扶贫开发历史上，瞄准扶贫开发区域的主要方法是划定国家扶贫开发重点县，并对其提供重点支持，而这是中国农村反贫困工作取得巨大成就的主要原因。我国《中国农村扶贫开发纲要（2011—2020年）》中明确规定："要为不属于连片特困区的贫困县以及贫困村提供扶持。各省、自治区以及直辖市要根据实际情况采取合理的政策措施，逐渐减少重点县数量。如果某一省份的重点县数量减少，国家维持原有的扶持力度。"由此可以看出，国家确定扶贫开发重点县的政策在实践中被证明是行之有效的，大大推动了重点县经济社会发展，重点县原有扶持政策在一定时间内保持不变，这为中国连续实施农村反贫困政策提供了重要保障。下面对中国政府基于贫困县的扶持政策进行简单梳理。

（一）贫困县财政扶贫资金投入政策

兵马未动，粮草先行，自政府确定贫困县扶持政策后，首先制定了财政资金的支持政策。从1994年起，在再次确定一批新的国家重点贫困县的同时，中国政府也建立了以重点贫困县为主要对象的财政扶贫资金投入政策。通过历次扶贫政策的调整和完善，财政扶贫资金投入政策有如下主要特点：

（1）中央政府维持和增加扶贫资金投入，地方政府承担扶贫配套资金投入责任

1997年，国家规定各省财政投入的配套资金不能低于国家扶贫资金总量的30%。否则中央财政将调减对该省的扶贫资金分配数额。

（2）财政扶贫资金的投向调整体现了寻求区域间平衡的努力

从1995年起，国家用1～2年的时间，调减对东部省份贫困县的扶贫资金投入，将调减出来的新增扶贫信贷资金和增量扶贫发展资金全部用于中西部地区贫困县。但在2000年，政府不再要求财政扶贫资金应全部应用于贫困县，规定发展资金可以根据实际情况安排一定的比例用于非国定贫困县。2001年则笼统规定，中央财政扶贫资金可适当支持其他贫困地区。

根据初步统计，从首次设立重点贫困县的1986年到2014年，各项中央财政专项扶贫资金积累达到3489.03亿元。假设历年地方政府配套扶贫资金比例为40%，2001年以来财政扶贫资金用于非重点贫困县的比例为10%，

则历年中央和地方财政专项扶贫资金总量达到4482.68亿元。在迄今为止的四个扶贫周期内，扶贫资金强度不断增大（见表6-2）。

表6-2　1987—2014年各扶贫周期内国家重点贫困县所得扶贫资金规模概算

周期	贫困县数（个）	中央财政扶贫资金（亿元）	地方配套扶贫资金（亿元）	贫困县所得资金（亿元）	县年均扶贫资金（亿元）
1987—1993	331	151.8	60.72	212.52	0.11
1994—2000	592	465.95	186.38	652.33	0.16
2001—2010	592	1440.37	576.15	1814.87	0.31
2011—2014	832	1430	572.37	1802.96	0.54

注：该表数据参照了李培林. 中国扶贫开发报告（2016）[M]. 北京：社会科学文献出版社，2016：234. 其假设了地方配套资金相当于中央财政扶贫资金的40%，2001年以来扶贫资金用于贫困县的比例为90%。

（二）基于贫困县的社会扶贫政策

从《“八七”扶贫攻坚计划》开始，中国政府就确定了以发达地区对口帮扶贫困县为主体，其他多种形式为补充的社会扶贫政策。

定点帮扶的主体一般是中央和地方党政机关及有条件的企事业单位。中央单位一般要定点帮扶到贫困县，中央以下单位可以定点帮扶到贫困乡、贫困村等。2001年的扶贫开发纲要提出要把定点帮扶的做法作为一项制度，长期坚持下去；2011年出台的扶贫开发纲要规定，国家要加大定点扶贫力度，实现重点县全部覆盖。定点扶贫单位承担着筹措扶贫资金、设置扶贫项目、制定扶贫方案以及派遣优秀干部深入扶贫一线等重要职责。根据统计，2002—2010年，272个中央单位定点帮扶481个贫困县；2012年以来，310个单位定点帮扶592个贫困县，实现了国定贫困县的全覆盖定点帮扶。2002年以来，定点帮扶单位累计投入资金176.4亿元，引进各类资金752.5亿元。

对口帮扶也称东西部扶贫协作，指组织沿海发达省、市对口帮扶西部贫困省、自治区，分为省、县两个层级。1996年东部9个省市分别帮助西部9个省，另外4个副省级城市共同帮助贵州省。各结对省（区、市）要将对口帮助落实到县级，即东部发达地区县市与西部贫困县结对，进行经济合作，开展干部交流。对口帮扶落实到企业和项目，动员富裕县的企业在西部贫困县区投资，双方以互惠互利为基础，共同开发贫困县区资源，国家对此要提供一定的支持。

除定点帮扶和对口帮扶外，针对中国农村的其他社会扶贫主体还有各民主党派和工商联、群团组织、大专院校、科研单位、军队武警、政府相关部门、民间扶贫团体、国际和区域组织等，一些大型企业也在贫困县的扶贫实践中发挥了巨大的作用。

（三）国定贫困县的优惠政策

在侧重于贫困县的扶贫政策体系中，除了广义的专项扶贫政策以及定点帮扶和对口帮扶外，国家还针对贫困县实施了一系列优惠政策，包括一系列的经济、政治和社会政策，主要有：

1. 贫困户补贴政策

直接补贴贫困户政策，主要是在温饱未解决时期实施。例如在 1994 年规定可使用地方粮食风险基金对吃返销粮的贫困户以适当补贴[①]；1996 年规定没有解决温饱问题的全部贫困户不再承担粮食订购义务，同时对这一群体不再征收农业税和农业特产税。

2. 贷款优惠政策

主要对贫困户以及扶贫经济实体提供贷款优惠，包括适当放宽贷款抵押担保条件、延长贷款期限、执行优惠利率等，利率差额由中央财政据实补贴。

3. 企业财税优惠政策

规定扶贫县新设立的企业以及经济发达地区企业在贫困地区投资兴办的企业三年内不必缴纳所得税，或采取先征后返的优惠方式。2011 年还规定企业用于扶贫工作的捐赠，如果与税法规定的条件相符，那么应该先予以扣除再缴纳所得税。

---

① 例如：《宁夏回族自治区粮食风险基金实施细则》（1994.09.01 由宁夏回族自治区人民政府颁布。废止日期：2007 年 10 月 31 日）中规定："凡同时具备人均收入低于 500 元，人均粮食低于 600 斤两个条件的乡镇给予补助；真正从事种粮而又是吃返销粮的农民。对种植价高利大经济作物或从事其他行业收入较高的农民不给补助。补助标准：对吃返销粮的农民，补自治区确定的返销粮销售价格与原销价（即 1994 年 6 月 10 日国家未调整前的销价）的价差部分。"

4. 经济开发优惠政策

国家安排开发项目时要重点扶持资源相对丰富的贫困地区；国家制定产业政策时要给予贫困地区相应的照顾和支持。2011 年的扶贫开发纲要则着重突出了土地利用与资源开发政策，新增建设用地指标首先要满足贫困地区异地扶贫搬迁建房的要求，为建设工业产业聚集区提供相应的土地；土地整治项目适当朝着条件较好的重点县偏移；在维护生态系统平衡的基础上，对矿产资源进行合理开发。

5. 生态补偿政策

2011 年的扶贫开发纲要提出，在贫困地区继续实施退耕还林等重点生态修复工程；建立生态补偿机制，适当向贫困地区偏移，补偿重点生态功能区。

6. 人力资源支持政策

国家针对贫困县人才支持问题出台了相应的政策，其中包括：鼓励和支持教育、医疗、文化、科技类人才为贫困地区提供相应的服务；支持高等院校、医疗机构以及科研机构为贫困地区培养高素质人才，支持高等教育人才在贫困地区工作，如果各类专业人才长时期在贫困地区工作，要在职务晋升以及职称评定方面适当放宽条件，加大贫困地区干部和农村实用人才的培训力度等。此外，对贫困县干部的扶贫绩效也有考核和晋升激励等政策。

7. 开辟企业上市绿色通道，加快贫困地区企业上市融资效率

证监会于 2016 年颁布了《中国证监会关于发挥资本市场作用服务国家脱贫攻坚战略的意见》，规定贫困县企业可以通过专门的绿色通道发行债券、发行股票、新三板挂牌以及并购重组等。调查中发现，从 1998 年起一直到 2016 年，贫困地区首次公开发行股票的企业数量达到 17 家，融资金额总量达到 75 亿元；贫困地区上市企业再融资金额为 293 亿元。①

（四）国家重点贫困县的反贫困成就②

1. 扶贫重点县的贫困人口持续减少，贫困发生率持续降低

根据国家统计局的统计数字显示，按照 2010 年的贫困标准，截止 2015

① 上述数据来自由中国证监会办公厅、机关党委和中国上市公司协会联合举办的 2016 全国扶贫日金融扶贫成果展。

② 本部分所有数据均根据国家统计局住户调查办公室的历年《中国农村贫困监测报告》汇总整理。

年年底，扶贫重点县的农村贫困人口由 2011 年 6112 万人，下降到 2893 万人，四年累计减少 3219 万人，年均减少 805 万人。贫困发生率由 2011 年的 29.2% 下降到 13.7%，累计下降 15.5 个百分点（如图 6–1 所示）。

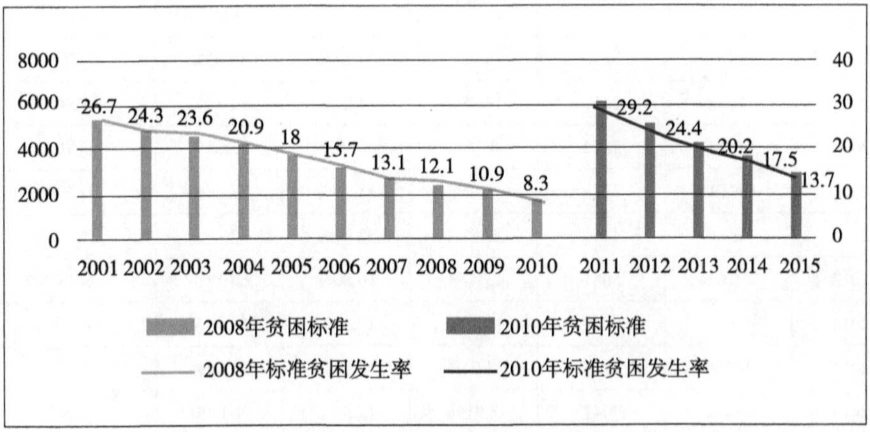

图 6–1　国定贫困县贫困人口及贫困发生率（2001—2015）

2. 贫困县农村居民可持续收入持续增长，且增速多年快于全国平均水平

根据最新统计数字，2016 年全国扶贫重点县农村居民人均可支配收入达 8355 元。十八大以来，扶贫重点县农村居民人均收入年均实际增长 11.1%，2013—2016 年，扶贫重点县农村居民的人均收入四年累计增长 64.4%，增速比全国农村平均水平高 3.1 个百分点，2016 年的扶贫重点县的人均收入水平相当于全国农村平均水平的 67.58%，从而与全国的平均收入水平的差距不断缩小（如表 6–3 所示）。

表 6–3　贫困县与全国农村人口人均收入比较变化表格

年份	全国农村人均可支配收入（元）	贫困县人均可支配收入（元）	全国农村人均收入增长率（%）	贫困县人均收入增长率（%）	贫困县人均收入／全国农村人均收入占比（%）	贫困县人均收入增长率与全国农村人均收入增长率差值（%）
2002 年	2475.6	1305	4.63%	2.21%	52.72%	–2.42%
2003 年	2622.2	1406	5.92%	7.72%	53.62%	1.80%
2004 年	2936.4	1585	11.98%	12.75%	53.99%	0.77%
2005 年	3254.9	1726	10.85%	8.85%	53.02%	–2.00%
2006 年	3587	1928	10.20%	11.75%	53.76%	1.55%

续表

年份	全国农村人均可支配收入（元）	贫困县人均可支配收入（元）	全国农村人均收入增长率（%）	贫困县人均收入增长率（%）	贫困县人均收入/全国农村人均收入占比（%）	贫困县人均收入增长率与全国农村人均收入增长率差值（%）
2007 年	4140.4	2278	15.43%	18.13%	55.02%	2.70%
2008 年	4760.6	2611	14.98%	14.61%	54.84%	-0.37%
2009 年	5153.2	2842	8.25%	8.86%	55.15%	0.61%
2010 年	5919	3273	14.86%	15.16%	55.29%	0.30%
2011 年	6977	4350	17.87%	32.92%	62.35%	15.05%
2012 年	7916.6	5081	13.47%	16.80%	64.18%	3.33%
2013 年	9431	5945	19.13%	17.00%	63.04%	-2.13%
2014 年	10488	6717	11.21%	12.99%	64.04%	1.78%
2015 年	11422	7543	8.91%	12.30%	66.04%	3.39%
2016 年	12363	8355	8.24%	10.76%	67.58%	2.53%

从收入结构看，贫困县居民的收入主要来源于工资性收入和经营收入，这两项占总收入的 80% 左右，和全国农村居民收入基本持平，但转移性收入逐年加大，远高于全国农村的平均水平，这也说明了国家的扶贫政策对贫困地区的转移支付力度在逐年加大。而居民的财产性收入一直在低位徘徊，说明农村的财产性收入仍有极大的提升空间（如表 6-4 所示）。

表 6-4 贫困县与全国农村人口收入分布比较变化表格（单位：元）

年份	全国农村常住居民人均可支配收入	其中：工资性收入	经营净收入	财产净收入	转移净收入	贫困县人均可支配收入	其中：工资性收入	经营净收入	财产净收入	转移净收入
2002 年	2475.6	840.2	1486.5	50.7	98.2	1305	435.5	796	12.5	61.2
2003 年	2622.2	918.4	1541.3	67.8	94.8	1406	451.4	865.1	26.5	63.3
2004 年	2936.4	998.5	1745.8	76.6	115.5	1585	489.4	997.2	28.5	70.2
2005 年	3254.9	1174.5	1844.5	88.5	147.4	1726	560.8	1042.6	28.1	94.1
2006 年	3587	1374.8	1931	100.5	180.8	1928	644.2	1144	31.8	108.2
2007 年	4140.4	1596.2	2193.7	128.2	222.3	2278	783.6	1306	52	136.3

续表

年份	全国农村常住居民人均可支配收入	其中：工资性收入	经营净收入	财产净收入	转移净收入	贫困县人均可支配收入	其中：工资性收入	经营净收入	财产净收入	转移净收入
2008 年	4760.6	1853.7	2435.6	148.1	323.2	2611	887.7	1467	42.1	214
2009 年	5153.2	2061.3	2526.8	167.2	398	2842	1011.2	1522.4	40.4	268
2010 年	5919	2431	2833	202	453	3273	1168.5	1756.2	55.8	292.2
2014 年	10488	4152	4237	222	1877	6717	2175	2944	81	1517
2015 年	11422	4600	4504	252	2066	7543	2480	3212	89	1761
2016 年	12363	5022	4741	272	2328	8355	2797	3385	103	2070

表 6-5 为各收入项目的占比情况。

表 6-5　贫困县与全国农村人口收入结构比较变化表格

年份	全国农村常住居民人均可支配收入	其中：工资性收入占比（%）	经营净收入占比（%）	财产净收入占比（%）	转移净收入占比（%）	贫困县人均可支配收入（元）	其中：工资性收入占比（%）	经营净收入占比（%）	财产净收入占比（%）	转移净收入占比（%）
2002 年	2475.6	33.94%	60.05%	2.05%	3.97%	1305	33.37%	61.00%	0.96%	4.69%
2003 年	2622.2	35.02%	58.78%	2.59%	3.62%	1406	32.11%	61.53%	1.88%	4.50%
2004 年	2936.4	34.00%	59.45%	2.61%	3.93%	1585	30.88%	62.91%	1.80%	4.43%
2005 年	3254.9	36.08%	56.67%	2.72%	4.53%	1726	32.49%	60.41%	1.63%	5.45%
2006 年	3587	38.33%	53.83%	2.80%	5.04%	1928	33.41%	59.34%	1.65%	5.61%
2007 年	4140.4	38.55%	52.98%	3.10%	5.37%	2278	34.40%	57.33%	2.28%	5.98%
2008 年	4760.6	38.94%	51.16%	3.11%	6.79%	2611	34.00%	56.19%	1.61%	8.20%
2009 年	5153.2	40.00%	49.03%	3.24%	7.72%	2842	35.58%	53.57%	1.42%	9.43%
2010 年	5919	41.07%	47.86%	3.41%	7.65%	3273	35.70%	53.66%	1.70%	8.93%
2014 年	10488	39.59%	40.40%	2.12%	17.90%	6717	32.38%	43.83%	1.21%	22.58%
2015 年	11422	40.27%	39.43%	2.21%	18.09%	7543	32.88%	42.58%	1.18%	23.35%
2016 年	12363	40.62%	38.35%	2.20%	18.83%	8355	33.48%	40.51%	1.23%	24.78%

3. 贫困县的生活和生产条件逐步改善

以 2001—2010 年的统计数字为例，在 10 年的时间内，贫困县的人均基本建设投资增长了 20 多倍，人均财政收入增长约为 5 倍，财政支出增长约为 7 倍。区域内的医疗卫生设施也逐步改善，有卫生室的村庄比例由 2001 年的 68%，增长到 2010 年的 81.5%（如表 6-6 所示）。

表 6-6　贫困县人均部分经济指标

年份	人均地方产值（元）	人均第一产业增加值（元）	人均第二产业增加值（元）	人均财政收入（元）	人均财政支出（元）	人均存款余额（元）	人均基本建设投入（元）	医院床位数 / 万人	有卫生室的村比重（%）	福利院床位数 / 万人
2001	2,658.0	974.8	839.3	121.4	397.0	1,537.6	364.5	13.8	68.0	5.2
2002	2,842.6	1,040.9	962.3	123.3	471.0	1,778.9	491.5	13.7	69.0	5.6
2003	3,293.8	1,086.0	1,166.5	136.5	528.7	2,080.0	669.4	13.6	70.6	5.6
2004	3996.6	1304.0	1466.1	151.4	632.0	2415.9	905.5	13.5	72.9	7.4
2005	4792.9	1435.5	1771.6	178.0	777.3	2852.5	1733.7	13.6	73.5	8.4
2006	5583.9	1541.4	2203.3	226.1	981.0	3347.7	2241.1	14.2	74.0	9.8
2007	6580.2	1798.2	2852.6	284.0	1297.7	3872.5	3058.1	15.0	75.6	12.5
2008	8362.6	2084.9	3644.7	353.6	1770.0	4745.3	4136.7	16.9	77.4	14.6
2009	9348.6	2201.9	4068.2	432.1	2300.9	5600.0	5849.6	18.6	79.6	16.2
2010	11170.0	2511.5	5090.6	559.6	2862.0	6659.6	7330.1	20.1	81.5	18.4

第二节　典型贫困地区的反贫困实践

本节将从案例研究的角度，对典型贫困地区农村反贫困实践进行分析。2017 年 9—12 月份，为进一步深入了解中国农村反贫困战略实施情况，本书作者在导师的带领下，去往部分国定贫困县进行实地调研，先后实地走访了贵州、云南、江西、湖南等地。在走访过程中，得到了当地政府相关部门的大力支持，收集到了一手的中国农村反贫困资料。本节将对特别典型地区的扶贫情况进行案例分析。

一、焦裕禄精神催化产业扶贫的兰考县农村反贫困实践

（一）兰考脱贫历程简要介绍

兰考地区坐落于豫东平原，北部与东部分别与黄河、山东接壤，它犹如一架桥梁，将鲁西南地区与豫东北紧紧相连在一起。兰考地区范围内分别有两条铁路与两条高速公路，前者指的是陇海铁路与郑徐高铁，后者指的是连霍和日南两条高速公路，不仅如此，境内还包括310、106、220三条国道。兰考共1116平方千米，人口总数为85万，管辖范围内包括13个乡镇，行政村总数达到450个。长期以来，兰考县受制于自然地理条件和整个区域发展环境制约，社会经济发展水平较低，始终难以摆脱欠发达的局面。兰考县在2002年被国家划入扶贫开发重点县的范围，九年之后又被划入大别山连片特困区重点县的范围，当2014年设立贫困人口档案时，兰考县共有115个贫困村，贫困人口达到77350人①。

众所周知，焦裕禄精神便发源于兰考，而且习近平总书记也曾在这里开展群众路线教育实践活动。兰考县为了实现“三年脱贫，七年小康”的反贫困目标，深入贯彻落实总书记的指示，继承和发扬焦裕禄精神，上下齐心，努力奋斗，埋头苦干，逐步推动扶贫攻坚工作的开展。2014年，兰考县共5063个农户摆脱贫困状态，共19360人实现脱贫；2015年脱贫户达到10843户，脱贫人口总数为37556人；2016年脱贫农户数量达到5310户，脱贫人数为12675人。全县贫困人口在2016年末只剩下7046人，其中包括583名二次返贫人和6463名未脱贫人。国务院扶贫开发领导小组对兰考县进行评估，河南省人民政府批准不再将兰考县划入贫困县范围。

（二）兰考县反贫困经验中的突出特色

在这场脱贫攻坚战中，兰考县政府坚持以总书记的新思想、新战略为指

---

① 以上数据根据兰考县扶贫办《兰考县基本情况》，2017年11月收集整理。

导，站在全局角度分析当地优势与劣势，全面研究解决贫困问题的措施和策略，妥善解决扶贫开发工作中遭遇的各种挫折，将各种资源、各种建设力量协调统一在一起，进而推动脱贫工作的顺利开展，带动当地经济发展。

1. 为产业发展提供良好的投资环境，精选恰当的主导产业

首先，兰考政府知道只有大力推动产业化发展才能真正实现脱贫目标，因此从发展主导产业上开始下功夫。兰考作为国家级扶贫开发重点县，再走传统的县域发展路子，实现跨越发展、弯道超车将会更加困难。经过研判，为不走错路、少走弯路，摒弃了盲目承接发达地区产业转移的思维定式，深入研究供给侧结构性改革，认真分析本地发展优势，因地制宜找准选好产业发展路径，同时以习近平总书记提出的“强县与富民相统一”的战略目标为指导，重点扶持食品加工、家居制造和新兴产业三大主导产业，充分发挥龙头企业的带头作用，建立起极具地方特色的产业体系。兰考设立了产业集聚区，目的是减少农村剩余劳动力，实现兰考县的强大，重点培养了两个产业集群，一是品牌家居产业，主要以恒大家居为龙头企业；二是食品加工产业，龙头企业为正大和禾丰。与此同时，兰考县也重视战略性新兴产业的发展，先是引进了格林美，而后不仅又引进了富士康、光大等企业，大大提高了兰考县的综合实力。乡镇地区依据“多乡连片一业”和“一乡一业”原则，建立起多个乡镇特色产业园区，为40岁至60岁的农村群体提供了大量的就业岗位。为了解决年龄在60岁以上群体以及留守妇女的就业问题，大力发展畜牧产业化，实现了规模养殖与饲草种植的统一。不仅如此，兰考县积极扶持群创产业的发展，培育了堌阳镇范场、南彰镇周庄、红庙镇青龙岗等一批示范村，启动了“巧媳妇”工程，有效解决了留守妇女的就业问题。目前，全县上下已经形成共识，通过构建较为完善的产业链体系，增强产业发展的区域竞争力，在增加税收的同时，逐步为不同年龄层次的群体提供就业岗位，带动更多贫困人口稳定脱贫致富。

2014年，全县只有16个村庄有集体收入，有集体收入的村庄在行政村总数中所占比例仅为3.6%。绝大部分村庄根本没有能力为农民提供服务，针对这种状况，兰考县一面提供扶持资金，一面增强村庄的“造血”能力。为了鼓励这些村庄的发展，兰考县从财政上给予大力支持，每个村庄每年获得扶贫专项资金至少为20万元，村党组织书记报酬“三年四连涨”，从每月500元提高到1500元，达到当年该县农民人均可支配收入的2倍。大力发展村级集体经济，出台 22 项扶持政策，实施光伏发电和廊道育林两个项目，给予每个贫困村最高 160 万元的扶持资金。坚持在村党组织领导下，组织发动群众参与，通过“党支部 + 合作社（公司）+ 农户”，大力发展种植养殖、民族乐器制造、乡村旅游等特色产业。现在，全县共 188 个村庄获得集体经济收入，还有一些村庄也开始发展。

在本书作者的实际调研过程中发现，兰考在贫困村的产业发展上效果非常明显，例如有的乡村充分利用当地的泡桐资源，发展家庭生产，带动开发传统乐器，尤其在古琴、古筝等产业上已经形成了完整的产业链，产品甚至出口到了日本等国际市场。另外，通过引进蘑菇养殖的龙头企业，通过土地转让、劳务输出、饲料出售等组合方式，拓展贫困农户的收入渠道，实现农户的稳定脱贫。

正是通过优化产业投资环境，引导区域的主导产业的发展，使得兰考的产业发展在贫困县的脱贫攻坚中形成了一道亮丽的风景。根据统计，兰考县的规模以上企业总数由 2000 年的 39 家，发展到 2015 年的 253 家，增长了 6.5 倍，其规模以上企业的产业产值业由 2000 年的 63856 万元，增长到 3871130 万元，增长了 60.7 倍（如图 6–2 所示）。

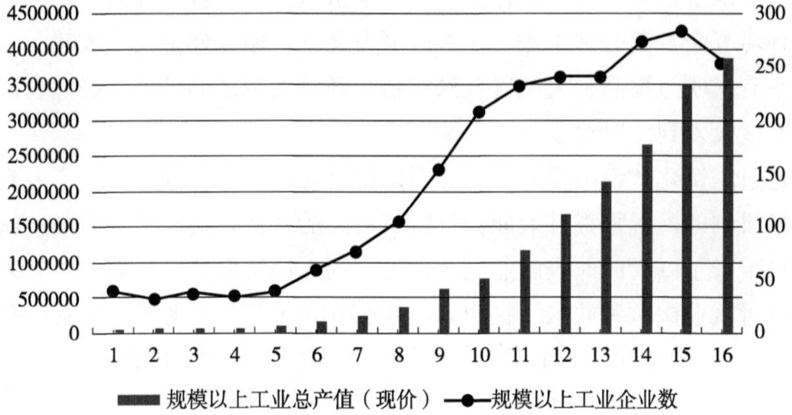

图 6–2　兰考县规模以上企业个数及工业增加值变化趋势图（2000—2015）

本图数据来源：根据国家统计局 2000—2015 年县域统计报告汇总整理而成。

2. 紧扣新型城镇化，将脱贫攻坚与推进县域新型城镇化建设有效结合

在区域脱贫攻坚的过程中，城镇化对于带动贫困人口脱贫增收具有重要

意义。但新型城镇化不单是人口集中问题，同时也是贫困地区不断更新基础设施以及提升公共服务质量的过程，从另一角度来看，它也是帮助人民群众树立信心的有效抓手。兰考县的新型城镇化的目的是城乡一体化，但一体化不等于一样化，为此该县以习近平总书记提出的“将城镇与乡村贯通起来”为指导，统筹规划，力争实现城乡共同发展，改变城乡旧面貌，凸显脱贫效果，在脱贫攻坚战中逐渐形成了新型城镇化发展思路，即确立了中心城区的核心地位，明确中心镇为重点扶持区域，发挥一般乡镇的支点作用。主城区仍然继续实施城市综合提升工程，重视基础设施建设，加大水、电、气、路等市政基础设施建设，医疗卫生、文化体育、娱乐休闲等功能日益完善，城市管理水平和市民素质不断提升，基本形成美丽、绿色，且适宜居住和商业发展的良好环境，与此同时，大量农村剩余劳动力被吸引到城市，他们一方面为城市建设做出贡献，一方面在城市拥有了稳定的生活，客观上促进了城镇化的发展。中心镇继续实施镇区综合提升改造工程，逐步开展“沿路跑”违章建筑整治，基本扭转了脏乱差的局面，大大提高了城镇承载能力，物流业、商贸业被赋予了生命力，表现出更快的发展速度。农村地区继续改善农民居住环境，开启了“清洁家园”专项行动，将行政村卫生保洁工作推向市场；重点围绕植树造林、农村经济、建设水利设施、打造廊道工程以及美化乡村环境五个方面开展工作。在多方努力之下，城乡环境大大改善，群众收入水平有了明显提高，人民群众深深感受到发展带来的好处，必然会以更积极的态度投入到发展建设中。

通过城镇化建设的投入，一方面使得农村贫困社区的各类生产要素得以在市场机制的配置下提升效能，获得了更高的经济效益；另一方面，城镇的发展也带来了巨大的非农就业机会，为贫困人口特别是中年农村留守人口提供了就近就业岗位和收入。在 2000 年到 2015 年间，兰考县的全县财政收入由 7900 万元增长到 127311 万元，增长了 16 倍，财政支出也由 14104 万元，增加到 438602 万元，增加了约 31 倍（如图 6-3 所示）。

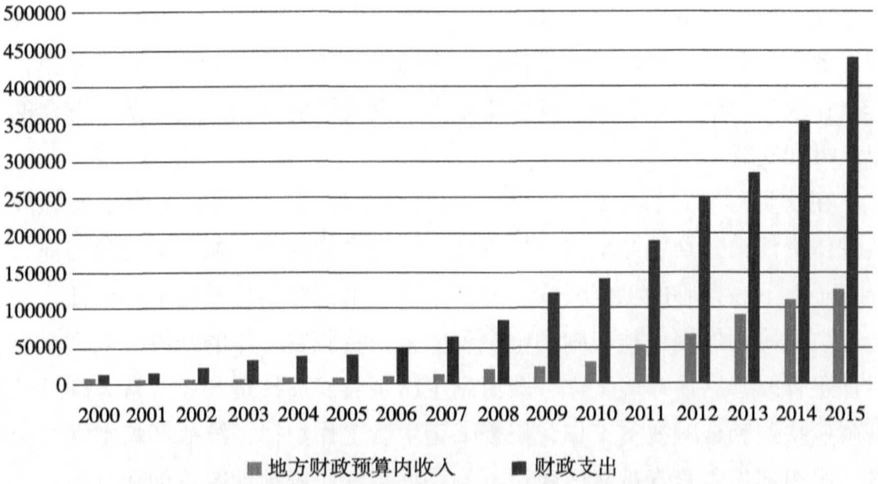

图 6-3　兰考县财政收入及财政支出增长趋势图（2000—2015）

本图表数据来源：根据国家统计局 2000—2015 年县域统计报告汇总整理而成。

3. 紧扣民生改善，通过不断提高群众满意度和幸福感

激化贫困农户的内生发展动力全面建成小康社会，在保持经济快速健康增长的同时，更重要的是认真落实以人民为中心的发展思想，在制定政策、执行政策时始终把“群众生活只能过得更好”作为一种底线思维。兰考县在这场扶贫攻坚战中，大力弘扬焦裕禄精神，从群众需求出发，针对群众普遍反映的问题，按照问题的紧迫性 一一排列起来，逐一解决与群众息息相关的问题。举例来说，为了解决群众出行难的问题，兰考县于 2015 年重点针对违法占地行为开展了整治行动，与此同时重视道路规划，安装路灯，加宽路肩，不仅为群众的出行提供了便利条件，也极大地控制了农村违建、违法占地现象。为了解决人民群众吃水难的问题，相关部门多次开展调研工作，并为此制定了有针对性的措施，通过改造全县水利工程，农业灌溉水源不足的问题得到解决，而且城市水源也得到有效补充，不仅如此，水利工程的改造升级完成，为人民群众发展水产养殖业提供了可能，开拓了新的致富途径。围绕群众热议的非法加油加气站背后隐藏的社会不公等问题，果断出手，用不足 1 个月的时间，拆除了全县违法加油站和加气站，提高了群众生活环境的安全性，打掉了非法利益的保护伞，群众拍手称快。围绕群众业余文化生活贫乏的问题，拆除了每个行政村村委会的围墙和大门，建设了 300—1000 平方米不等的文化活动广场，架起了广场灯，安上了大喇叭，同

步建设了超市、卫生室、水冲式厕所等配套设施。围绕群众反映的办事难问题，健全县乡村三级便民服务体系，提高了服务质量，提升了服务效率，让群众在家门口就可以办事，这些措施大大提高了群众满意度，获得群众的一致认可和支持。

在扶贫攻坚过程中，领导干部始终处于作战第一线，各级主要领导肩负主体责任，分管领导承担直接责任，实行主管领导主抓，常委参与抓，领导班子上下一条心的工作模式。通俗来讲，书记和县长承担主要责任，副书记起主要协调作用，挂职副书记全程监督扶贫脱贫工作的开展，人大常委会主任主管改善居住环境工作，政协副主席主管发展扶贫产业，常务副县长主管就业扶贫和金融扶贫工作，纪委书记主管工作纪律，统战部长主管社会扶贫，组织部长主管党员队伍建设，县委办主任积极推动改革创新，消除体制障碍，宣传部长主管精神文明建设，统一思想。全体领导班子分工明确，齐抓共管，共同建立起团结协作的脱贫攻坚工作格局。举例来说，兰考县从乡镇选拔了三百多名专门负责基层扶贫工作和党建工作的优秀干部，确立“一对一”帮扶模式，保证全部贫困村都有帮扶责任人，做到不脱贫不脱钩、不拔穷根不撤队伍。截至 2017 年年中，共评选表彰了 70 名“驻村扶贫工作标兵”，提拔重用了驻村干部或一线扶贫干部 124 人次。①

俗话说，救穷不救懒。穷固然可怕，但靠穷吃穷更可怕。有的群众“等靠要”思想严重，“靠着墙根晒太阳，等着别人送小康”；有的群众家里脏乱差，驻村工作队员帮助其打扫卫生，贫困群众却抱起膀子当观众。所以，兰考县在实行精准扶贫政策的同时，注重激发群众的参与热情，树立群众改变旧面貌的信心。为了改善弱势群体的生活面貌，兰考县启动了“春风行动”，极大地改善了弱势群体的居住环境、生活条件，帮助弱势群体树立起追求幸福生活的强大信念。为了改善贫困群体的生活环境，使贫困群众的个人卫生问题得到有效解决，全县制定了“五净一规范”的卫生标准，倡导人民群众形成健康的生活观念。焦裕禄书记曾说过：“啥是丢人？好吃懒做，贪图享受，才是真正的丢人。”为解决部分群众伸手等救济的思想，加大扶贫政策宣传力度，通过灵活多样的宣传形式向贫困群众宣传扶贫政策，改变贫困群众等、靠、要思想，使其形成自力更生的奋斗精神，转变“要

① 以上数据根据兰考县扶贫办《干字当头 + 精准发力深入践行总书记脱贫攻坚战略思想》，内部资料，2017 年 11 月收集整理。

我脱贫”观念为“我要脱贫”观念。比如：葡萄架乡赵垛楼村，利用“晚间会”，以村民小组为单位，宣讲扶贫政策，开展贫困户干劲评比，通过评比，大家看到了差距，增强了干劲。在脱贫攻坚中，不仅要为贫困群众送上温暖，更要帮助他们树立信心，增强他们的干劲，这才是最关键的内容。

正是由于组织制度的保证，在民生改善、政府领导带头示范的作用之下，满足了贫困农村社区和贫困人口的多样性、多层次的需求，使得贫困治理的重心下移，以贫困农村社区和贫困农户的真实致贫因素组合和资源禀赋为基础，形成了分类支持的政策体系，精准回应了差异化需求。同时，充分发挥了政治优势和制度优势，提升了反贫困战略实施的协同性和执行力，在政府、市场和贫困农户之间缜密布局，形成了各主体互相补位、有序参与的格局，尤其提升了贫困农户的参与感和满意度，极大激发了其内生动力，为最终实现反贫困的战略目标奠定了坚实的基础。

（三）兰考县反贫困的启示

经过不懈的努力，兰考于2017年3月实现了整县脱贫。由2014年至2017年的三年时间里，兰考累计7万余人脱贫，2014年共19360名贫困人口脱贫，2015年达到37556人，而到了2016年，脱贫农村人数达到12675人。[①] 兰考成功实现整县脱贫摘帽的经验表明，十八大以来形成的习近平扶贫开发战略思想具有很强的科学性和指导性，以习近平扶贫开发战略思想为指引，以精准扶贫精准脱贫为基本方略的国家减贫治理体系是非常有效的，这在兰考县得到了实践的证明和检验。

兰考成功实现整县脱贫，得益于科学的指导思想和顶层制度设计，得益于兰考因地制宜贯彻“精准扶贫精准脱贫”的基本方略，得益于兰考在思想体系、政策体系、方法体系、治理体系建设方面付出的不懈努力，得益于兰考人民的不懈努力和奋斗。

兰考县取得这样突出成绩的主要经验在于以下几个方面。其一，坚持习近平扶贫开发战略思想的指引，充分发挥我国现行的制度优势和智慧优势，进行顶层的制度的设计。兰考县委县政府高度重视理论学习，坚持原原本本学，认认真真学，力求全面深入地掌握习近平扶贫开发思想的源流脉络、逻

① 李培林．中国扶贫报告（2017）［M］．北京：中国社会文献出版社，2017：315.

辑与方法，强调坚持结合实际学，通过学习促进各项工作能力不断提升和优化。其二，坚持以脱贫攻坚统揽社会经济发展全局。为确保打赢脱贫攻坚战，在县域社会经济发展工作中，凸显脱贫攻坚的统揽地位，在规划体系，特别是产业规划、县域城镇化规划、县域社会经济发展规划等诸方面都有充分体现。同时，以打赢脱贫攻坚战为目标，深化各领域的配套改革，以四个全面的战略布局为脱贫攻坚保驾护航，深化各领域改革、如县与乡镇之间事权关系改革、督察体制改革等。其三，坚持“精准扶贫、精准脱贫”的基本方略。按照习近平扶贫开发思想的要求，结合县域脱贫攻坚实际，扎实推进“六个精准”“五个一批”，解决好“四个问题”，完成了扶贫开发的精细化、滴灌式管理。在产业选择、项目安排、政策扶持诸方面，依据贫困社区和贫困人口的需求，将外部的发展利好环境、政策支持与贫困农户的发展意愿更好衔接。其四，注重发挥好政治优势和制度优势。将脱贫攻坚作为中心工作，通过全面从严治党，践行党的群众路线，弘扬焦裕禄精神，教育干部、锻炼干部，将干部培养和选拔的“学校”和“考场”设定在脱贫攻坚的第一线。推进乡村基层治理体系建设，配套贫困村村级组织，提升村两委的战斗力。其五，在深入推进脱贫攻坚的过程中，着力破除各种体制机制障碍，扫除形式主义问题，以问题为导向，以体制机制改革为方法，提升整个县域贫困治理体系的治理能力。其六，注重创新发展，基于兰考发展内外部环境特点的整体研判，积极利用好各类政策支持，将良好的外部发展环境转换为实实在在的脱贫成效，提升内生动力。特别是立足农业现代化发展趋势和农村社会转型实际，创造性地将各种新技术、新理念、新思维、新业态应用到脱贫攻坚实践中，形成了新兴产业扶贫体系、新型金融扶贫体系、资本市场扶贫等创新经验，收到了良好效果。

兰考县脱贫摘帽的成功经验，不仅对于其他县市破解县域脱贫攻坚的难点问题提供了有价值的参考范本，更具有重大的理论贡献。基于兰考县脱贫摘帽的经验，能够发现中国减贫模式的强大效能与生命力。尤其在兰考县的农村反贫困实践中，坚决优化产业环境，着力补齐乡镇基础设施建设短板，发挥其更好连接城市与农村，促使乡镇发挥连接区域市场、全国市场，贯通城乡的作用。同时，激发贫困人口的内生动力，因地制宜发展相关产业，最终形成了完善的产业链条和产业集群，从而为该区域的农村贫困人口提供了稳定、持续的收入来源，也为其彻底摆脱贫困奠定了基础。

二、红色旅游产业带动下的井冈山农村反贫困实践

（一）井冈山脱贫历程简要介绍

井冈山行政区域总面积为1297.5平方千米，耕地面积与林地面积分别为15.26万亩与154.4万亩，它位于江西省西南部地区，确切来讲位于江西与湖南两省交界处的罗霄山脉。新中国成立之前，井冈山没有实行县级行政建制，直到1950年才设立了井冈山特别区，而后于1959年设立井冈山管理局。1981年，撤掉井冈山管理局，成立井冈山县，时隔三年，国务院批准后重新设立井冈山市。通过分析2016年的统计结果可知，井冈山市共设立乡镇场19个，街道办事处与企业集团各1个，该市下辖行政村106个，人口总数达到16.9万。

毛泽东、朱德等无产阶级革命家于1927年在这里创建了井冈山农村革命根据地，这是中国历史上第一个农村革命根据地，毛泽东同志提出了“农村包围城市”的革命道路。自此之后，井冈山成为新中国的奠基石，人们将其称之为“中国革命的摇篮”。十一届三中全会之后，井冈山人民利用当地革命资源，开发了多条红色旅游线路，由封闭式经济发展转为开放式发展，社会事业越来越繁荣，人民群众收入大大增加。经国务院批准，井冈山于1982年被划入首批国家级重点风景名胜区的行列；1991年，井冈山获得“中国旅游胜地四十佳之一”的称号，1998年又被评为“中国优秀旅游城市”。井冈山不仅是全国中小学爱国主义教育示范基地，还多次获得各种荣誉称号，其中包括“全国文明城市创建先进单位”“国家卫生城”“全国双拥模范城”，还包括“国家5A级风景旅游区”“全国园林绿化先进市”等。

习总书记曾经提出“井冈山要在脱贫攻坚当中起到示范与好头作用”。近年来，井冈山人民以“精准、可持续”为核心，狠抓落实，严格制定保障措施，建立扶贫长效工作机制，紧紧围绕“两不愁与三保障”工作目标，在开发红色资源的同时，注重环境保护，将扶贫攻坚工作置于首要地位。井冈山人民在井冈山精神的鼓舞下，多年来致力于精准脱贫工作，大大改变了当地城乡面貌，增加了农民收入，改善了农民生活质量，脱贫工作取得了显著成果。第一，贫困人口数量下降。2014年，全县贫困人口数量为16934人，贫困发生率为13.8%，脱贫攻坚之后的贫困人口下降至1417人，贫困发生

率控制在1.6%，比国家贫困县划定标准2%还要低。第二，贫困群众的经济收入大大提升。2013年，农民人均纯收入为5857元，贫困户人均收入为2600元，经过扶贫脱贫，农民人均纯收入提升至8577元，而贫困户人均纯收入也上升至4500元。包括贫困户在内的农民人均纯收入年均增长幅度连年超过10%。第三，贫困乡村改变了落后面貌。井冈山县累计得到扶贫资金7.47亿元，凡是农户数量达到25户的自然村全部修通了水泥路，村民吃上了自来水，而且全部行政村都成立了自己的文化室、卫生室以及党建活动室等，全部行政村的危房改造工程圆满完成，村民参加技能培训的机会不断增加。2015年，贫困村为36个，脱贫攻坚之后的贫困村数量下降到6个，退出率为83%。

根据国务院扶贫办《关于反馈江西省井冈山市退出专项评估情况意见的函》（国开办函〔2017〕13号）的评估结果，在井冈山市退出专项评估中，共入户调查2076户，其中2016年脱贫户1195户，2014—2015年脱贫户581户，抽选6个自然村普查300户（贫困户24户，脱贫户128户，非贫困户148户），发现错退10户28人，漏评1户3人。根据专项评估显示，井冈山市抽样错退率0.41%，抽样漏评率0.45%，抽样群众认可度99.08%，综合测算贫困发生率1.60%。①

（二）井冈山农村反贫困经验中的突出特色

自全面实施脱贫攻坚战略以来，井冈山市弘扬井冈山精神，奋发图强、艰苦创业，实现了国民经济健康、持续、快速发展，并在全国率先实现了脱贫“摘帽”，其反贫困经验突出表现在以下几个方面：

1. 坚决实施精准扶贫发展战略，瞄准扶贫对象，找准扶贫发力点

党的十九大报告明确提出要在2020年实现农村人口全部脱贫，消灭贫困县的目标，要做到“脱真贫、真脱贫”。“脱真贫”就是指精准扶贫的对象必须是真实的贫困人口，“真脱贫”就是指贫困人口真真实实地实现了脱贫，而不是搞“纸上扶贫”“报表式扶贫”和“口号式扶贫”。为此，井冈山在精准扶贫战略上扎扎实实地落实各项措施，坚持问题导向，根据农村人

① 李培林. 中国扶贫报告（2017）［M］. 北京：中国社会文献出版社，2017：315.

口的真实致贫原因，找准问题、聚焦问题，对准每个人，找准反贫困措施的发力点。

在确定扶贫对象时，井冈山摒弃了原先贫困识别过程中的“大概印象、笼统数据”，实施精准聚焦“对象是谁，贫困程度如何，数量多少，如何分布”，建立了确定扶贫对象的标准化工作流程，严格按照“一访”（即走访农户）、“二榜”（即在村和乡镇张榜集中公示）、“三会”（即分别召开村民代表大会、村两委会、乡镇场党政班子会）、“四议”（即通过村小组提议、村民评议、村两委审议、乡镇场党政班子决议）、“五核”（即通过村民小组核对、村两委审核、驻村工作组核实、乡仲裁组核查、乡镇场党政班子会初核）的程序进行对象识别。创新性地提出了红卡（特困户）、蓝卡（一般贫困户）、黄卡（2014 年实现脱贫的贫困户）建档立卡办法，聚焦“贫困面有多大、贫困人口有多少、致贫原因是什么、脱贫路子靠什么”等一系列问题。通过一系列的精准识别举措，井冈山做到了由“面上掌握”到“精准到人”，共识别出 14638 户贫困户，其中 1483 户属于红卡户，2218 户属于蓝卡户，而黄卡户数量为 937 户。[①]

了解贫困户准确信息之后，根据实际情况制定了灵活的脱贫政策，要充分发挥贫困群众自身优势以及当地资源的作用，大力推行产业扶贫模式、保障扶贫模式和安居扶贫模式，使项目资金精准发放到贫困群众，把“血液”输到“静脉”，有效激活贫困群众的自我“造血”功能。第一，对“有能力”的“扶起来”。有工作能力的贫困人口，为他们提供更多的就业机会；对那些有创业需求的贫困人口来说，为其提供技术、资金支持，提高贫困人口创业成功率，保障贫困户收入稳定。第二，“扶不起来”的要“带起来”。贫困群众的劳动技能水平较低，普遍缺乏自我发展能力，因此政府要引导这部分贫困群体利用产业扶贫资金入股的形式获得收入，同时支持致富能人、农业生产合作社以及农产品加工企业加快发展，并带领当地贫困人口共同分享经济成果。第三，对“带不了”的“保起来”。对于不具备劳动能力的贫困群体来说，井冈山政府一方面贯彻实施国家普惠性社会保障政策，另一方面根据自身财政状况，为其提供额外的保障政策，并相仿设法增加这部分贫困群体的收入。第四，对“住不了”的“建起来”。颁布实施差异化奖补措

① 李培林 . 中国扶贫开发报告 2017［M］. 北京：社会科学文献出版社，2017：280-282.

施，加大危房改造力度。将危房改造与建设美丽乡村、农村清洁工程以及镇村联动点建设结合在一起，使每一个贫困户不再居住在土坯房环境中[①]。

2. 优化产业发展环境，坚持产业发展思路，确保贫困农户收入的可持续增长

2010年到2016年7年时间内，全市累计完成固定资产投资340.97亿元，是1978年到2009年32年总投资额136.28亿元的2.5倍[②]。通过大规模投资建设，城乡面貌发生了根本性变化，旧时的落后小山村重新焕发青春，一举转变为新兴旅游城市（如图6–4所示）。

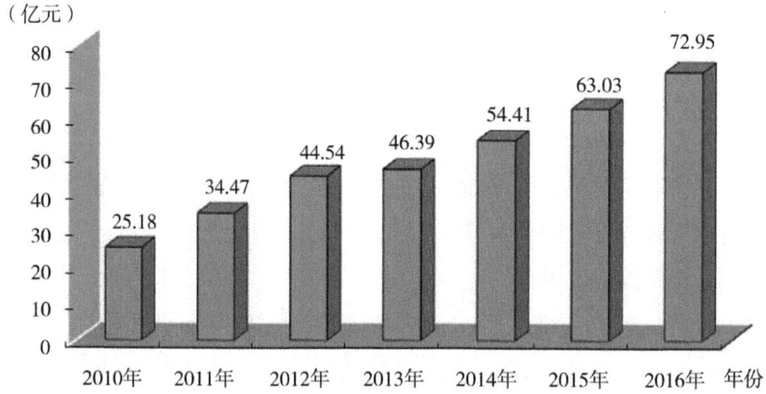

图6–4　2010—2016年井冈山固定资产投资发展形势图

优化产业投资环境，将资源转变为资产，将资金转变为股金，将农民转变为股东，走新型产业发展模式。井冈山根据自身特色资源，精准选择合适的产业，并启动了"231"富民工程（茶园、毛竹林、果园分别为20万亩、30万亩和10万亩），并开始实行"四个一"产业扶贫模式。其中在2016年共投入产业扶贫资金6626万元，发展茶果产业面积达28.3万亩，覆盖贫困户2320户，户均增收1500元。实现每个乡镇有一个一定规模的产业示范基地、每个村有一个产业合作社、每户贫困户有一个增收项目。例如在大陇镇流转土地1080亩发展黄桃产业，曾经的撂荒地正变成"生金产银"的聚宝盆。

由于各个贫困户的致贫因素不同，因此，在实践运行中，根据不同的资源禀赋情况，分别采取股份制、联营式、托管式等合作模式，通过吸纳

① 国家统计局住户调查办公室.2017中国农村贫困监测报告[M].中国统计出版社，2017：274.

② 根据历年井冈山市政府网站，井冈山市经济和社会发展统计公报汇总整理。

贫困户或以资金，或以土地，或以劳动力入股等形式参与产业发展，固化贫困户与企业、基地、合作社的利益联结，将资源转变为资产，将资产转变为股金，将农民转变为股东。举例来说，拿山乡成立了农业草莓基地，并实行“公司 + 贫困户 + 合作社”的经营管理模式，为贫困户提供多位一体的服务，贫困户可以通过土地租金获得收入，还可以参与劳动获得劳动收入，还可以参加公司分红。从当前来看，全县仅增加的产业扶贫合作社便达到 209 个，将贫困户全部纳入合作社。合作社成立了惠农宝产业投资公司，红卡贫困户将财政划拨的 1 万元扶贫资金以入股的形式投资给公司，公司将资金转移至当地村镇银行，最低获得 15% 的股金收益，仅此一项每户红卡户的收入增加 1500 元。同时，还成立了产业扶贫担保贷款风险补偿基金，这笔基金为 630.9 万元，使贫困户消除了产业发展失败的担忧。

通过推进“旅游 +”，激发井冈山特有的旅游资源优势，树立先进的开发理念，打造井冈山旅游精品，深入挖掘当地红色资源，同时与农家乐、农业观光结合起来，不断推出个性化、差异化旅游产品，打造“大井风旅游圈”，将原来的“山上游”转变为“山上山下一体游”，实现“常客来了就留”，变“农旅融合潜力”为“农业产业发展实力”，为贫困群众开启了旅游脱贫的绿色新通道。通过旅游资源的有效整合，将井冈山的旅游收入由 2010 年的 33.24 亿元，增长到 2016 年 121.05 亿元，七年时间增长近 4 倍（如图 6-5 所示）。

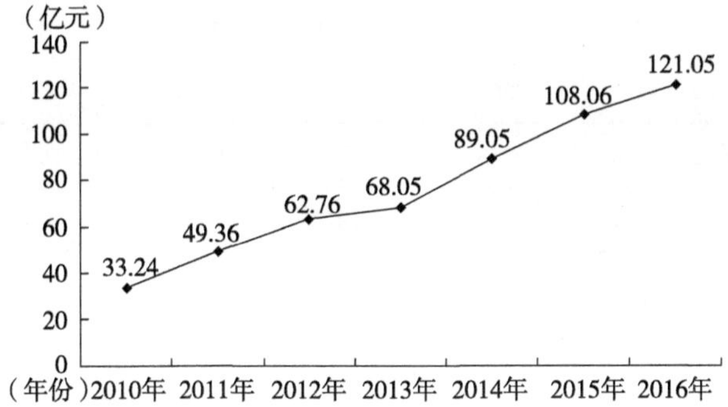

图 6-5　2010—2016 年井冈山旅游收入增长趋势图

注：根据井冈山市政府网站《井冈山市 2016 年经济和社会发展统计公报》汇总整理.

在扶贫攻坚的大战略背景下，井冈山的总体经济收入水平保持了较快增长，经核算，2016年全市实现生产总值（GDP）628832万元，可比增长9.8%，增幅在吉安市排位第一。分产业看：第一产业增加值51852万元，可比增长4.7%；第二、第三产业增加值分别为197935万元和379045万元，第二、第三产业增加值百分比增长分别为6.5%和12.3%。分结构看，第一产业增加值占生产总值比重为8.25%；第二产业增加值比重为31.48%；第三产业增加值比重为60.27%。三次产业结构由2010年的11.18：39.9：48.92调整到2016年的8.24：31.48：60.28。人均生产总值达到37209元，增长8.4%。

表6-7　井冈山在各致贫因素下的人均收入增长成效分布表

序号	主要致贫原因	2014年		2015年		2016年	
		人数（人）	人均纯收入（元）	人数（人）	人均纯收入（元）	人数（人）	人均纯收入（元）
1	交通条件落后	23	2918.3	8	4263.25	7	4523.86
2	缺技术	875	2436.8	365	3996.15	58	6768.19
3	缺劳动能力	1186	2282.41	637	5460.85	157	6122.01
4	缺土地	26	1842.15	18	1998.89	0	—
5	缺资金	378	2535.71	144	4162.48	20	6902.20
6	因病	7632	2419.39	4361	4533.9	875	5970.21
7	因残	1887	2295.25	1157	4886.23	327	7010.52
8	因学	378	2357.39	230	4856.9	15	8001.59
9	因灾	119	2358.67	56	5014.1	13	6781.37
10	自身动力不足	210	2855.48	97	4522.13	22	4196.06
合计		12714		7073		1494	

注：本表数据根据全国扶贫开发信息系统江西业务管理子系统整理得出，内容转引自：李培林.中国扶贫开发报告2017［M］.社会科学文献出版社，2017：281.

2016年全年实现财政总收入7.39亿元，比上年同比增长4.8%。全年公共预算收入完成5.04亿元，同比下降9.9%，其中税收收入4.05亿元，同比增长1.3%，占一般财政收入的比重为80.36%，比2015年增长8.98个百分点（详见图6-6）。

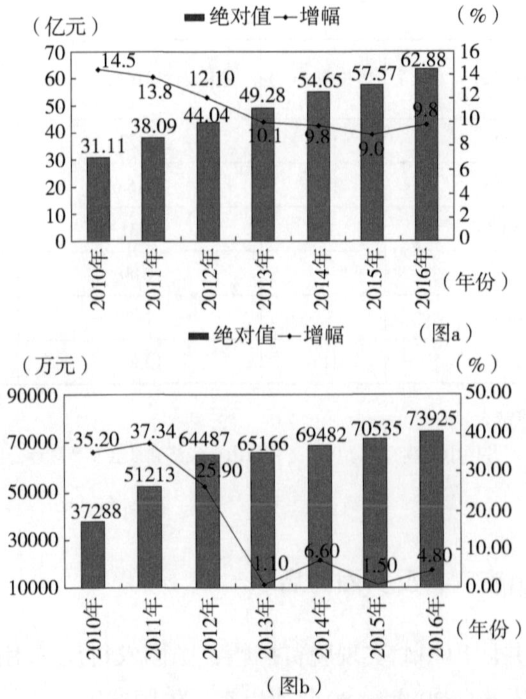

图 6-6　2010—2016 年井冈山市 GDP（图 a）及财政收入（图 b）增长趋势图

在民生环境改造和农民收入方面，在 2016 年完成改房 1.68 万平方米，改栏 6530 平方米，新建排水沟 7.99 千米，改路 12.47 千米，改水 585 户，改厕 575 户，流转土地 1000 余亩，农村宽带网络覆盖率达 97%；农村行政村通水泥路率达 100%；全年农村居民人均可支配收入 8577 元，比 2015 年增长 11.6%。居民家庭食品消费支出在家庭消费总支出中所占比例（农村居民家庭恩格尔系数）为 39.68%。农村居民家庭基尼系数为 0.34，收入比较平均。但是，井冈山的农村居民收入与全国农民的年均收入差距仍较大，因此仍存在较大的提升空间。如表格 6-8 所示。

表 6-8　井冈山农村居民收入与全国农村居民收入增长情况对比表格

年份	井冈山农村居民收入（元）	增长率（%）	全国农村居民收入（元）	井冈山农民收入 / 全国农民收入占比（%）
2008	4131	13	4760.6	86.8%
2009	4391.35	6.3	5153.2	85.2%
2010	4692	6.9	5919	79.3%

续表

年份	井冈山农村居民收入（元）	增长率（%）	全国农村居民收入（元）	井冈山农民收入 / 全国农民收入占比（%）
2011	5400	15.1	6977	77.4%
2012	6162.53	14.1	7916.6	77.8%
2013	6650.7	7.9	9431	70.5%
2014*	–	–	10488	–
2015	7876.72	13.06	11422	69.0%
2016	8577	11.6	12363	69.4%

注：1.*2014 年数据缺失。

2. 以上数据根据井冈山市政府网站历年《井冈山市经济和社会发展统计公报》及国家统计局历年贫困检测报告汇总整理。

（三）井冈山市农村反贫困的启示

随着兰考、井冈山相继实现脱贫摘帽，中国农村反贫困的历史翻开了崭新的一页，这意味着自 20 世纪 80 年代以来，中国贫困县总量第一次实现了净减少。站在全面建成小康社会的决胜期，进而建成社会主义现代化强国的历史性时间节点上，无疑坚定了全国人民在中国共产党带领下摆脱贫困、全面建成小康社会，进而建成社会主义现代化强国、实现中华民族伟大复兴的信心。

三、新时代精准扶贫思想指引下的千年古寨巨变——十八洞村反贫困实践

（一）十八洞村脱贫历程简要介绍

十八洞村位于湘西土家族苗族自治州花垣县排碧乡（现双龙镇）西南部，是一个纯苗族村，也是典型的贫困村。它坐落于云贵高原的莲台山山脉南坡的一个台地上，全村由飞虫、飞虫小寨、梨子、竹子 4 个自然寨和 6 个村民小组组成，225 户 939 人，紧邻吉茶高速、209 和 319 国道，距县城 34 公里、州府 38 公里、矮寨大桥 8 公里、高速公路出口 5 公里，交通区位优势较为明显。全村面积为 14162 亩，其中耕地面积和林地面积分别为 817 亩和 11093 亩。村庄内有能容纳几万人的大溶洞，洞内有 18 叉溶洞，洞洞相

连，传说古夜郎国战败后藏于此洞得以生还并繁衍生息，故名夜郎十八洞。竹子村和飞虫村于 2005 年合并，更名为十八洞村，之所以将村名定为洞名，主要原因是推动乡村旅游产业的发展。

十八洞村海拔 700 米，冬季较长，夏季时间很短，属于高山熔岩地区，有着独一无二的自然景观。这里的景点很多，包括乌龙一线天、擎天柱、莲台山林场，还有十八溶洞群、黄马岩、背儿山等，其中最为知名的是十八溶洞群，洞内景观美轮美奂，古藤老树，高山峡谷，生态环境良好，享有“云雾中的苗寨”的美称。此外，该村属于纯苗族聚居村，由于很长一段时期以来，村内公路没修通，村民的民居风格、生活习俗受外界影响较少，这里保存着苗族很多原生态文化，民族文化活动多样，如“赶秋节”“过苗年”等。春节期间有抢狮、接龙、打苗鼓等传统习俗，赶秋节有舞龙、八人秋、椎牛、唱苗歌、苗族绝技等活动。苗绣、蜡染、花带、古花蚕丝织布、腊肉、酸鱼、酸肉、野菜、苞谷烧等也各有特色。

十八洞村因习总书记的调研而远近闻名。习近平总书记曾经于 2013 年到十八洞村苗寨参加调研活动，并对该村提出了十六字扶贫方针，并提出十八洞村要探索科学合理的精准扶贫模式，并强调“不能搞特殊化，但不能没有变化”。作为“精准扶贫”的首提地和全国新一轮“精准扶贫”工作的“摇篮”，两年多来，十八洞村发生了巨大的变化，也探索出了一些“可复制、可推广”的精准扶贫经验。全村人均耕地在 2008 年只有 0.83 亩，人均纯收入只相当于全国平均水平的 18.75%，人均纯收入为 1668 元，40 岁以上的光棍 38 人，精准识别出贫困户 136 户和 542 人；2014 年全村人均纯收入达到 2518 元，增长 912 元，比上年增长 54.67%；截止至 2015 年，全村人均纯收入达到 3580 元，增长 1062 元，比上年增 42.17%，脱贫 61 户 269 人。剩下的 71 户、273 人在 2016 年全部实现脱贫。此外，十八洞村还在基础设施、产业发展、村民素质和组织建设等方面发生了显著的变化。目前，该村已成为知名的乡村旅游目的地，平均日接待游客量达 2000 余人。

（二）十八洞村反贫困经验中的突出特色

1. 产业扶贫，重在“造血”

产业扶贫是扶贫工作的核心和关键。十八洞村以习近平总书记指示为指导，明确了新的发展思路，具体来讲，重点发展乡村游、苗绣、养殖、种植、劳务五大产业，这为十八洞村贫困群众提供了一条脱贫致富的好途径。十八洞村利用独特的景观特色以及传统民居特色，再加上总书记走访调研对社会的影响，大力开发红色旅游资源，打造红色教育基地。从当前来看，村里成立了农家乐共8家，截止到2014年，累积接待游客数量超过40万。十八洞村于2016年引入资金，重点打造旅游景区，努力在三年时间内创建完成国家4A景区，并集中力量建设5A级景区。大力发展特色种植业。成立了十八洞村苗汉子果业有限责任公司，建立了精品猕猴桃基地，当该项目见到收益后，人均年收入增加至少5000元，村集体收入至少增加100万元。全村全部农户家家种植冬桃、黄桃，同时还养殖鱼类，利用网络平台，将桃树采摘权转让给游客，游客每年需要以每棵树418元的标准支付采摘费用，到目前为止，已经有四千多棵桃树的采摘权销售给游客，获得170多万收入，收入大大增加。巩固特色养殖、发展苗绣加工和劳务经济。以股份合作模式在全村发展黄牛、山羊、肉猪，采取大户带散户的形式，大力发展家庭牧场，全村饲养各种牲畜880多头（只）。将村中妇女集中起来成立了苗绣合作社，并与专业贸易公司建立了合作关系，留守妇女实现了在家创收。不仅如此，要为村民提供更多技能培训机会，还要为剩余劳动力提供就业机会，当地不仅成立了苗绣专业合作社，而且还成立了黑毛猪养殖专业合作社、猕猴桃专业合作社，确保资金流向贫困人口，“抱团脱贫”工作取得了显著成效。

在引领扶贫产业发展方面，十八洞村将“异地产业化、适度多元化和市场化”有机结合起来，为贫困村产业发展提供了一种借鉴。首先，面对土地等资源约束，十八洞村提出了“跳出十八洞发展十八洞”的理念，借鉴“飞地产业”模式，在土地资源相对丰裕、区位条件较好的道二乡流转1000亩土地，发展高品质猕猴桃产业；其次，通过适度多元化战略，将“短平快”产业和“长期产业”有机结合起来，提出“五条腿走路”方案，即同时猕猴桃种植、黄牛养殖、乡村旅游、劳务经济和苗绣等，既保障眼前受益，又着眼长远发展；最后，在扶贫产业发展上，始终坚持市场化导向，提出“五跟”发展思路，通过整合资源，引进有较强实力的市场主体，如苗汉子专业合作社、德农牧业等，实现扶贫产业的有序发展。

2. 扶贫与扶智相结合，改善扶贫和发展的软环境

十八洞村在落实各级各部门的扶贫政策过程中，还十分注重各项政策的统筹实施，既注重基础设施等硬件环境的建设，更重视农户、贫困户的“精气神”的改造，即通过“扶志”和“扶智”来改变扶贫和发展的软环境。“扶志”方面，十八洞村通过开座谈会、搞集体活动、树道德模范、开展村民评议等多管齐下的方式，改变贫困户“等靠要”思想，增强勤劳致富的信心，形成全村的凝聚力，极大地提振了全村村民的“精气神”，营造了良好的精准扶贫软环境。“扶智”方面，十八洞村通过开展烹饪、苗绣、养殖技术、种植技术等一系列实用技术培训，让村民人人都有“一技之长”，同时，带领村民外出学习，开阔视野、培育市场意识等，增强村民自主发展的适应能力等。硬件和软件环境改造双管齐下为巩固精准扶贫成果，实现村域经济的可持续发展提供了良好的支撑。

十八洞村作为习总书记重点考察的贫困村和“精准扶贫”概念的首倡地，在扶贫政策的贯彻实施和探索创新方面具有典型性。目前，已成为“精准扶贫”的红色样本吸引着全国各地的扶贫工作者和游客，随着乡村旅游的发展，昔日宁静的山村变得异常热闹，村容村貌也有了可喜的变化。

（三）十八洞村反贫困的启示

2015 年，十八洞村共上报 52 户 223 人脱贫。本书通过对这 52 个贫困农户的收入结构进行了分析，这 52 户 223 人在 2015 年共实现各类收入 2371603 元，人均收入 10635 元，与 2013 年相对比，在两年的时间内实现了 6.79 倍的收入增长。户人平收入最低为 4574 元，最高为 20912 元，且贫困人口已经满足了基本生活需求，温饱问题得到解决，学生有机会接受义务教育，家庭基本医疗需求得到保障，贫困群体的住房条件得到明显改善，实现了学生全部入学，农村人口全部参与新型农村合作医疗保障体系，农户住房 100% 符合相关标准。他们主要收入来源为：一是工资性收入，52 户贫困户一年的工资性收入 1941500 元，占比 81.87%；二是生产经营性收入 20 户 129600 元，占比 5.46%；三是帮扶金发放 52 户 112000 元，占比 4.72%；四是住院合作医疗补偿及残疾人护理补贴 23 户 74382 元，占比 3.14%；五是生态补偿 46 户 32246 元，占比 1.36%；六是低保和民政救助 27 户 30510 元，占比 1.29%；七是各类转移性补贴 48 户 28865 元，占比 1.22%；八是养老金发放 19 户 22500 元，占比 0.95%。

该村作为湘西山区的一个典型的贫困村，其农村贫困人口的收入如何能够在短短的时间内就实现了 6.79 倍的增长？

十八洞取得目前成绩，分析其中的原因，其有偶然性的因素，但同时也有必然性的因素。其偶然性的因素主要是因为总书记的造访。十八洞村是一个典型的少数民族聚居的村寨，在花垣全县的县域内，十八洞村并非具有更加独特的资源。但是由于总书记的造访，使得十八洞村成了明星村，正是这种光环效应，迅速得到当地政府的关注，并投入了巨资进行改造，派遣了强有力的扶贫工作队，在大量资源的倾斜扶助下，“十八洞村”成了全国的一张著名名片，由此吸引了外地的投资，也成了乡村旅游的著名品牌。

同时，十八洞村的发展，也是一个必然的结果，其主要表现为：第一，十八洞村的发展是在全国上下共同实施脱贫攻坚这一战略下大背景之下进行的；第二,十八洞村本身是具有自身的巨大发展潜力的，其中的典型苗寨文化（包括村居文化等）、秀美的自然风光、独特的旅游资源（溶洞）、质朴的民风等都可以进行进行整理开发，具有可以建立持续经营的能力；第三，各级政府和工作队的努力工作使得十八洞村在短期内形成了产业发展雏形，其中，以隆秀林为代表的工作队，完全保留了十八洞村的原始风貌，也保留了其作为典型的苗族村寨特点，为十八洞村的乡村旅游奠定了良好的基础，另外，基础道路建设、乡村网络建设等为十八洞对外的资源对接提供了无限可能，而“苗汉子”猕猴桃种植基地、溶洞开发等也为未来的持续产业发展奠定了基础。

但是，十八洞村的发展也面临着一些挑战，具体表现为：第一，产业的发展面临较高层次经营人才缺乏的困局，在经营管理和产业规划上，目前主要是以工作队帮扶为主，而本地人员的经营管理能力受限，缺乏具有较为开放的视野、规范管理能力的团队；第二，在产业发展机制设计上，缺乏长远的规划，当前主要以实现短期脱贫目标为主，在产业设计机制上，缺乏长期的权、责、利的合理分配，产业运营上缺乏规范性，其长期发展性存疑；第三，在乡村管理发展上，可能会造成一些新的矛盾，例如：大量的外来旅游人口给当地的文化造成的冲击、由于帮扶受惠政策的不同给当地村民造成新的不平等矛盾等等。

总体来说，十八洞村的脱贫攻坚模式是成功的，在各级政府的努力之下，十八洞村现有村民可以实现当前的阶段性目标，也启动了产业发展的长期持续性经营尝试，这都是十八洞村所取得的光辉业绩。但是为保证脱贫攻坚成效，形成稳定、持续的长远发展，笔者建议：第一，坚持产业发展思路。由于十八洞村自身的耕地太少，单纯依靠传统的农业，不能实现稳定脱贫，由此，必须结合十八洞自身的资源禀赋，有序开展乡村旅游、溶洞开发和特色种植、养殖业，通过扶持一批重点企业和重点户进行产业培植。第二，必须重视外部优质资源的引入，包括人才的引进，对本地的产业资源进行有效整合，同时也要兼顾本地村民的长期利益所得，形成可持续、稳定的收入，并且要加强本地人才的培养，逐步实现本地化的产业升级、智力升级。第三，重视乡村文化建设，提升乡村管理能力，包括及时化解由于各项优惠政策的不均衡而造成的不同个体农户之间的矛盾，也要重视传统的生活方式和现代的生活方式之间的矛盾化解。

虽然在扶贫政策实施及其减贫成效方面有较好的表现，也探索了一些可复制、可推广的经验，但为了更好地发挥扶贫政策的减贫成效，十八洞村仍可从以下方面进行优化和提升：

（1）加大微观层面面向“人”的干预力度。人是贫困最根本的载体，也是减贫脱贫最核心的主体。对“人”的生计资本、可行能力进行干预，投入大、周期长、见效慢，因而往往易于在扶贫实践中被“忽视”或重视不够，但实质上贫困山村的可持续脱贫关键在于提升“人”的生计资本和可行能力，这就要求扶贫工作者要着眼长远，加大对“人”的扶贫干预力度。

（2）要进一步创新“业”的扶贫方式，提升村域产业的竞争力、可持续性和包容性。目前，十八洞村除了乡村旅游较为火爆，形成了较大的带动效应外，其他产业的竞争力还很弱，脱贫带动效应有限。而乡村旅游火爆有其特殊的“政治背景”和阶段性，其可持续性令人质疑。因而，十八洞村一方面要加快开发其核心景点——十八洞，提升景点品质和吸引力，为乡村旅游可持续发展夯实基础，另一方面，猕猴桃种植、黄牛养殖、苗绣加工等产业也要创新发展模式，形成特色，树立品牌。同时，要以多样化、低门槛的方式让贫困农户参与产业的发展。

（3）更好地发挥面向“人”“业”“地”扶贫政策的协同效应，提升减贫与发展效率。十八洞村的地理资本得到了很大的提升，这为该村的减贫与发展提供了很好的宏观环境，因而，该村“人”和“业”的发展要充分利用这一宏观环境，抓住这一发展机遇期，通过“引进来”“走出去”的方式，将“人”“业”的发展与外部进行有效对接，融入区域性产业和经济循环中，真正跳出“贫困陷阱”。

第三节　贫困发生率与扶贫资金投向主成分回归分析

一、主成分回归相关概念介绍

由于我国农村的反贫困是以政府为主导的，政府的扶贫资金主要用于贫困地区的公共服务设施建设和产业发展，包括投向种植业、林业、养殖业等产业的发展，也包括农田水利、道路等建设领域。根据统计，自 2002 年至 2010 年的 9 年时间里，592 个国家级重点县的扶贫资金累计达 2979.4 亿元，同时，贫困县的贫困发生率也由 2002 年的 24.3% 降低到 8.3%，为研究扶贫资金的利用效率，本节将通过分析扶贫资金投向与贫困发生率的主因素影响，对扶贫资金对各个领域的投向进行绩效分析。

回归分析（regression analysis）作为研究一个变量（通常称为因变量）与另一个或多个变量（通常称为自变量）相互影响关系的一种定量分析方法，得到了广泛的范围。在回归分析的过程中，可以根据自变量数量的不同，可以将其划分为一元回归分析和多元回归分析，或者根据因变量数量，可以将其划分为简单回归分析与多重回归分析两种，而依据两种变量之间的关系，可以将其划分为线性回归分析和非线性回归分析。

主成分分析法（PCA）还可以被称之为主轴分析法和主分量分析法，这是一种将多个指标为转化为综合指标的分析方法。主成分分析法的应用范围可以包括图像处理、模式识别、故障诊断以及综合评价等领域，主要利用同一组别的变量线性组合对变量方差以及协方差结构做出解释，从而实现压缩数据以及解释数据的目标。在主成分分析法中，通过加工处理原始数据的途径，将会使问题的难度大大降低，不仅如此，数据信息的信噪比也随之得到提升。从主成分分析法的本质来看，它是一种线性映射法，对度量指标来说，不仅要真实、客观，而且要体现不同个体之间的差别，当同一指标对不同个体取值都大致相当时，该指标难以满足区分个体的需要。从这一角度来分析，处于不同个体之间的各项指标之间的变异越是明显，越是能够满足个体区分需要。

主成分分析是一种统计分析手段，数据分析并不是真正的目的，因此当分析大型项目时经常采用这一分析方法，除此之外，这种方法还可以用于判别分析、聚类分析等。当多重回归中的自变量之间的高度存在相关性时，部分回归参数的预测值缺乏稳定性，甚至可能出现完全不符合常理、很难做出解释的情况。面对这一状况，可以利用主成分分析发对其中的主成分进行分析，存在显著相关性的变量经综合后会出现于相同主成分中，各个主成分之间具有独立性，因此只要主成分多保留一些，就不会出现过多损失原变量信息的情况。如此一来，如果多重回归中的自变量为主成分时，共线性的情况就不会出现。尽管部分主成分回归与原变量回归之间并不存在完全相等的关系，可是却能免于虚假信息的影响，使分析结果更加合理。

二、主成分回归模型的相关定义

设有 p 个观测变量 $x_1, x_{2,} \ldots, x_p$ 等，考虑有如下多元回归模型：

$$\mathrm{Y} = \beta_1 x_1 + \beta_2 x_2 + \ldots + \beta_p x_p + \varepsilon \tag{1}$$

并且 $\mathrm{E}(\varepsilon) = 0, \mathrm{var}(\varepsilon) = \sigma^2, \mathrm{Cov}(\varepsilon_i, \varepsilon_j) = 0, (i \neq j)$

在估计上面的回归系数时有多种方法，如最小二乘法、极大似然法等，其中最常见是最小二乘法，并且理论已经证明了如果上述模型（1）满足高斯马尔科夫条件是，上述的系数估计是一致方差最小无偏估计。

当样本量过小时会出现维度的个数大于样本量的情况，通常称为高维。此时就不适合用一般的回归分析了，处理这种问题时，需要考虑对原先的指标进行合并即所谓的降维，主成分是一种很好的降维方法。具体降维方法如下：

如果 $F_1 = a_{11}x_1 + a_{12}x_2 + \ldots + a_{1p}x_p$， $a_{11}^2 + a_{12}^2 + \ldots + a_{1p}^2 = 1$，同时能够让 Var（$F_1$）最大，那么 F_1 即为第一主成分；

如果 $F_2 = a_{21}x_1 + a_{22}x_2 + \ldots + a_{2p}x_p$， $a_{21}^2 + a_{22}^2 + \ldots + a_{2p}^2 = 1$，同时能够让 Var（$F_2$）最大，那么 F_2 即为第二主成分；与之类似，能够推到出第三、四……主成分，最多能够有 m 个主成分。

与之大体类似，能够推到出第三、四、五……主成分，至多有 m 个主成分。

利用主成分分析得到 m $(m \leqslant p)$ 个主成，分别记为 F_1、F_2、……F_m，之后利用主成分分析的性质即 m 个主成分之间是彼此不相关的，且 $\mathrm{Var}(F_i)=\lambda_i$ 为第 i 大的特征值。此时可以将 m 个主成分的得分的结果作为新的观测值与因变量建立主成分回归模型如下：

$$Y_i = a_1F_1 + a_2F_2 + \ldots + a_pF_m + \varepsilon \tag{2}$$

其中 F_i 代表第 i 个主成分得分，这样做使得变量的维度从 n 维降到了 p 维 $(m \leqslant p)$，不仅简化了回归模型的结构，同时也消除了变量间的相关性所带来的影响。

三、数据来源

本研究所采用的所有数据均来源于国家统计局农村社会经济调查司编写的《中国农村贫困检测报告》（2001—2011 年历年），选取的是全国 592 个国定贫困县每年的扶贫资金投入和贫困发生率的统计数据。数据的时间跨度为 9 年（2002—2010 年），扶贫资金的投向共有 15 项指标，如表 6-9 所示。

表 6–9　国定贫困县扶贫资金投向及贫困发生率表

单位：亿元

年份	总额	种植业	林业	养殖业	农产品加工	其他行业生产	基本农田建设	人畜饮水工程	道路修建及改扩建	电力设施	电视接收设施	学校及设备	卫生室及设施	技术培训及技术推广	资助儿童入学 / 扫盲	其他（含发放低保资金等）	贫困发生率（%）
2002	250	25.2	27	22.9	15.6	22	15.3	12.2	49.5	14.5	1.6	6.3	3.5	2	1.8	30.8	24.3
2003	277	22.2	37.4	24.7	17.3	22.3	16.8	12.1	36.1	37	1.7	5.6	3.7	2.1	2	35.8	23.7
2004	291	26.2	45.9	25.5	15.3	19	16.8	11.1	34.6	26.9	1.4	5.6	3.9	2.7	2.3	53.5	21.0
2005	263	23.6	46.2	23.2	10.2	21.8	15.5	10.2	35.2	16.6	1.1	6.4	2.9	3.5	2.4	44.7	18.0
2006	281	31.5	48.1	27	13	16.5	14.5	11.2	38.6	12.1	0.9	3.9	3.1	4.2	2.5	53.6	15.4
2007	314	39.4	53.6	31.5	11	18.7	13.9	13.7	47.6	10.1	1	3.6	2.9	4	2.9	60.1	13.0
2008	365	48.8	55.7	40.5	17.1	16	16	15.3	62.6	9.7	0.9	5.6	3.4	4.5	2.3	66.5	11.9
2009	454	68.9	69.9	52.4	19.7	17.3	21.4	21.2	67.8	7.5	1.8	7.3	4.4	5.2	3.5	85.5	10.7
2010	485	75.1	59	51.8	17.7	24.5	21.1	21.9	63.9	13	1.9	12.1	4	5.6	10	104	8.3

注：本表数据根据国家统计局 2010 年（第 164 页）及 2011 年中国农村贫困检测报告汇总整理。

四、主成分分析

本书采用 SPSS22 软件对数据进行分析，考虑到数据中的变量的量纲不同，在抽取主成分时，主要以相关系数矩阵为基础。选取主成分个数需要遵循数据矩阵对应的特征值大于 1 的前 n 个主成分的原则。当主成分对应的特征值在 1 之下，说明与原变量解释力度相比，主成分解释力度处于较低水平。

从表 6–10 中可以得到特征值大于 1 的主成分有三个，因此选取前三个主成分，同时注意到前三个主成分的累积方差贡献率达到 92.516%。

表 6–10 方差分解之下的主成分提取结果表

总方差解释					
主成分	初始特征值			提取载荷平方和	
	特征值	贡献率	累积贡献率	特征值	贡献率
1	9.206	61.375	61.375	9.206	61.375
2	3.173	21.154	82.529	3.173	21.154
3	1.498	9.988	92.516	1.498	9.988
4	.612	4.077	96.593		
5	.223	1.490	98.083		
6	.147	.979	99.062		
7	.103	.686	99.748		
8	.038	.252	100.000		
9	3.772E–16	2.515E–15	100.000		
10	1.845E–16	1.230E–15	100.000		
11	1.590E–16	1.060E–15	100.000		
12	5.783E–17	3.855E–16	100.000		
13	–1.254E–16	–8.362E–16	100.000		
14	–2.783E–16	–1.855E–15	100.000		
15	–2.207E–15	–1.471E–14	100.000		

从表 6–10 中得知，在三个主成分中，15 个指标均位于第一主成分或者第二主成分上，说明第一主成分与第二主成分将指标信息基本体现出来，由

此可见，通过提取主成分，每一个指标信息都可以基本体现出来，三个主成分所体现的信息量在信息重量中所占比例高达92.516%。从而可以认为，原来的15个变量可以被三个新的主成分变量所取代。将上述的主成分对应的特征值画成折线图即所谓的碎石图（图6–7），通过分析碎石图可以直观看出分析结果，当m=3时，碎石图中的曲线发生偏移，而且偏移角度最大。

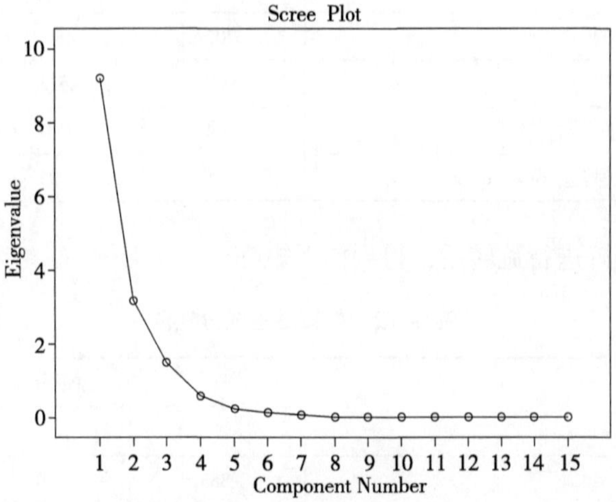

图6–7　扶贫资金投向对贫困发生率影响因素崖底碎石图

经进一步运算后，可得表6–11及表6–12所示的初始3个因子的载荷矩阵，分别如下表6–11、表6–12所示。

表6–11　初始因子载荷矩阵

	主成分		
	1	2	3
种植业（x_1）	.978	–.187	.041
林业（x_2）	.762	–.499	–.092
养殖业（x_3）	.976	–.182	–.071
农产品加工（x_4）	.674	.389	–.569
其他行业生产（x_5）	.092	.770	.604
基本农田建设（x_6）	.898	.344	–.130
人畜饮水工程（x_7）	.985	–.008	–.024
道路修建及改扩建（x_8）	.860	–.227	–.142

续表

	主成分		
	1	2	3
电力设施（x_9）	-.436	.740	-.146
电视接收设施（x_{10}）	.560	.782	-.087
学校及设备（x_{11}）	.774	.447	.372
卫生室及设施（x_{12}）	.702	.480	-.482
技术培训及技术推广（x_{13}）	.807	-.523	.191
资助儿童入学 / 扫盲（x_{14}）	.784	.171	.544
其他（包含发放低保资金等）（x_{15}）	.935	-.222	.154

对上述矩阵进行旋转后，得到如下矩阵：

表 6-12　旋转后主成分矩阵

	主成分		
	1	2	3
种植业（x_1）	.883	.400	.233
林业（x_2）	.885	.204	-.117
养殖业（x_3）	.861	.476	.151
农产品加工（x_4）	.206	.941	.018
其他行业生产（x_5）	-.310	.069	.931
基本农田建设（x_6）	.471	.753	.390
人畜饮水工程（x_7）	.769	.543	.292
道路修建及改扩建（x_8）	.788	.435	.035
电力设施（x_9）	-.812	.256	.184
电视接收设施（x_{10}）	-.053	.777	.571
学校及设备（x_{11}）	.384	.415	.786
卫生室及设施（x_{12}）	.185	.949	.145
技术培训及技术推广（x_{13}）	.975	.031	.094
资助儿童入学 / 扫盲（x_{14}）	.586	.161	.755
其他（包含发放低保资金等）（x_{15}）	.886	.285	.283

通过旋转后的矩阵，得到的主成分得分与贫困发生率进行回归。回归模

型如下：

第一主成分数据模型如下：

$$F_1=0.883x_1+0.885x_2+0.861x_3+0.206x_4-0.310x_5+0.471x_6+0.769x_7+0.788x_8-0.812x_9-0.053x_{10}+0.384x_{11}+0.185x_{12}+0.975x_{13}+0.586x_{14}+0.886x_{15} \quad (3)$$

第一主成分中的产业发展和技术培投向类指标的系数相对都较大，因此可以将第一主成分看成是促进产业发展类因子。

第二主成分数据模型如下：

$$F_2=0.4x_1+0.204x_2+0.476x_3+0.941x_4+0.069x_5+0.753x_6+0.543x_7+0.435x_8+0.256x_9+0.777x_{10}+0.415x_{11}+0.949x_{12}+0.031x_{13}+0.161x_{14}+0.285x_{15} \quad (4)$$

第二主成分中的基础设施建设投向和卫生设备投向类指标的系数相对较大，因此可以将第二主成分看成是基础设施建设投资类因子。

第三主成分数据模型如下：

$$F_3=0.233x_1-0.117x_2+0.151x_3+0.018x_4+0.931x_5+0.390x_6+0.292x_7+0.035x_8+0.184x_9+0.571x_{10}+0.786x_{11}+0.145x_{12}+0.094x_{13}+0.755x_{14}+0.283x_{15} \quad (5)$$

第三主成分中的其他类指标的系数相对较大，因此可以将第三主成分看成是综合保障类因子。

综上所述，可以将影响贫困发生率的投资资金投向的三个主成分的影响因素归纳为促进产业发展类因子、基础设施建设投资类因子和综合保障类因子。

五、回归分析

表 6-13　拟合优度

模型	R	R 平方	调整后的 R 平方	估计的标准误
1	.987	.973	.957	1.2023

表 6-13 同时给出了 **R**、$\mathbf{R}^2$ 以及调整的 $\boldsymbol{R}^2$，为了避免因为样本量对拟合优度的影响，选取调整的 $\boldsymbol{R}^2$ 作为拟合优度的模型解释能力的指标。从表 6.13 中注意到，调整的 $\boldsymbol{R}^2$ 的达到 0.957，即说明了模型的整体的拟合优度较好，变量的解释能力较强。

回归模型不仅需要判断模型的拟合优度，而且还需要对模型的整体进行检验。对于模型的整体检验，其检验的原假设和备择假设如下：

H_0：回归系数都为 $0V_SH_1$：回归系数不全为 0。

表 6-14 为回归结果的方差分析表，从表的最后的 p 值小于 0.05 可以得到没有充分理由接受原假设，因此有理由相信模型的回归系数不全为 0。

表 6-14　主成分回归方差分析表

模型		平方和	自由度	均方	F	P 值
1	回归	261.688	1	261.688	216.678	.000b
	残差	8.454	7	1.208		
	总体	270.142	8			
2	回归	261.849	2	130.925	94.725	.000c
	残差	8.293	6	1.382		
	总体	270.142	8			
3	回归	261.688	1	261.688	216.678	.000b
	残差	8.454	7	1.208		
	总体	270.142	8			

模型的整体回归系数通过检验，则分别对三个主成分的系数进行单独检验，其原假设和备择假设分别如下：

H_0：第 i 个主成分的回归系数为 $0V_SH_1$：第 i 个主成分的回归系数不为 0。

该检验的检验统计量为服从 t 分布，具体结果见表 6-15。通过下表可以得到通过逐步回归，最终只选取了第一个主成分作为自变量。

表 6-15　主成分回归系数

模型		非标准化系数		标准化系数	t 值	P 值
		回归系数	标准误差	回顾系数		
1	（截距项）	16.256	.366		44.375	.000
	第一主成分	-5.719	.389	-.984	-14.720	.000
2	（截距项）	16.256	.392		41.481	.000
	第一主成分	-5.719	.416	-.984	-13.760	.000
	第二主成分	.142	.416	.024	.342	.744
3	（截距项）	16.256	.366		44.375	.000
	第一主成分	-5.719	.389	-.984	-14.720	.000

通过逐步回归选取有显著影响的变量，最后确定 F_1 作为回归的自变量。由上表可以得出因变量即贫困发生率 Y 关于第一主成分的回归模型如下：

$$Y = 16.25 - 5.719F_1 \qquad (6)$$

把（3）式代入到（6）式中，可以得到如下数据模型：

$$Y = 16.25 - 5.7190.883x_1 + 0.885x_2 + 0.861x_3 + 0.206x_4 - 0.310x_5 + 0.471x_6 + 0.769x_7 + 0.788x_8 - 0.812x_9 - 0.053x_{10} + 0.384x_{11} + 0.185x_{12} + 0.975x_{13} + 0.586x_{14} + 0.886x_{15}$$

运算结果如下：

$$Y = 16.25 - 5.050x_1 + 5.061x_2 + 4.924x_3 + 1.178x_4 - 1.773x_5 + 2.694x_6 + 4.398x_7 + 4.507x_8 - 4.644x_9 - 0.303x_{10} + 2.196x_{11} + 1.058x_{12} + 5.576x_{13} + 3.351x_{14} + 5.067x_{15}$$

指标的系数为负数，则表明该投资方向对贫困发生率为负相关，即该方向的投资增加，将使得贫困发生率降低。通过对上面的计算结果进行对比，则将 x_i 对应的系数 β_i 进行影响程度的排序可得到如下结果：

$$\beta_{13} > \beta_{15} > \beta_2 > \beta_1 > \beta_3 > \beta_8 > \beta_7 > \beta_{14} > \beta_6 > \beta_{11} > \beta_4 > \beta_{12} > \beta_{10} > \beta_5 > \beta_9$$

由此，可以得出各扶贫投资的投向对贫困发生率的降低的影响因素大小顺序为：

技术培训及技术推广 > 其他类 > 林业 > 种植业 > 养殖业 > 道路修建及改扩建 > 人畜次水工程 > 资助儿童入学（扫盲）> 基本农田建设 > 学校及设

备 > 农产品加工 > 卫生室及设施 > 电视接收设施 > 其他行业生产 > 电力设施。

六、主成分回归分析的结论

本书通过对国定贫困县扶贫资金的投向指标和贫困发生率的关系进行主成分分析，获得了影响贫困发生率的主成分，接着对主成分进行回归，得到回归方程，回归方程通过了 R、F、DW 等统计检验，拟合性良好。通过对回归方程的系数的大小比较，获得各投向因素影响的大小，通过主成分分析主要获得了如下结论：

第一，扶贫资金的 15 个投向均对贫困县的贫困发生率有影响，但影响程度不一。其中产业投资类、基础设施类投资均对与贫困发生率呈负相关，即增大该类的投资，可有效降低贫困发生率。而在电视设备、电力设施类的投资，则与贫困发生率呈正相关，即这类投资的增加，可能增大贫困发生率。这可能是由于该类的投资已经在往年的投资中趋于完善，而当前增大以上各类的投资将占用扶贫资金，从而增大贫困发生率。

第二，技术培训和技术推广在中国农村反贫困中，具有重要的战略地位。从上节的分析中可以看到，其对贫困发生率的降低效应十分显著。本书在对贫困成因的分析中，已经重点对贫困地区的贫困落后原因进行了分析，其中包括历史因素、自然环境因素，还包括科学技术因素。在调查中发现，全国贫困人口最为集中的省、自治区中的科技人员数量非常少，平均每 1 万名人员中才有 68.4 名科技人员，而经济发达地区的科技人员在人口总数中所占比例将近为 24%，20 世纪 80 年代中期，发达国家科学技术在经济增长中做出了巨大贡献，贡献率基本在 60% 至 70% 之间，而我国发达地区的科技贡献率才只有 30% 至 40%，贫困地区的科技贡献率更是低得可怜，只有 15%。[1]由于经济状况的持续贫困，贫困地区的科技人员流失十分严重，由此极大限制了贫困地区的经济发展水平。面对贫困地区科学技术水平极为落后的事实，国家制定了科技扶贫战略，在贫困地区普及科技知识，为贫困地区培养科技人才，引进先进的农业生产技术等，通过相应的政策措施，贫困

① 李周．中国可持续发展总纲第 19 卷——中国反贫困与可持续发展［M］．北京：科学出版社，2007：180.

地区农业综合生产能力大大提高。因此，技术培训和相关科技扶贫对贫困地区的经济收益具有显著成效，这也启示我们应在农村反贫困的战略实施中，加强科技扶贫和教育扶贫的支持力度，帮助贫困地区推广和应用先进、实用的农业技术，从而提高农业及其他相关产业的生产率，有效降低贫困发生率。

习近平高度重视技术培训和教育在农村扶贫开发过程中的重要作用，在2014年全国职业教育工作会议前的批示中，他也着重强调贫困地区教育的重要性，他指出：要在少数民族地区、农村地区以及贫困地区大力发展职业教育，提高人民群众的职业能力。① 通过技术培训，可以使得贫困农户的创业就业等能力得到提升，使得家庭工资性收入、经营性收入等显著提高，实现一人就业，全家稳定脱贫的目标。

第三，投资于林业、种植业和养殖业等产业，可以有效降低贫困发生率。这也说明在贫困地区，产业的培育和发展是中国农村反贫困的核心要点，必须通过推进贫困地区的产业规模化、市场化，来实现贫困地区和贫困农户未来可持续发展，因此产业的发展是农村反贫困的基本支撑。产业化扶贫，具有同时实现农民增收、企业增利、政府增税的可能性，因此产业扶贫的举措对于农民收入低、企业成长机会少、政府税源弱的贫困地区具有重要意义。从长远看，通过农业产业化经营拉长产业链条，在增加贫困地区农民收入方面具有极大的潜力，也可以长期保障贫困地区的农户实现持续、稳定的脱贫。

在新阶段的农村反贫困的战略实施中，应将产业化扶贫摆到重要位置，通过大力推进贫困地区产业化进程，通过龙头企业带动，采用合作社等市场化运作方式，大力培养贫困地区的市场经营主体，可以增强市场参与和市场竞争意识，提高贫困地区的组织化程度，为全面建设小康社会创造条件。

第四，基础设施的投资也与贫困地区的贫困发生率呈现较强的负相关性，例如投资与道路等基础设施的改扩建和投资解决人畜饮水工程等。其他学者的大量实证研究表明，基础设施投资带来的农户收入增加，也改变了消费者的预算约束，从这一角度来看，改善基础设施条件，有助于贫困地区优化配置各种资源，推动农产品流通，从而形成健康、稳定的竞争市场，有助

① 邬志辉. 中国农村教育发展报告 2015 [M]. 北京：北京师范大学出版社，2016：157.

于提升贫困地区经济发展水平，进而带动整个国民经济的增长。所以，基础设施的改善，对贫困地区的贫困缓解具有深远的意义。

第五，投资于教育和卫生等领域，能够促进提高生产率和收入水平，从而有效降低贫困发生率。贫困地区的教育、卫生资源一直比较薄弱，贫困农户缺乏教育而抵抗疾病的能力差，社会的保障制度没有实现覆盖，是造成人本贫困的主要原因。因此，反贫困必须以人的全面发展为目标，通过健康扶贫、教育扶贫，消除其贫困的脆弱性，增强人力资本，为长期稳定脱贫奠定坚实的微观基础。

在扶贫资金的投向上，有一个“其他类”的投向，由于笔者无法得到这一类别更为详细的说明，因此暂不对该类进行进一步解释。

总之，通过以上对影响贫困地区贫困发生率的扶贫资金投资方向进行主成分回归分析，不但充分解释了笔者对贫困成因等分析结论，也为我们进一步进行农村反贫困的创新提供了更为明确的方向。

第七章　国际农村反贫困的经验教训及启示

第一节　发展中国家农村反贫困实践经验与启示

发展中国家是一个相对概念，其也可以称之为欠发达国家或者开发中国家，一般是指人均国内生产总值相对较低的国家。发展中国家的主要特征表现为人口基数大、经济发展水平低、区域发展不平衡等，相比较发达国家而言，发展中国家贫困规模、性质以及危害程度更加严重，当前发展中国家主要包括亚洲、非洲、拉丁美洲以及其他地区等 130 多个国家。在世界总陆地面积以及总人口中，发展中国家占据 70%，同时世界总贫困人口中的绝大部分也由发展中国家占据，因此，发展中国家贫困问题的解决是世界反贫困的重要任务之一。

自 20 世纪 80 年代以来，多数发展中国家已经开始了有组织的大规模消除贫困行动。下面就对其中几个有代表性的发展中国家进行进一步探讨。

一、印度：人口大国普遍贫困状况下的贫困特征与反贫困措施

印度是南亚大国，其贫困人口居世界首位，同时也是发展中国家中最早开展大规模反贫困行动的国家之一。由于其资料比较完善，因而也是有关专家和组织研究贫困问题的首选国家。印度长期以来受到英国的殖民统治，直到 1947 年才得以实现民族独立，经过七十多年的风雨历程，印度在经济、政治以及社会发展中取得巨大成就，国民生活水平得到大幅提升，但是印度在发展过程中依然面临着巨大的挑战，包括贫困问题、环境问题、生态问题等，其中贫困问题极其严峻，尤其体现在农村贫困问题上。1969 年，印度人均国民生产总值为 100 美元，亚洲、非洲以及拉丁美洲的其余 44 个发展中国家人均国民生产总值为 228 美元，印度的经济发展水平远远落后于其他发展中国家，根据 75 美元的一般贫困线以及 50 美元的极端贫困线，印度一般贫困人口占总人口比例高达 75%，极端贫困人口占总人口比例高达 44.5%。1975 年，极端贫困线调整到 51 美元，根据这一贫困线，印度总人口的 56%

为贫困人口。[①]

综合而言，印度贫困问题具有三项基本特征，一是规模特征，印度贫困人口规模在世界范围内名列前茅，规模宏大。其中二十世纪是印度人口高速增长的一段时期，根据统计，1901 年的印度人口仅仅为 2.38 亿人，到 1961 年上升到 4.39 亿人，而截至 2015 年的最新数字，印度的人口就已经达到 12.7 亿人。印度农业从业人员占总劳动人口的一半以上，但农业产值仅占总产值的四分之一，超过 3 亿人生活在贫困线以下。[②] 二是城乡特征，印度城市和乡村的贫困发生率基本保持一致，都处在较高水平。印度城市中的贫困人口高达 5000 万，基本居住在城市贫民窟之中，作为印度人口第二大的城市孟买，其城市总人口中的一半都是贫困人口，贫困发生率为 50%。三是群体特征，印度贫困人口主要集中于低种姓、边际农、无地农民、佃农以及城市失业者，其中失业是导致贫困问题出现的主要原因之一。

印度的反贫困行动是在基本需求开发战略指导下进行的，其思路是以最贫困人口为对象，在实现最贫困人口基本生活需求得以满足的基础上对最贫困人口的生产劳动环境加以改善，以此解决最贫困人口的贫困问题，通过最贫困人口劳动力的发挥实现经济的发展。这一理论与传统的以重点项目和工业部门来优先发展带动全局经济增长的发展模式有很大的区别。二十世纪六十年代，印度大力开展“绿色革命”，通过农业的发展实现粮食产量的提升，以此满足农村人口的基本生活需求，实现农村贫困问题的缓解。经过半个多世纪的反贫困实践，印度已经逐步形成了多元的扶贫格局，其中有三类组织承担了实施各项扶贫措施的功能：

（一）政府组织

20 世纪 70 年代开始，印度政府将政策和计划的重心放在乡村贫困问题缓解以及乡村部门改造上，并制定一系列计划，具体包括 1978 年制定的乡村综合开发计划（IRDP），其目的在于解决贫困人口的小额贷款问题，使得贫困人口和家庭得到资金支持；1980 年制定的国家乡村就业计划（NREP），其目的在于增加乡村社区的就业机会，实现贫困人口生活状况的改善；1983

① 非特别注明，本节数据及资料转引自：王铁生．中国政府消除贫困行为［M］．湖北：湖北科学技术出版社，1996：20–30.

② 宋志辉．印度农村反贫困研究［M］．四川：四川出版集团，2008：59.

年制定的乡村无地人口就业保障计划（RLEGP），其目的在于乡村基础设施建设以及乡村无地人口就业机会的扩大和改善；干旱地区计划（DPAP），其目的在于缓解干旱问题并提高干旱地区的经济发展水平，保障生态和人民收入稳定。

（二）社区自治组织

在贫困农户和中央政府之间，除了各级行政组织外，还有一套自下而上的社区自治组织——“番洽亚会”。“番洽亚会”是建立在村庄基础上的社区组织网络，其在农村反贫困项目的整个运行过程中发挥着巨大作用，具体包括项目立项、目标农户确认、项目执行、项目评估等均由“番洽亚会”的参与。

（三）非政府组织

非政府组织是印度社会扶贫的主体，其资金来源具有独立性，能够独立开展扶贫活动，典型的非政府组织包括德兰修女扶贫组织、塔塔社会科学、贫民窟的识字协会、促进人民行动和乡村技术委员会、教会农业研究中心等。

在政府的不断努力之下，印度农村贫困问题得到有效缓解，农村经济发展有较大起色，农民收入和生活水平得以提升。在21世纪初期，印度农村贫困发生率为27.09%，相比较20世纪70年代而言，贫困发生率降低一半，这充分表明政府在反贫困战略实践中的巨大作用。

二、泰国：粮食出口大国的贫困特征与反贫困措施

泰国是一个没有遭受殖民统治和战争破坏的国家，也是东南亚唯一的粮食出口国，但在经济全面迅速发展之前，泰国并不富裕，存在大量的贫困人口和比较普遍的贫困现象，因此，对于泰国的反贫困研究也是具有非常重要的现实意义。

20世纪70年代后，泰国的国民经济以平均每年7%～8%的速度迅速增长，但是其贫困问题并没有随着经济的全面发展而迎刃而解，虽然贫困发生率有所下降，但局部地区和部分人的贫困问题并没有得到缓解。根据统计，在20世纪60年代初，泰国的贫困发生率高达61%，到1968—1969年，泰

国的农村贫困发生率为 45%，根据 1977 年世界银行的调查，泰国生活在贫困线（农村每人每月 150 铢）以下的农村人口达 1100 万人，约占全国人口的 20%，尤其那些缺乏生活用水和灌溉用水地区的 700 万农民生活非常贫困，此外全国有 80% 的农村人口用不上电。泰国贫困问题之所以长期存在，其根本原因还在于经济发展水平较低。根据历史资料可知，泰国人均国民生产总值在 1997 之前一致保持着年均 7.7% 的增速，亚洲金融危机爆发后，泰国人均国民生产总值的年均增速降低到 4.2%，这表明当前泰国经济发展存在一定的问题。从世界银行的研究报告中可知，泰国生活在贫困线以下的人口高达 710 万，这部分贫困人口的人均日收入低于 6.2 美元，贫困人口主要分布在泰国东北部、北部以及南部三个地区，除此之外，世界银行的研究报告还指出，除当前的 710 万贫困人口之外，泰国还存在 700 万潜在贫困人口，这部分潜在贫困人口的收入是贫困线的两倍及以上，但极有可能降低到贫困线之下。

但是，从总体来说，泰国的反贫困行动还是比较成功的。从 1961 年开始，在长达近 60 年的反贫困实践可分为两个重要时期：第一个时期是 1961 年到 1981 年，在此期间，泰国政府通过全面的经济增长来谋求贫困面减少的政策，即通过经济全面增长过程中的“扩散”“涓滴”效应来带动落后地区经济发展，并使贫困面缩小。实践也证明，在一定阶段内，这一通过全面经济发展来消除贫困的措施是有效的，但贫困发生率降低到一定限度时，这一政策几乎不起作用。第二个时期是 1982 年以后，即泰国政府开始真正重视反贫困问题时期，它从全国第五个国民经济和社会发展计划开始，泰国的反贫困政策与措施进行了全面的调整，采取了“直接面对穷人和落后地区”的政策。这些内容在泰国第六个国民经济和社会发展计划中的农村发展计划（1987—1991 年）中得到了充分体现，使得泰国东北等贫困村庄集中地区得到了政府计划与政策的优惠和帮助。由此，这些地区的经济发展步伐加快。泰国的反贫困措施主要也是通过各种计划来实现的，主要计划包括：

（一）乡村发展计划

这是泰国反贫困的主体计划，是整个国家国民经济和社会发展计划的重要组成部分。根据乡村发展计划，政府采取了乡村行动计划、基本需要工程和生产计划等 3 种施政纲领。这些计划较为实际，目标区域的选定一直延伸到村，政府将主要力量和资源用于帮助落后地区和中间地区发展，鼓励私营部门在贫困地区发挥作用。

（二）小农发展计划（SFDP）

它是乡村发展计划的补充计划之一。其工作目标是1000万收入不到全国农村一半收入的农民，而不是采取小区（村）扶持的办法，对处于底层的贫困农民提供有效的帮助。

（三）乡村就业工程

是针对泰国农村中季节性失业和非充分就业而提出的。计划的基本目标是在非耕种季节增加非农就业，它也是乡村发展计划的补充计划。

（四）积极推进建设国家福利体系，实施完备的社会救助

泰国的社会救助体系主要有四大支柱：一是贫困人口的社会救助，在极端贫困地区，政府将为个人或集体提供救助；二是社会保险，包括个人保险、第三方保险、社区福利基金、养老金、最低工资保障、公积金等；三是社会慈善事业，政府积极推动志愿者服务、捐款等社会慈善事业，充分发挥民间团体、宗教团体、社会团体、地方团体的作用，通过调动企业的责任心，进行资金筹措；四是社会福利服务，保障所有人在社会福利方面享受到应有的服务。

在泰国，致力于农村发展和反贫困斗争的组织机构主要有四类：一是政府官方机构，如国家经济社会发展局、农业合作部、其他政府机构和社会组织者；二是自成体系的皇家项目办公室，有六个皇家项目研究中心分别指导全国各地1300个发展项目；三是独立于政府的发展研究机构和各地大学，如泰国发展研究所、山地民族研究所、外国驻泰援助机构及卡萨特、清迈、孔敬等几所致力于农村发展的大学；四是民间慈善机构，如曼发罗基金会、佛教的慈善机构等。

三、发展中国家的反贫困启示

从全球范围看，发展中国家的贫困状况具有如下共同特征：

（1）贫困程度较重，相对于发达国家而言，发展中国家贫困人口较多，贫困范围广，危害程度较重，影响较为深远，特别是那些十分落后的国家和地区，贫困状况惨不忍睹；

（2）主要以绝对贫困为主，贫困人口在生产上缺乏必要的物质生产条件，再生产难度较大；在消费上达不到最低收入水平，难以满足基本生活需求；贫困人口经常因食品匮乏和疾病得不到及时治疗而非正常死亡，尤其对儿童的危害更为严重；

（3）贫困发生率高，是大众化贫困，且具有长期稳固性，贫困人口占总人口比例在 50% 以上的国家和地区较多，特别是非洲和拉丁美洲的贫困发生率较高；

（4）贫困人口集中在农村，城市和乡村的经济发展水平存在一定的差异，这导致城市和乡村的贫困人口比例有所不同，在发展中国家，乡村贫困人口在总贫困人口中占据极其重大的比例，比如印度三分之一的人口居住在城市，三分之二的人口居住在农村，但是贫困人口的四分之三都居住在乡村。

发展中国家如此严重的贫困状况，其主要的贫困成因有：

（1）不利自然环境的影响

总的来看，发展中国家的自然条件不如发达国家，例如干旱在各大洲危害程度是不同的，欧洲干旱区面积仅 64.4 万平方公里，占总面积的 6.4%；而亚洲、非洲的干旱区面积都在 1000 万平方公里以上，分别占总面积的三分之一和二分之一以上；北美洲和南美洲的干旱面积也达数百万平方公里，占总面积的比重比欧洲高出一倍以上。

（2）巨大的人口增长压力

在 20 世纪中叶，全世界的人口为 25 亿，但截止到 2016 年，全世界的人口已经超过 72 亿。如此快的人口增长速度主要发生在发展中国家，在社会生产力没有得到较大发展的情形下，人口不断增多意味着人均社会财富的不断减少，一些人甚至处于营养不良的状态。根据统计数据可知，近几年发展中国家的农业和粮食生产一直保持着增长趋势，年均增长率保持在 3% 左右，这一增长率甚至超过西方发达国家，但由于人口增长过快，新增人口全部抵消了农业增长的成果，使得发展中国家的人均粮食产量和人均粮食占有有水平基本处于停滞状态，问题最严重的是非洲。

（3）其他劣质性因素的负面影响

多数发展中国家是直接从封建社会走过来的，没有经过产业革命的洗礼，原先的土地制度、种族纷争、保守思想和落后观念成了阻碍广大发展中国家经济社会发展的重要不利因素。例如在印度，民族和宗教矛盾比较尖锐，在印度推进现代化、实行改革开发的进程中，现代因素与印度文化传统因素发生激烈碰撞，构成了印度战后经济发展缓慢的主要因素。①

从印度和泰国等发展中国家的反贫困案例综述来看，目前发展中国家的反贫困确实面临着极大的挑战，虽然在各国政府的共同努之下，其国内的贫困问题得到了一定程度的缓解，但其反贫困任务依然非常繁重。发展中国家没有发达国家那样健全完善的制度和政策，同时也没有雄厚的国家财力做支撑，所以造成一些国家的缓解贫困行动缓慢，措施不力，成效较小，这与这类国家的严重贫困现状是极不相称的。

可以认为，全球人类最终能否消除贫困，能否实现全球社会经济的持续协调健康发展，将最终取决于发展中国家的贫困能否消除。因此，在最终消除贫困的反贫困斗争中，一方面需要这些发展中国家真正重视本国的反贫困工作，并采取得力措施，另一方面也呼吁更多的发达国家和国际社会给予这些国家以更多的支持和优惠，帮助这些国家早日摆脱贫困。

第二节　发达国家农村的反贫困实践及启示

发达国家是指那些已经实现工业化，且社会生产力发展水平较高的国家，集中分布在欧洲、北美洲及东北亚，主要包括美国、英国、法国、日本等国，因为存在严重的社会分配不均和失业等结构性问题，这类国家也仍然存在一部分人的贫困问题。

下面分析几个典型发达国家的贫困状况及其反贫困措施。

---

① 郑瑞祥．印度的崛起与中印关系［M］．北京：当代世界出版社，2006：178.

一、美国：一流发达国家中的贫困状况与反贫困措施

美国是西方发达国家的典型代表，其富裕程度和社会生产力发达程度在世界经济版图上名列前茅，但是其贫困问题同样也比较严重，“富裕中的贫困”既是美国社会的真实写照，又是美国贫困特征的高度概括。在1960年，美国的贫困发生率为22.2%，被官方划定为生活在贫困线以下的人口达到3900万人，1978年贫困发生率降至11.4%，此后贫困发生率又回升，在经济衰退期的1981年为14%，至1985年一直保持这一贫困率水平，当年仍然有3300万人美国人生活在贫困线以下。到1994年，美国的贫困率又上升到15.1%，处于贫困线以下的人口增加到1960年的数量，达到3900万人。

在2000年，基于卢森堡收入研究（LIS）的报告进行分析，美国的贫困发生率在发达国家中也是明显较高的。表7-1是其中18个国家的贫困发生率，其中美国的总体贫困率达到了17.8%，最接近美国的是意大利，为13.9%，因此可以说美国的绝对贫困发生率在发达国家中也是最高之一。

表7-1　18个发达国家的贫困程度①

国家	低于中位线收入50%的人口比例（%）			低于美国贫困线的人口比例（%）
	总体	孩子	老年人	总体
美国（1997）	17.8	22.3	20.7	13.6*
意大利（1995）	13.9	18.9	12.4	—
英国（1995）	13.2	20.1	13.9	15.7
加拿大（1994）	11.4	15.3	4.7	7.4
西班牙（1992）	10.4	12.8	11.4	—
以色列（1992）	10.2	11.6	17.2	—
荷兰（1994）	7.9	7.9	6.2	7.1
德国（1994）	7.5	10.6	7.0	7.3
法国（1994）	7.4	6.7	10.2	9.9
丹麦（1992）	7.1	4.8	11.1	—
挪威（1995）	6.9	3.9	14.5	4.3

①［美］马克·罗伯特·兰克.国富民穷——美国贫困何以影响我们每个人［M］.重庆：重庆大学出版社，2014：29.

续表

国家	低于中位线收入 50% 的人口比例（%）			低于美国贫困线的人口比例（%）
	总体	孩子	老年人	总体
瑞士（1992）	6.9	7.5	7.4	—
澳大利亚（1994）	6.7	15.0	28.9	17.6
奥地利（1992）	6.7	5.9	17.4	—
瑞典（1992）	6.5	2.6	2.6	6.3
比利时（1992）	5.5	4.4	11.9	—
芬兰（1995）	5.0	4.1	5.1	4.8
卢森堡（1994）	3.9	4.4	6.7	0.3
总体平均	8.6	9.9	11.6	8.6

注：列中有关美国的数据是 1994 年的。

美国的反贫困措施基本上包括以下四大体系：

（一）反贫困计划

反贫困计划是美国反贫困行动的重要措施之一，有效地实现了美国贫困发生率的大幅下降，并为发达国家甚至全世界提供参考和借鉴。1964 年，时任美国总统的肯尼迪提出“向贫困挑战”的号召，“经济机会行动”计划由此展开。“经济机会行动”计划具体包括十项计划，可以划分为两大类，一类是授权计划，即政府调动社会各部门的积极性并引导其执行的计划，如各大学所开展的勤工俭学计划、社会福利结构开展的就业计划、农业部开展的乡村小额贷款计划以及劳动部门开展的青年人才计划等；另一类是直接计划，即政府直接参与制定和执行的计划，如地区发展计划、共同行动计划、职业团体计划、向贫困挑战中心计划等。“经济机会行动”计划的执行期为十年，在政府以及社会各界的共同努力之下，这一计划取得巨大成功，美国贫困发生率大幅下降。

（二）财政补贴政策

美国财政补贴政策包括四个部分，一是学费分期偿还机制，贫困学生的学费可以在一段时期内分期支付，以此保障贫困学生的就学机会。二是收入平等政策，目的在于缩短社会收入之间的差距，将不同劳动者的收入差距控制在合理范围之内。三是负所得税计划，以贫困线为依据征收所得税，当家庭年收入高于贫困线时，家庭应当根据相关法律法规缴纳正的所得税，当家庭年收入低于贫困线时，政府将根据家庭年收入与贫困线之间的差额支付一定的资金，也就是负所得税，政府支付金额与家庭年收入之间呈现负相关关系。负所得税计划的目的就在于保障每个家庭的年收入达到最低水平。四是纳税家庭津贴制度，对于拥有儿童的家庭给予一定的经济补贴。

（三）贫困相关的公共政策

贫困相关的公共政策致力于解决种族、性别等引起的就业以及收入差距问题，为不同种族、不同性别的人提供平等的就业机会和合理的收入水平。

（四）公共福利政策

20 世纪 80 年代以来，公共福利政策在美国贫困问题缓解上发挥着巨大作用，其包括四项主要内容，分别是食品补贴、额外保障收入、儿童抚养补贴以及医疗救助，这四项内容是美国福利制度的核心所在。

美国的贫困救济政策确实对于缓解其国内的贫困危机起到了重要的作用。但是，根据美国经济学家马克・罗伯特・兰克的说法，美国建立起的这个社会保障网络，可以用“仅仅满足最低要求”来进行描述。与其他工业化的国家相比，美国投入到救助经济脆弱者项目中的资源要少得多。事实上，美国在社会福利项目上的投入占其国内生产总值的比例，比除了日本之外的其他发达国家都少（Gilens，1999）。与之相反，大部分欧洲国家提供了更为宽泛的社会和保险项目，以此来避免家庭陷入贫困，其中包括客观的家庭和孩子的津贴，向有孩子的家庭直接提供现金形式的转移支付。在这些国家中，失业救济也比美国慷慨得多，救济的期限超过失业后的一年，这样可以给贫困者以足够的时间去应对可能的收入变化。

正是社会福利政策的差异，使得欧洲和加拿大显著降低了贫困水平，而美国的社会政策在减少贫困方面只是起到了很小的作用。表 7–2 列示了根据卢森堡收入研究（LIS）的分析报告，美国面向经济脆弱人群的社会和经济项目，在帮助这些人家庭摆脱贫困的能力上是极其有限的。

在表7–2中，转移支付前的贫困比例是指如果没有任何福利款项、失业补偿、社会保障款项等政府收入转移支付，该国的贫困发生率。转移支付后贫困比例是指考虑了政府转移支付后的贫困发生率。通过这种前后两种比率的比较，可以揭示政府政策在降低一个国家的整体贫困水平的有效或无效程度。通过这个表格，我们可以清晰地看到加拿大和欧洲能够通过相应的财政扶持等转移和救济政策，让很大比例的经济脆弱人口脱离贫困，而美国在其社会保障网络方面提供的帮助依然是较小的，结果就是美国的整体贫困率持续处在高位。

表7–2 选定国家的政府减少贫困能力的比较分析①

（单位：%）

国家	转移支付前的贫困比例	转移支付后的贫困比例	减贫系数
加拿大（1994）	29	10	66
芬兰（1995）	33	4	88
法国（1994）	39	8	79
德国（1994）	29	7	76
荷兰（1994）	30	7	77
挪威（1995）	27	4	85
瑞典（1995）	36	3	92
英国（1995）	38	13	66
美国（1994）	29	18	38

二、英国：老牌富裕国家中的贫困状况与反贫困措施

英国是西方发达国家中福利制度较为完善的国家之一，但英国也曾受到贫困、生态破坏、犯罪、环境污染等问题的困扰。十六世纪的英国还处于资本主义原始积累阶段，这一时期的资本家大量掠夺土地，农民由此流离失所并成为贫困人口或者流浪汉，从这一时期开始，贫困就没有在英国间断过。对于贫困问题的关注引起了众多经济学家的讨论，在1899年，贫困仅指物

① ［美］马克·罗伯特·兰克.国富民穷——美国贫困何以影响我们每个人［M］.重庆：重庆大学出版社，2014：51.

质生活的低下，即为维持最低限度的生活水准，这一时期的贫困线为 17 美元 8 美分，随着时代的发展，贫困的定义融入新的元素，比如身体健康程度、文化生活等。为有效实现贫困的衡量，英国制定国家贫困标准，判断的依据就是家庭收入与国家救济津贴标准的差值，根据这一衡量标准，英国在 1971 年的贫困人口比例为 3.5%。

英国的贫困具有两大特征，一是群体性贫困，也就是贫困人口具有一定的群体性，具体体现在体力劳动者、残疾人、失业者、妇女和老年人上，对 1978 年英国贫困人口加以调查发现，不同群体的失业率有所不同，其中非熟练体力劳动者的失业率最高，其次是熟练体力劳动者，专业技术人员和管理人员的失业率最低，除此之外，残疾人的失业率是全国平均失业率的 3 至 5 倍。二是地区性贫困，也就是区域发展不平衡导致贫困问题的出现，调查发现，英国最贫困的地区为北爱尔兰，其次为英格兰西北部。1978 年，在西南部和威尔士有 4.4 万人收入低于全国平均水准，在北爱尔兰为 4.6 万人，在苏格兰有近5万人①。由此可见，英国贫困问题的出现主要受到两方面因素的影响，一是社会结构和社会阶层，处于不同社会阶层和社会结构的人所对应的就业机会和收入水平存在一定的差异，社会阶层越高，收入水平越高，相反则越容易陷入贫困。二是区域经济发展不平衡，经济发展水平较低的地区更容易出现大众化贫困现象。

英国是老牌强国，其很早就对贫困问题引起高度重视并积极开展反贫困行动。长期以来，该国形成了两大反贫困政策体系：

（一）完善的社会福利政策

社会福利政策是英国反贫困措施的主体，不仅其出现远远早于后来的区域开发政策，而且内容更为丰富，体系更为完善，英国的社会福利政策也为西方其他发达国家提供一定的参考和借鉴。英国社会福利政策历史悠久，最早可追溯到都铎王朝，1572 年，伊丽莎白女王为解决社会贫困问题而制定济贫税，1601 年，伊丽莎白女王颁布《济贫法》，在全国设立收容和救济老人、孤儿、残疾人等贫民的济贫院，并帮助失业者寻找工作。1765 年，“斯品汉姆莱制度”在英国议会中通过，该制度确认最低工资限度，各教区针对未达到最低工资限度的工人给予一定的津贴补助。尽管社会福利政治一直受

① 王铁生 . 中国政府消除贫困行为［M］. 湖北：湖北科学技术出版社，1996：12.

到英国政府的关注和重视，但是发展至十八世纪末期，英国的社会救济政策仍处于起源时期。从 19 世纪初至 20 世纪初，社会政策处于发展时期，“斯品汉姆莱制度”在这一时期的执行中遇到一定的困难，比如政府和纳税人负担加重等，为有效缓解政府财政负担，新的《济贫法》由英国政府颁布，习艺所也相应建立起来，习艺所的出现使得贫困人口的利益受到影响，阶级矛盾激化。为化解社会阶级矛盾，英国政府在十九世纪末期先后颁布多项法律，包括《工厂法》《工厂赔偿法》等，并对社会政策加以调整和完善。从 20 世纪初到二次世界大战为英国社会福利政策的过渡期，贫困调查委员会在 1905 年成立，《国民保险法》《老年赡养法》以及《职业介绍所法》等社会福利法案在 1908 年逐步颁布并实施，《惠特利住宅法》在 1924 年颁布，习艺所在 1927 年至 1929 年期间取消，除此之外，这一时期还发生众多重大事件，这一系列事件的发生为日后社会福利制度的完善提供必要的基础和前提，如二战期间国家对经济生活的干预、《福利经济学》的发表、社会改革著名报告的提交等。二战之后，英国社会福利政策进入完善阶段，社会保险计划在 1944 年发布，《工伤保险法》在 1945 年修改并颁布，《国民保健法》以及《国民保险法》在 1946 年制定，国民救济委员会在 1948 年建立，同样在 1948 年，《国民保健法》以及《国民保险法》正式实施，除此之外，其余社会福利政策也相继出台并实施。各项社会福利政策的建立健全使得英国社会福利政策不再是零碎的、分散的，而是完善的、系统的。

（二）区域开发政策

英国的区域开发政策始于 20 世纪的 20—30 年代。因一战后有 50 万人迁入了大伦敦地区，导致 1928 年英国成立了工业迁移委员会，鼓励工人从失业多的萧条地区迁移到发达地区；1932 年政府通过贸易委员会对工业衰落区进行补贴，1934 年英国政府颁布了“特区法案”，将苏格兰中西部在内的四个区域划分为特区，集中解决特区中所存在的高失业率问题，通过财政援助实现失业率问题的缓解，区域开发政策开始由对外迁移向加快高失业区内在发展转变；1940 年，著名的“巴洛”报告由特区委员会正式向英国政府提交，报告中提出合理配置工业的建议，1944 年，英国政府正式同意“巴洛”报告中合理配置工业的建议；《工业发展法》《工业公布法》以及《地区工业法》在 1945 年至 1966 年期间相继出台并实施；1967 年，英国政府制定地区就业奖励制度，旨在鼓励落后地区推动经济发展；20 世纪 70 年代主要措施是通过工业法案和提出选择性地区援助，区域政策的主题就是选择性开发；80 年代的区域政策一方面对受援区创造就业和保持就业的制造业和服务业继续予以选择性财政援助，另一方面又出台了一系列促进传统工业区经济发展和增加这类地区就业机会的区域政策，后者成为“地区工业发展”白皮书的主要内容。

尽管英国的区域政策受到了来自国内的一些批评，但它在促进落后地区经济发展和增加就业机会方面是功不可没的，也是非常必要的，旨在根据当前英国地区经济发展不平衡的实际情况，振兴衰退地区经济和降低落后地区失业率，也应进一步完善。

三、日本：东方富国中的贫困状况与反贫困措施

日本是东亚的发达国家，是我国的邻居，其经济水平在全球范围内名列前茅。日本的意识形态依托于东方文明，这导致日本所存在的社会问题并不如其他西方发达国家那样突出，在收入分配不均以及阶级矛盾等社会问题上相对缓和，并且日本不存在因生理需求难以满足而死亡的情况。在贫困问题上，日本政府认为其不存在内部贫困问题，而只存在地区经济发展不平衡导致的后进地区问题，国际上在探讨贫困问题解决方案时依然将日本后进地区的振兴纳入其中。

日本后进地区包括振兴山村和过疏地区两大类，振兴山村指的是经济、文化、生活水平相对较低、产业开发程度不高、森林覆盖率超过 75%、人口密度不超过每平方公里 116 人的地区，过疏地区指的是财政力指数不超过 0.37，且 1960 年至 1975 年期间人口减少五分之一以上的地区。根据 1985 年的统计数据显示，日本振兴山村和过疏地区的土地面积占全国土地总面积的 60.1%，但人口仅占全国总人口的 8.7%，日本 1985 年的财政力指数为 0.43，振兴山村和过疏地区的财政力指数远低于平均水平，两者的财政力指数分别为 0.29 和 0.22。尽管振兴山村和过疏地区的经济发展水平远远落后于日本平均水平，但振兴山村和过疏地区的农户收入水平与日本农户平均收入水平并没有明显的差距，根据 1985 年的统计数据可知，日本全国农户平均收入为 550.3 万日元，振兴山村的农户平均收入低于平均水平但并没有明显差距，

其平均收入为472.7万日元。相比较其他国家而言，日本后进地区的主要问题并不是经济所导致的贫困问题，而是人口下降显著和老龄化严重两大问题，从1955年至1985年，日本山村人口下降24%，下降幅度较大且保持下降趋势，并且从1975年至1985年期间，日本山村60岁以上老龄人口的比重上升3.7个百分点。日本是弹丸小国，国土面积不大且资源稀缺，一旦占全国总陆地面积60.1%的振兴山村和过疏地区荒废，那么日本的经济将受到严重制约，因此日本政府对后进地区的发展一直保持高度重视和关注。

综合而言，日本在后进地区的振兴上主要采取以下四方面措施：

（一）实施开发后进地区的政策

为了振兴后进地区经济和改善后进地区居民生活，日本采取了法律、行政和财政、金融等各项扶持开发性措施。二十世纪六十年代至八十年代，日本政府先后出台《过疏地区振兴特别措施法》《山村振兴法》等法律法规，并保障法律法规得到良好的贯彻和执行；将振兴事业纳入到行政职责范围，政府农林水产省对振兴事业负责；在后进地区采取高投入的扶持政策，在信贷方面实行优惠政策，对特殊产业制定特别税法，给予一定的税收减免优惠。

（二）制定北海道专门开发计划

北海道物产资源丰富且人员稀少，具有极大的开发价值，这是日本政府振兴后进地区的重点所在。北海道开发最早可追溯到100多年前，但最具规模和意义的开发是在二战之后，政府为此成立了专门的北海道开发厅、北海道开发局和北海道开发审议会等3个行政机构具体负责北海道开发事宜，整个开发完全按计划进行，同时开展了新农村建设活动，计划执行和建设活动均取得了较好成效。

（三）大力发展经济开发和服务组织

日本政府是后进地区振兴的行为主体之一，除此之外还包括各类经济开发和服务组织，这一类组织的存在为后进地区振兴提供更加全面的支持和帮助，如农民集资经营的专业公司、公司投资经营的专业公司以及农业协同组织等。在后进地区产业发展全过程中，各类经济开发和服务组织提供产前、产中以及产后等多种服务，有效推动后进地区的发展。

（四）后进地区的多种经营和劳务输出

农业是振兴山村和过疏地区的主要产业，这是振兴山村和过疏地区的地理因素和经济发展水平所决定的，但农业生产拥有显著的季节性，农户为增加收入会选择在农闲季节外出务工，因此振兴山村和过疏地区的农户基本为兼业农户。从 1980 年的统计数据可知，振兴山村和过疏地区的农户中以农业收入为主的兼业农户占总农户的比例为 19.5%，以非农业收入为主的兼业农户占总农户的比例为 61.5%，这表明农业收入并不是振兴山村和过疏地区农户收入唯一的来源。对此，在后进地区开展多种经营和劳务输出将有效实现后进地区的发展与振兴。

四、发达国家的反贫困启示

尽管各发达国家在穷人划分标准、穷人数量及分类等社会经济特征方面存在明显差异，但其贫困状况仍存在一些共同特征，主要表现在：

第一，贫困程度相比发展中国家而言比较轻；

第二，贫困问题的存在表现为相对贫困。贫困的划分依据不是维持生存水平的最低收入标准，而是低收入者与其他社会成员之间的差距，这一差距不仅包括收入差距，还包括文化生活等；

第三，不合理的经济社会结构是导致贫困的根本原因之一。发达国家一般将七组社会成员作为消除贫困的主要对象，分别为移民、老年人、乡村居民、失业者、家庭收入减少者、妇女和儿童以及低工资收入者等。

美国哈佛大学公共政策和管理专业教授玛丽·乔·贝恩和哈佛大学肯尼迪政府学院教学院长桑顿·布拉德肖教授在 2009 年发表的《反贫困政治与政策》一文中，对美国当代的反贫困政策进行了回顾并提出了建议，作者认为：随着贫民收入来源的改变以及美国政府贫困计划的改变和政策的变革，福利已经结束了，由于国家财政赤字和政治的不均衡限制了全国的大规模反贫困措施的制定和实施，美国需要改变贫困项目和贫困政策，更加重视地方及非政府组织，完善措施执行过程，以期更好解决国家的赤贫问题。①

通过对以上几个发达国家反贫困的案例综述，可以得出发达国家一般从三个方面努力消除贫困，从而缩小“贫困的岛屿”。第一是建立社会福利制度，在各项补助金以及津贴的基础上保障贫困和低收入群体能够保障基本生活；第二是制定反贫困计划，政府在掌握贫困和低收入群体的实际情况基础上，发挥政府职能并引导社会各组织参与，实现贫困和低收入群体就业率和收入水平的提高；第三是区域政策，结合经济落后区域的特征，采取高投入的扶持政策，促进经济落后区域的产业发展，缓解经济落后区域的贫困危机。

表格 7-3 详细列示了已经分析的几个国家的农业人口状况，从该表格中我们也可以看出，相对于发展中国家的农业人口占绝大多数，发达国家的农业人口比例普遍较低，这一定程度上反映出发达国家的反贫困主要阵地是城市中的相对贫困。

表 7-3　选定国家的总人口与农业人口的变化表②

国家或地区	总人口（万人）			农业人口（万人）			农业人口占总人口比重（%）		
	2010 年	2014 年	2015 年	2010 年	2014 年	2015 年	2010 年	2014 年	2015 年
世界	692973	726579	734947	334491	336366	336750	48.3	46.3	45.8
中国	134097	136944	137605	69044	63542	62211	51.5	46.4	45.2
印度	123098	129529	131105	83272	85720	86245	67.6	66.2	65.8
泰国	6669	6773	6796	3713	3417	3345	55.7	50.4	49.2
美国	30988	31945	32177	6004	5985	5977	19.4	18.7	18.6
英国	6272	6433	6472	1161	1121	1111	18.5	17.4	17.2
日本	12732	12679	12657	1207	886	825	9.5	7.0	6.5

① ［美］玛利亚·康西安，谢尔登·丹齐革．改变贫困，改变反贫困政策［M］．北京：中国社会科学出版社，2014：201.

② 该表数据来源于联合国 FAO 数据库，转引自国家统计局农村社会经济调查司．2016 年中国农村统计年鉴［M］．北京：中国统计出版社，2016：393.

第八章　新时期以国定贫困县为主攻目标的反贫困体系创新

1994年的《"八七"扶贫攻坚计划》以来，政府所设定的国定贫困县反贫困政策确定了县级政府在中国农村反贫困中的战略定位，通过多年的历史实践，这一反贫困政策已经取得了巨大的历史成就，为中国农村的反贫困模式积累了丰富的经验。然而，从地方政府的角度看，由于国定贫困县即意味着特殊的政治和利益资源获得，甚至部分地区政府已经由于持续得到中央政府给予的相关反贫困政策倾斜，由此形成了依赖，甚至不愿"摘帽"。这一现象的出现，一方面反映了部分地方政府仍未克服"等、靠、要"的传统思维习惯，另一方面也反映除了国定贫困县的反贫困难度确实很大，虽然在政府的大规模扶贫开发背景下，国定贫困县的反贫困成效很大，但因各方面因素的限制，这些地区仍处于不稳定或脆弱性的脱贫边缘。因此，作为中国农村反贫困战略资源的重要分配方式，国定贫困县的反贫困政策是我国政府当前最重要的反贫困政策。为能够有效解决农村的贫困问题，并能够实现可持续的稳定发展，缩小地区之间的发展差距，本书将设定国定贫困县为主攻目标，提出中国农村反贫困的体系创新建议。

第一节　全面小康目标下的脱贫攻坚任务

共同富裕是社会主义的本质要求。新中国成立以来，在党和政府的共同带领下，我国不断向贫困宣战，积极开展反贫困行动，尤其是改革开放以来，我国实施了大规模的扶贫行动。20世纪70年代末期，邓小平提出"小康社会"的构想，经过20多年的努力，我国在2000年基本实现小康社会的目标，但这一"小康社会"还是低水平的小康社会。2002年，中共十六大中提出全面建设小康社会，对中国贫困治理的目标加以明确。

一、贫困治理的现实目标是贫困地区的小康

全面建设小康社会目标的提出使得我国农村扶贫事业焕发新的活力，与此同时，我国也确定新的扶贫目标，那就是2020年基本消除绝对贫困现象。在扶贫工作上，我国历届领导人都引起高度重视，2011年，胡锦涛总书记在中央扶贫开发工作会议上强调：农村以及贫困地区是全面建设小康社会的难点所在，只有实现农村的全面小康，实现贫困地区的全面小康，才能够在全国范围内实现全面小康，农村和贫困地区的和谐稳定是全国和谐稳定的前提和基础。[①]2013年，习近平总书记在十八届二中全会中指出：贫穷不是社会主义，如果农村和贫困地区一直或长期处于贫困状态，那么社会主义的优越性将难以体现，这样的面貌也不是社会主义应当有的面貌。对此，习近平总书记提出社会主义的本质要求是共同富裕。当前中国贫困治理的目标就在于贫困地区全面小康的实现，只有实现贫困地区的全面小康才能够保证全国全面小康的实现，才能够保证中华民族伟大复兴的中国梦实现。

脱贫攻坚是全面建成小康社会最艰巨的任务，当前我国农村还有3000多万贫困人口，要想实现全面小康，必须解决这3000多万贫困人口的贫困问题。在党的十八届五中全会中，全面建成小安康社会的目标确定为脱贫攻坚，力争在2020年实现“两个确保”，一是确保贫困县全部脱贫摘帽，二是确保农村贫困人口全部脱贫。

二、中国农村反贫困的 PEST 分析

我国正处于并将长期处于社会主义初级阶段，这是我国国情所决定的。当前我国经济发展水平较低，制约贫困地区和贫困人口发展的因素众多。在脱贫攻坚这一目标的实现上，不仅需要面对传统的深层次矛盾，还需要应对新的挑战。脱贫攻坚已经到了冲刺阶段，只有更坚定的决心、更明确的思路、更合理的措施，才能够保证目标的实现。

在新的历史时期，中国农村反贫困面临国内外新的历史形势和新的环境，有利的环境因素和不利的环境因素兼而有之，机遇和挑战并存。

---

① 郑志龙．基于马克思主义的中国贫困治理制度分析［M］．北京：人民出版社，2015：98.

根据中国农村反贫困的PEST分析（如表8-1），我国农村反贫困面临的机遇是：1）中央政府提出的全面建设小康社会和构建社会主义和谐社会的总体目标，为现阶段的农村反贫困提供了良好的政治环境；2）中国经济的持续、稳定和快速发展为农村反贫困提供了坚实的物质基础和良好的社会经济环境；3）中华民族传承下来的自食其力、扶危济贫等传统美德，为中国农村反贫困提供了丰厚的思想文化氛围；4）农业产业技术、信息技术等新技术促进了中国农村反贫困模式的多样化、科学化，也为新阶段的中国农村反贫困产生了积极的促进作用。

表8-1　中国农村反贫困的PEST分析矩阵

政治因素：	经济因素：
1. 中国共产党的坚强领导，社会主义制度优越性的发挥	1. 国民经济持续、稳定和快速增长
2. 建设小康社会的总体目标下的制度保障	2. 经济结构的不断优化和增长方式逐渐转变
3. 中央政府对“三农”问题的持续关注	3. 中国经济坚持改革开放，全球化进程加快
社会、文化和自然因素：	**技术因素：**
1. 世代传承的自食其力的传统美德和扶危济贫的社会风尚	1. 扶贫主体的多样化
2. 快速提升的收入水平和巨大的城乡收入差距	2. 精准扶贫模式的多样化
3. 与日俱增的环境压力和频发的自然灾害	3. 扶贫项目管理的科学化

短板就是潜力，差距也是机遇。反贫困的过程，是补短板、减差距的过程，是挖掘贫困地区潜力和后劲的过程①。中国农村反贫困最重要的制度优势就是坚持中国共产党的领导，农村反贫困战略的成功实施也是中国社会主义制度优势的集中体现。国家权力的统合是效率的前提，中国政治的秘诀在于：政治组织依据精密组织原则设立，分工明确、灵活多样，这有效满足现代社会的发展需求，与此同时，中国共产党作为领导核心贯穿在整个政治组织之中，使得现代社会中所存在的弊端得以消除，保证政治体制的高效性和灵活性。②

在新的历史阶段，中国政府发起了全国性的农村反贫困运动充分体现出了中国的制度优势，主要表现在：

第一，可以充分调动社会资源集中实施反贫困战略。邓小平曾指出集

① 中央农村办公室主任韩俊：《乡村振兴，顺应亿万农民新期待——中农办主任韩俊解读中央农村工作会议精神》。http：//www.wenming.cn/wmcz2017/jj/201801/t20180114_4558328.shtml

② 鄢一龙，白钢.大道之行——中国共产党与中国社会主义［M］.北京：中国人民大学出版社，2015：3.

中力量办大事是社会主义制度所具有的优势之一，在社会主义制度下，国家可以实现社会资源的调动并将社会资源集中在具体事务中，从而实现办大事、办难事的目标。反贫困一直以来都受到政府的高度关注和重视，我国政府将其视为一项重要的工作，各级政府在反贫困中做出巨大努力。在国家层面上，各级反贫困相关机关和单位得以设立，如国务院扶贫办公室，省、区级扶贫办等，形成一套完善的扶贫工作领导机构。在民政部门，全面建立农村低保和医疗救助制度，投入大量救助资金，保障了农村贫困群体的基本生活。合理的组织安排将有效保障机构的权威性，使得扶贫政策得到落到实处并提高政策执行的效率，保证在最短的时间内取得最显著的扶贫效果。

第二，各级政府具有高效率的执行力，从而推动各项反贫困措施的实施。对于发展中国家而言，高效发展至关重要，只有保证发展的高效性，才能够保证国泰民安。我国的制度安排建立在集权和赋权的基础上，这有效保障政府决策执行的高效性，在我国经济发展过程中，制度安排的优势得到淋漓尽致的展现。

第三，可以充分协调各方社会资源，促使其积极参与到农村反贫困的事业中。在众多因素的共同作用下，区域发展不平衡问题普遍存在于发展中国家，对此，发展中国家需要对国家的一体化发展、均等化发展引起高度重视。为保证政策资源的合理配置，社会发展的均等化，必须建立一套自上而下的领导体制，有利于推动国家的整合。在理论层面上，当前我国的制度安排在城乡差距缩小、区域发展均衡上具有积极作用，具体表现为区域发展中党政干部的跨区域协调等。

第四，保持各项反贫困措施连续性执行，实现贫困区域的可持续发展中国农村的反贫困事业是一个长期的过程，必须依靠各级政府以及社会各组织坚持不懈的努力，连续性在农村反贫困事业中具有重大意义。我国是坚定的社会主义国家，在中国共产党的领导下，国家建设以及国家意志能够得以贯彻和执行，这充分体现出我国制度安排的优越性。正是在政府持续多年反贫困战略实施过程中，不断调整扶贫策略，逐步推进，从初期的区（片）到县，逐步推进到村。目前，国家调整扶贫开发战略，由“大水漫灌”变为“精准滴灌”“精准扶贫”把反贫困全面推进到贫困家庭，从而取得了连续性的巨大扶贫成就。

面对当前中国农村的反贫困态势，主要面临的挑战有：

第一，贫困人口的规模仍然较大。虽然经过多年的扶贫开发，取得了巨大的成就，贫困发生率降低，但是由于我国特殊的国情，农村贫困人口和低收入人口依然具有庞大的数量，当前农村贫困人口仍有3000多万。为达到2020年全面小康的目标，每年的扶贫任务量极其巨大。当前我国贫困人口主要集中在中部和西部地区，并呈现出向中西部地区、高寒山区、少数民族地区聚集的趋势，而由于自然地理条件等各种因素的限制，这些地区的反贫困难度越来越大。

第二，脱贫攻坚的成本越来越大。就当前我国农村贫困人口以及贫困发生率的下降趋势来看，下降趋势逐步放缓并呈现出边际递减效应，这为扶贫开发工作提出更严峻的挑战。从长远和全局看，我国农村的贫困面大、贫困人口多、贫困程度深、发展不均衡的问题仍然存在，在城乡之间、东西部之间、地区和行业之间的贫富差距仍然比较大。现有的贫困人口多是农村反贫困的“硬骨头”，这些人口或受制于恶劣的自然环境，或因能力不足等原因，脱贫难度大，而当前我国正在进行的经济转型，对信息的掌握和经济发展的要求更高，这使得他们在面对外部更为激烈的市场竞争中失去了优势，造成剩余的贫困人口脱贫成本更高。

第三，农村人口返贫的压力增大。中央政府最近几年开展的脱贫攻坚战略实施，给各级政府施加了巨大的压力，为完成脱贫攻坚任务，各地持续实施了一系列的战略措施，取得了巨大的反贫困成就。但是，相当一部分地区并没有将可持续发展战略列为政策关注的核心，这导致经济在发展过程中出现下滑趋势，贫困人口就业和增收出现瓶颈，部分农民在获得工作后再一次失去工作，由此将造成已经脱贫的农户返贫压力增大。

第二节　反贫困的体系创新

在推动理解以社会创新促进经济发展并缓解贫困的思想发展史上，新制度经济学派最突出的贡献，就在于其将制度的有效性看作是发展的先决条件。[①] 新制度经济学在发现古典经济学中的假设与发展中国家的分析明显不

① PhillippLepenies. 新制度经济学与发展［M］. 北京：商务印书馆，2014.

相关的情况下，提出了自由市场不足以保证发展，在发展政策中有必要设计一些以促进增长为目的的制度，由此，通过明确制度在发展中的重要性，新制度经济学将人们对发展的研究关注点引向了制度创新。

因此，从新制度经济学的思想理论出发，一个国家能否摆脱贫困，实现可持续的经济发展和社会繁荣，从根本上也依赖于合理的经济制度和政治制度建立。正如刘易斯所言，经济增长，不仅是个人努力的结果，也是政府积极行动的结果[①]，为追求可持续的经济增长，要确保充分利用和发挥市场潜力，鼓励技术进步，投资于人，动员大多数人的聪明才智和技能，而为达成这些目标，就有赖于进行包括鼓励个人私有产权保护、支持契约、创造公平的竞争环境，从而确保企业和个人能够顺利获得市场机会，从而与外部资源进行有效对接的制度安排。

社会主义改造的基本完成，使得我国社会经济结构发生了根本变化。社会主义经济成分占据绝对优势，我国社会经济基础依然是社会主义公有制。我国历史上影响最深刻的社会变革是社会主义基本制度的确立，这为我国社会事业的发展提供保障，为我国农村反贫困战略的制定与实施奠定了坚实的制度基础。

一、反贫困体系设计目标

对于经济增长而言，制度最重要的特点，就是允许人们自行其是的程度。一旦人们可以抓住经济机会，就可以实现增长，增长启动以后，制度就会与之相适应，以保护人们的积极性，鼓励贸易。相反，如果经济机会减少，增长就会衰退，制度就开始向着停滞的方向进行调整。中国农村反贫困治理体系的目标是要完善我国政府扶贫脱贫的制度体系和治理体系，形成多层次、立体化的中国农村反贫困架构，提升社会扶贫脱贫治理能力，促进经济的发展，最终实现中国农村贫困人口实现持续稳定脱贫。中国农村反贫困治理能力主要体现在以下三个维度：贫困个体主体塑造、区域体系建设和制度体系保障。如图 8–1 所示。

---

① ［英］阿瑟·刘易斯．经济增长理论［M］．北京：机械工业出版社，2015：120.

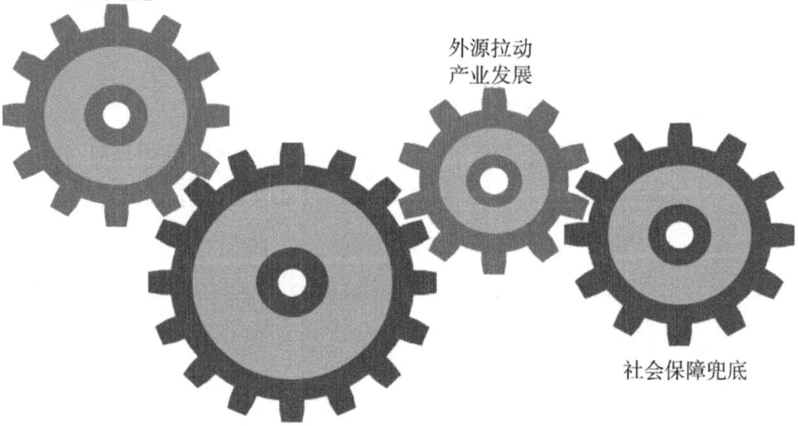

图 8-1　中国农村反贫困体系创新建设示意图

目标之一：贫困个体主体塑造。贫困主体塑造是保证稳定、可持续脱贫的重要内生力量，包括通过教育和培训让贫困个体突破内部行为约束，强化其市场资源的对接能力，培育市场主体地位综合素质。

目标之二：区域体系建设。区域体系建设是中国农村反贫困在区域内实施反贫困措施硬实力的表现，主要包括区域内基础能力建设、产业体系培育和优化和教育、医疗、文化体系建设。

目标之三：制度体系保障。制度体系建设是中国农村反贫困机制完善的首要条件和基础保障。尤其要强化最低生活保障制度，优化提升社会救助体系等。

中国农村反贫困体系设计目标是：在中国农村反贫困战略实践中，在中国共产党的领导下，充分发挥社会主义制度的优越性，完善制度保障体系建设，以对贫困主体的塑造为先导，以产业的培育和发展为基本支撑，实施中国农村反贫困宏观治理和微观引导与塑造，实施双层机制的协调统一，有效调动全社会参与，通过贫困区域及贫困个体的内生发展和全社会外源拉动、社会制度保障力等三方的合力，建立灵活高效的中国农村反贫困立体机制，最终实现中国农村贫困地区的可持续发展。

体系构思框架如图 8-2 所示。

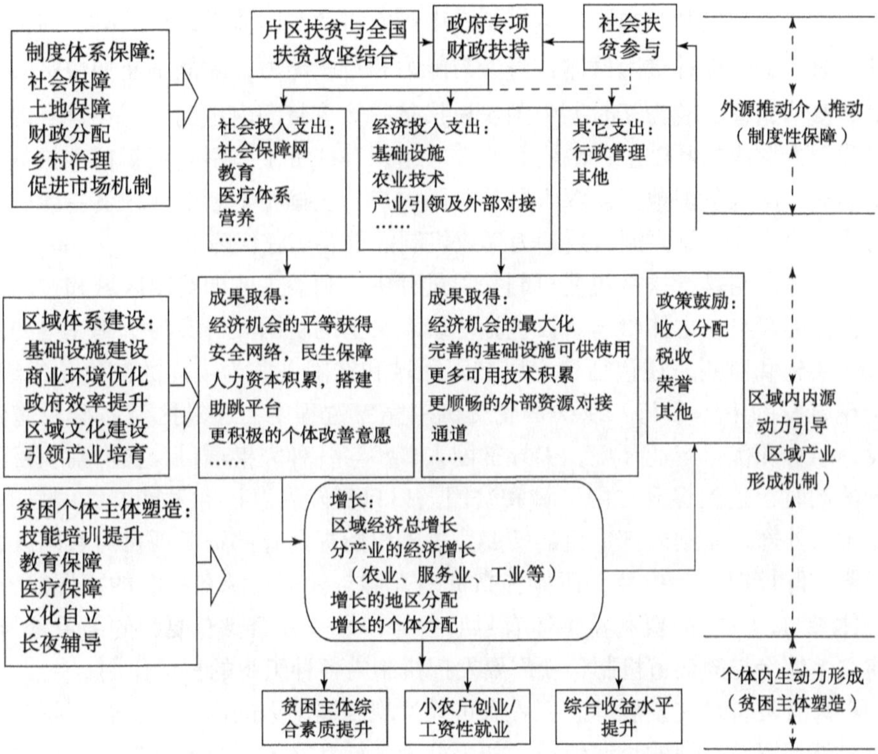

图 8-2　中国农村反贫困体系建设的总体构思框架

二、反贫困体系创新要点

根据我国农村地区面临的新形势、新挑战和新机遇，综合中国农村反贫困治理体系的综合发展目标，中国农村反贫困的体系创新要点包括：

（一）促进贫困主体的内生发展，提升其“造血”能力是根本

内生发展的主体包括贫困区域和贫困个体，内生发展机制是内源自我动力和内源推动机制的有机统一，是中国农村反贫困动力源泉的内在力量。内因永远是事物变化的根本，外因只有通过内因才能起作用，反贫困机制也同样如此。反贫困的内源自我动力既来自于贫困农户个体，也来自于贫困区域的区域发展，内源推动机制就是要完善和提升中国农村反贫困内部运行效率，实现贫困个体与外界资源的有效对接，达到内部各要素的最佳配置。

主体参与机制和内源扶贫机制是中国农村反贫困体系设计的必要前提条件，只有不断提升贫困群体自身参与能力和自救能力，才能不断加快贫脱贫机制改革完善，成为新时期中国农村扶贫脱贫攻坚的内生助力。在自身内源自我动力形成的基础上，政府和非政府组织等扶贫主体不断创新精准扶贫脱贫形式，深入贫困地区，深入联系贫困农户，发掘并不断引导扶贫主体内源自我动力发挥，是内源自我动力形成机制的重要实施保障。

主体参与是指扶贫脱贫机制完善过程中，利益主体即贫困区域和贫困农户群体的参与。主体参与不仅包括传统意义上的贫困人群参与机制完善的决策、实施和监测，还包括建立以贫困区域和贫困人群为主体的制度化组织，实现自发的主体参与。在扶贫脱贫机制完善过程中，通过区域基础设施建设，培育和优化产业环境，引导贫困人口参与各种完善项目，在提高项目质量的同时，达到提升贫困区域和贫困人口自身发展意识和发展能力的目的，实现从外部输血到内部造血的转变。这不仅能提高外部资源项目对贫困区域内部实际情况的适应性，还能提高贫困人群对外部资源和机会的把握能力。主体参与，一方面要利益主体有意愿参与，另一方面要有便利的渠道参与。建立主体参与的渠道机制，就需要发挥机制内各种组织的桥梁作用。

只有具备自主发展理念，才有可能实现发展动力的内部化，否则就会形成对外部资源干预的长期依赖。如果贫困区域和贫困农户不能建立起自主发展的理念，那么就会对外界的资源供给形成依赖，即使贫困户得到了发展，也是一种外源性的发展，一旦外部扶助终止，发展的动力也就戛然而止。区域内的内源发展动力来源于产业发展的培育，而贫困个体的内原动力发展来源于贫困个体的人力资本培育，这是内源发展的核心要义。

（二）强化外源拉动机制，促进外部资源的有效对接

在推进中国农村反贫困的战略实践中，外源拉动机制是我国农村反贫困的关键环节。外源拉动机制主要由政府主导，社会参与，在完善的运行机制上形成产业拉动机制、多元合作拉动机制构成和片区的区域发展带动机制，即形成产业发展、市场拉动力和区域综合拉动力。

外源拉动机制的运行机制包括三项具体机制，（1）产业发展政策拉动机制，通过产业政策制定，提高财政扶贫资金管理，使得财政扶贫资金能够落到产业发展实处，进一步优化产业结构，引导贫困地区和贫困人口融入大市场环境，并进行有效市场资源对接，从而实现脱贫。（2）多元合作拉动机制，多元合作拉动机制旨在鼓励和引导社会各方面力量参与到扶贫开发中，

形成大扶贫治理体系。在扶贫开发工作中，多元合作有利于提高资金来源的多样性，提高扶贫措施和方案的合理性，使得政府、社会组织、个人等相互合作、协同作战，各自发挥出相应的特长并弥补各自的缺陷，形成良性循环。（3）片区区域拉动机制，将贫困区联合在一起形成片区，结合片区的具体情况制定合理的区域发展政策，以此推动区域自然经济和社会整体发展，进而达到区域扶贫脱贫的目标实现。

外源推动机制是内源自我动力形成机制和内源推动机制的重要补充，两者互为依托。内源机制的进一步发展能够促进外源机制拉动力的更好消化，而外源拉动机制的进一步完善则更有利于扶贫内源动力的蓬勃发展，同时反过来促进外源拉动机制的运行。

（三）强化社会保障制度体系建设，实现贫困农户的兜底保障

实现最低生活保障对贫困农户实现全覆盖，为老、幼、病、残、弱等特殊群体提供最低生活救助，完善医疗救助、住房救助和教育救助等社会救助体系。拓展全社会资源，逐步建立非制度性社会保障，同时建立分类救助体系，根据贫困农户的实际情况，逐步实现有劳动能力和劳动意愿的贫困农户实现自力更生的能力。

总之，中国农村反贫困的制度建设，要把握内源和外源两大机制的完善，注意两大机制的协调发展，弥补以往中国农村反贫困措施的不足和弱势，取长补短，使得中国农村反贫困的战略实施健康有序发展。

第三节　贫困农户的主体塑造

人力资源是经济发展最重要的资源，人力资本是贫困人口最重要的资本，投资人力资本是最有效的投资。在过去中国农村的反贫困历史实践中，之所以能够在相对较短的时间内大幅度减少贫困人口，也与人力资本的投资有巨大的关系，正是通过人力资本的大规模投资，使我国沉重的“人口负担”转化为“人力资源优势”，贫困人口的减少过程实际上就是贫困人口人

力资本增加的过程，这一过程中贫困人口的能力得以发挥。①

挪威的经济学家斯泰恩·汉森提出，在面临贫困危机时，是各种不同的动因以及政治和文化的全部总和决定人民如何做出长期安排，在土地保护、新型作用要素、新技术、资本设备和教育等方面进行哪些投资……教育和职业培训与经济发展，两者之间相互关联，这是内部增长理论的核心。人的数量不是分析的主要变量，含义更广的变量是我们可以称之为人力资本或我们的知识的总和。② 瑞典学者冈纳·缪尔达尔也明确提出反贫困需要将个人和社会发展相结合，提出：主要的东西就是援助，它部分是根据在发达国家的国民福利中制定的社会政策原则来提供的，没有任何地区、任何人的生活水准应在一个国家的最低水平线以下，所有的个人都应当有公平的机会去改善他们的命运，这被认为是当然的……国际社会也应当为提高贫困国家的生活水平做出贡献，如果这些援助被用于提高营养水平，用于卫生和教育设施，从更长远来看，这将是对发展最有成效的帮助。③

习近平总书记指出，从社会发展史中可以认识到，人类生活需求包括物质生活需求和精神生活需求两部分。脱贫致富的过程就是贫困地区创造物质文明的过程，贫穷并不是社会主义，单纯的生产力高度发展也不能完全理解为社会主义，真正的社会主义应当是生产力和精神文明的高度发展，真正的脱贫致富应当是人民过上富足的生活并且拥有较高的科学文化水平和思想道德水平④。与此同时，习近平总书记还指出，扶智是扶贫工作中的重点内容之一，保障贫困地区的儿童接受良好的教育，这有利于避免贫困代际传递。

贫困人口是扶贫工作的主体，在我国政府实施的农村反贫困战略中，虽然也一直强调贫困人口的自力更生，并通过扶贫开发形成贫困人口自我积累、自我发展的能力，但在长期实践中发现，扶贫工作更多的表现为自上而下的行为，贫困人口在扶贫工作中的作用体现在劳动力的投入以及资金的筹集上，而其长期积累的乡土知识体系、主观能动性和发展决策权都没有得到足够的重视和发掘，政府扶贫开发工作的单向性使得扶贫开发工作的有效性

---

① 廖桂蓉．中国城镇贫困人口的人力资本与反贫困研究［M］．北京：民族出版社，2010：62.

② ［挪威］斯泰恩·汉森．发展中国家的环境与贫困危机［M］．北京：商务印书馆国际有限公司，1994：100.

③ ［瑞典］冈纳·缪尔达尔．世界贫困的挑战——世界反贫困大纲［M］．北京经济学院出版社，1991：323-324.

④ 习近平．摆脱贫困［M］．福建：福建人民出版社，2014：148-149.

和适应性大打折扣，甚至有的时候会起到相反的作用。因此，必须重视贫困个体的主体塑造。

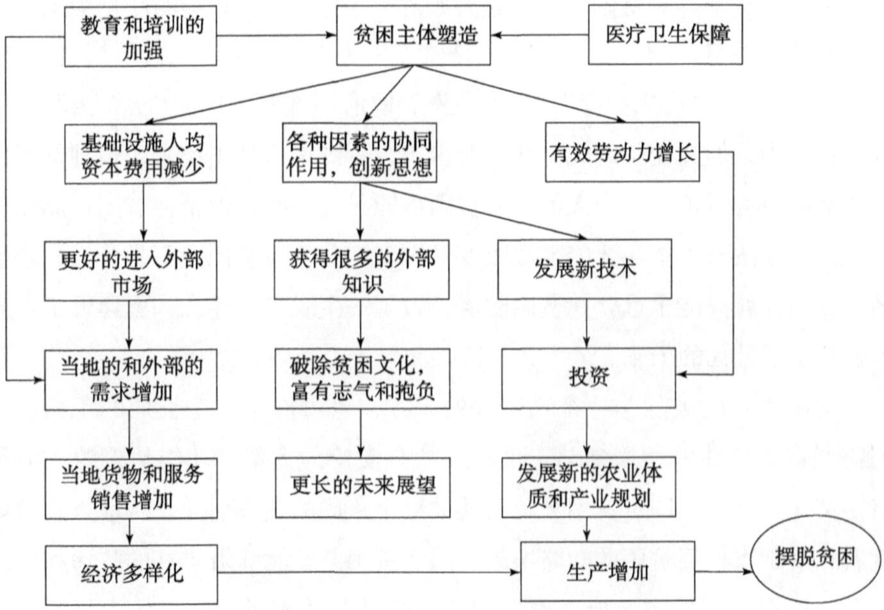

图 8-3　贫困人口主体塑造的路径模式

贫困个体的主体塑造的路径如图 8-3 所示，下面将相关建议陈述如下：

一、“扶志”先行——培养贫困个体反贫困的主体参与意识

“扶贫”先扶志，在坚持扶贫开发的同时，必须注重贫困农户的反贫困参与作用，明确参与式扶贫的新型贫困治理模式，这是政府在农村反贫困管理上的重要创新和进步。从贫困者的责任看，贫困者在反贫困的实践中包括消极与积极两种行为。而消极行为就是由于受到贫困文化的束缚。贫困文化是长期生活在贫困状态下的乡民的一种亚文化习俗、思维定式和价值取向的积淀，也是束缚贫困个体行为，迫使贫困者对贫困的一种适应和自我的维护。贫困文化是中国农村反贫困实践中非常重要的非经济障碍，从某种程度上讲，安贫认命、不求进取的心理贫困比低收入贫困本身更为可怕。因此，从反贫困的实践和长期的调查中可以看出，如想根治贫困，则必须要从破除

这种贫困文化的束缚入手，从整体上提升贫困个体的综合素质。

在笔者对贫困地区调研过程中，接触了不少驻村扶贫干部，在实际扶贫工作中，扶贫干部对贫困户“不是亲娘胜似亲娘”，不是买油就是买米，甚至有些地方给贫困户买牛买鸡。于是就催生了人人哭穷，人人争当贫困户，“要懒懒到底，政府来兜底”“到懒不懒，政府不管”，不以“贫”为耻，反以“贫”为荣的文化。因此，扶贫先扶志，否则永远扶不起来，精神贫困比物质贫困更为可怕，一个人的物质贫困可能只是一时，但精神贫困可能伴随一生。想办法努力奋斗才能彻底改变贫困现实，争当贫困户不是什么光彩事情，否则，就只能永远处在贫困阶层，毁了一生脱贫的斗志，更会毁了一家人甚至子子孙孙的未来。

贫困文化的破除是一个系统性的工程，也可能是一个长期的工程，不但需要贫困个体的积极参与，也需要社会支持的力量，才能从根源上消除贫困文化。首先，国定贫困县政府就要给予正确的舆论引导，从地方政府角度看，由于农村反贫困的战略实施，国定贫困县就意味着丰富的政治和经济资源，所以很多地方政府不愿脱掉“贫困县”的帽子，甚至认为是“问着臭、吃着香”，千方百计地想保住国定贫困县的帽子，而这一思维导向，不但导致了贫困县的反贫困实施对中央政府的依赖，也导致了干部群众的懒惰思想，“扶贫先治愚”，因此必须破除这一传统思维习惯。其次，注重乡风文明建设，激发贫困农户的内生能力，摒弃“求、靠、等、要”的思想与认识。在乡村发展上，既要传承保护发展乡村优秀农耕文明，也要培育引导农民树立现代价值观念和法治意识，提升农民精神风貌，提高乡村社会文明程度。乡风文明的提升无法在短时间内速成，要靠久久为功去养成，这就需要挖掘农村本土文化人才，鼓励引导各界人士投身乡村文化建设，形成一股新的农村文化建设的力量。

二、“治愚”赋能——强化贫困个体市场对接能力

通过教育和培训，增强贫困个体对接市场能力。教育对反贫困的重要性已经成为学界和政策决策者的共识，教育扶贫是改变贫困地区贫困现状的重

要途径和方式，也是改变贫困家庭面貌的重要手段，教育扶贫对于全面扶贫具有重大的社会意义。教育是国家的百年大计，农业、农民、农村是中国革命和建设的基本问题，农民文化的现代化是制约农村政治与经济发展的重要因素，农村的教育状况直接影响到农民文化素质的提高与否。[①] 在农村，特别是贫困地区的农村，人们对于自己的后代充满期待，希望能够为孩子提供更好的教育环境，将教育作为能够改变命运的最重要通道，希望孩子有朝一日能够有所作为，从此告别自己祖祖辈辈“面朝黄土背朝天”的命运，即便为此付出巨大的代价也心甘情愿。但农村教育资源比较稀缺，教学环境和师资配备尚比较薄弱，是造成农村人口不断外流的首要因素[②]，也是贫困文化滋生的首要因素。

在贫困地区，人力资本状况的改善，具体体现在如下几个方面：首先是文盲比例降低；其次是人均受教育年数明显增加；再次是外出务工人员的技能提升。

基于前文的分析与讨论，本书对教育扶贫的建议提出如下建议：

（一）完善、优化教育资源配置的区域布局

从当前的教育资源布局上看，地方政府主要负责基础性教育，即高中阶段以下的教育基本都是在本地完成，本地教育的主要投入在小学、初中和高中，而高等教育主要由中央政府进行统筹提供。因此，在统筹城乡教育资源的基础上，应强化农村基础教育建设和中等职业教育发展，包括加强学龄前儿童教育资源投入，提高教育体系的包容性，使教育以及其他公共服务能够充分覆盖流动儿童，不仅使得贫困地区的学龄儿童能够“有学上”，而且能够做到“多上学”“上好学”。其中扩大职业教育规模和提升职业教育本身就具有很强的益贫性，可以通过国内优质学校进行对口帮扶贫困地区的薄弱学校等各种方式，促进贫困地区的职业教育发展。

---

① 孔德永．关于我国农村教育现状与对策思考［J］．山东青年干部管理学院学报，2004（5）．

② 向卿青．山区农村人口空心化的调查与思考——以四川省苍溪县为例［J］．农村经济，2012（6）．
在该文章中认为：农业作为我国经济发展的基础性产业，离不开发挥农民主体的积极作用。但自改革开放以来，工业化、城市化的快速发展在促进了农民就业和增收的同时，也导致了大量的农村劳动力转移到城市，其中对下一代教育资源的匮乏是劳动力外流的重要的因素之一。

（二）充分实施贫困家庭子女教育保障

通过实施专门的扶持政策，保障贫困家庭的子女能够接受教育机会，不因各种原因失学辍学，使其“应学尽学”，不仅仅能够保障其义务阶段的教育的参与率，也要极力保障其参与三年学前教育以及免试中等职业教育等，从而延长其有效受教育年限，提升文化素质水平。

（三）推进贫困农户的各种培训体系建设

在对贫困县扶贫资金投向对贫困发生率的实证分析中，我们已经得出，通过加强农民的职业、技术培训，可以有效促进农民增加收入，因此，应在贫困地区加快发展农村职业教育，使其成为农村扶贫开发的重要抓手。针对贫困农户的教育培训是为了消除其在技能、精神和文化上贫困，因此要根据地区产业发展需要，深入发掘和引导农民培训需求，不仅仅为他们提供狭义上的技能培训，而且也要提升其落后的综合素质，以此保障其所从事的产业能够持续稳定地经营。

中国农村的反贫困，仍要以产业发展为主要支撑，为此就需要提升贫困地区各经营主体的综合经营素质，将贫困地区的产业发展引入到商品经济发展的大潮中谋取发展。我国贫困地区基本都是农作物产区，农业是贫困地区的主要产业，但贫困地区农业存在专业化水平不高等特点，且具有“大生产、小规模”特征。除此之外，农业发展受到交通运输条件、气候环境变化等因素的影响。根据国家统计局2016年的统计数据可知，我国农民工总量高达2.82亿人。农民工数量的庞大并不是由农业从业人员过剩导致的，而是由于农业收益太低导致大量的青壮年劳动力不愿意留在农村，相反，农业从业人员中大量缺乏青壮年劳动力，同时农业相关的技术型人才也大量短缺。在农业从业人员中，实用人才仅仅占到1.5%，受过中等及以上教育的人员仅仅占到4.3%，绝大部分农业从业人员的文化水平还停留在小学和初中阶段。在农业收益过低的大背景之下，大量的农村青壮年劳动力前往城市从事非农生产经营活动，这导致农村农业从业者基本为老人以及妇女，严重限制农村新型农业的发展。

在新的历史时期，我国农业出现巨大变革，具体体现在生产经营方式、组织方式以及投入方式上，农业从业人员的整体素质急需提高，并且农村青壮年劳动力向城市和非农产业转移的问题也需要解决，必须激发出农业的生产活力并提高农产劳动力的素质才有效推动农业的发展。在农业从业人员素质较低这一问题的解决上，可以通过现场辅导、远程教育、科技下乡、座谈会等形式开展农业职业教育，以此提高农业从业人员的整体素质；在农业生产规模较小这一问题的解决上，可以通过在龙头企业、专业大户以及合作社等开展讲座和实训，使得更多的农业从业人员掌握规模化生产的经验和方法，引导其开展规模化农业生产。

当前我国特色现代农业包含两个方面，一是新型职业农民的培养，二是新型农业经营主体的培养。前者意在解决“谁来种地”的问题，后者重在解决“如何种地”和“如何高效和竞争力地发展产业”的问题，两者只有相互融合、有机联动，才能有的放矢、相得益彰。

三、“健体”保障——健康扶贫提升贫困个体身体素质

健康的身体素质，是实现自力更生的基础保障。在健康扶贫领域，要根据《中共中央、国务院关于打赢扶贫攻坚战的决定》要求，积极开展医疗保险和医疗救助脱贫，实施健康扶贫工程，保障农村贫困人口享有基本的医疗卫生服务，努力防止因病致贫、因病返贫。特别针对深度贫困地区的健康扶贫，由于这些地区的扶贫对象的贫困深度远高于其他地区，这使得他们在疾病面前显得更为脆弱，更容易陷入因病致贫的困境，因此，在贫困地区需要更为完善的大病和慢性病的费用保障体系建设。同时，在深度贫困地区，由于地方性环境因素和长期形成的生活习惯因素的影响，贫困户的健康行为和生活方式较为落后，为此，要创造良好的卫生服务环境，从而帮助他们改善健康的生活方式，加强地方病的防控等。

为应对“因病致贫、因病返贫”的风险，可以着力提升风险救助体系运行效率，增强政府公共服务实施效果，发挥好保险机制的财政资金“放大器”作用。在我国财政扶贫资金有限的情况下，完全靠政府的医疗救助，难以完全解决贫困农户的健康保障，而保险机制对政府财政有着显著的放大效应，能够以较少的财政补贴撬动巨量资金，从而有效织密织牢风险保障网。例如根据中国人保的保险案例，河北省阜平县在 2015 年仅用 391 万的财政补贴资金就撬动了 1090.63 万元的保险资金，获得了 11.43 亿元的保险

保障；在江西赣州，政府也通过为每个贫困户投入 90 元购买商业补充保险，全市贫困人口住院医疗费用自付比例由原先的 36% 以上，下降到了现在的 7.19%，最低只有 2.18%。由此，通过风险救助体系，有效降低了贫困群众的医疗负担。

总之，贫困个体是反贫困的对象，也反贫困的实施主体，两者两位一体。只有通过对贫困个体各方面能力的塑造和培育，实现其自我积累、自我发展的能力，才能摆脱外部资源依赖，最终实现摆脱贫困的目标。

第四节　产业发展路径创新

马克思、恩格斯认为，共产主义社会的建设以生产力的高度发展为前提和基础[①]，高度发展的生产力是共产主义社会的物质基础，脱离高度发展的生产力谈共产主义，那就是臆想。当生产力处于停滞不前或者缓慢发展阶段时，贫困问题将逐渐滋生并普遍蔓延，当贫困问题达到极端时，生活必需品的斗争将重新开始，任何陈腐污浊的东西都将再一次出现。因此，在共产主义社会的第一阶段即社会主义社会，无产阶级的主要任务，将是“尽可能快地增加生产力的总量”。共产主义制度的建立不仅以高度发展的生产力为基础，而且将使未来社会的生产力得到更高的发展。马克思、恩格斯关于未来社会的科学幻想，为现阶段我国农村贫困问题的解决提供一定的理论基础和依据。加快农村生产力的高度发展，走市场化反贫困的发展道路，是贫困的农村地区彻底摆脱贫困的根本选择，也是实现贫困农户稳定脱贫的最重要支撑。

农业产业化是我国农村改革和市场化农业发展的必然产物和最终选择。在我国现阶段，农业产业化经营指的是在家庭联产承包经营责任制基础之上，各类龙头组织根据市场需求将农业活动中的各个利益环节整合在一起所形成的生产经营组织形式。农村产业化的内涵实质，就是要按照建立社会主义市场经济体制的要求，全面、系统地改造传统的自给半自给的农业

---

① 马克思，恩格斯 . 德意志意识形态，马克思恩格斯文集（第一卷）[M] . 北京：人民出版社，2009：538.

生产模式，使之与市场有效联结，提高农业生产的市场化、商品化以及专业化。

在2000年11月的中央经济工作会议上，农业产业化得到充分肯定，会议指出，农业产业化是在社会主义市场经济体制要求下，农业结构的合理调整，农民在农业产业化中可以更有效地参与到市场中并实现规模化经营，这一方式应当得到鼓励和支持。[①]在《中国农村扶贫开发纲要（2011—2020年）》中，产业扶贫得到高度关注，纲要中指出，扶贫工作需要充分结合贫困地区的具体情况，充分考虑贫困地区的自然资源和生态环境，合理运用先进技术和管理方法，推动特色支柱产业的茁壮成长，培养贫困地区的造血能力，切实有效的实现脱贫。在市场经济体制下，农业产业结构应当适当调整，在龙头企业、合作社以及各组织的带领下，贫困农户积极参与，推动生产力的高度发展。

产业扶贫，在中国农村反贫困实践中具有重要的战略地位，任何区域的产业发展，都离不开生产要素的流动与组合。由于生产要素的组合方式不同，就决定了各个区域内的竞争优势，区域内的主导产业类型和发展的不同阶段也就呈现不同的特点。

一、贫困地区的产业发展阶段分析

美国的经济学家迈克尔．波特对产业发展的不同阶段有过精彩描述，他认为：一国经济地位上升的进程就是其竞争优势加强的过程。从国际竞争看，每个国家可以根据产业发展的状况，分为不同的竞争优势阶段，且每个阶段所强调发展的产业、产业环境、企业发展战略和政府产业政策都有所不同。[②]把竞争优势阶段化，“其主要目的就是在于清楚地刻画那些促进国家经济繁荣的产业特色”，同时“讨论企业战略和政府政策的标准所在”。

依据波特提出的理论，一国或一个地区的产业参与市场竞争的过程可以大致上分为四个阶段，如图8-4所示。在不同的发展阶段内，产业的竞争力来源是不同的：第一阶段为要素推动阶段，在该阶段内，区域内的自然

---

① 杨军．贫困地区农村经济发展与农业产业化研究［M］．甘肃：甘肃人民出版社，2001：89.
② ［美］迈克尔·波特．国家竞争优势［M］．北京：华夏出版社，2002：532.

资源、土地、劳动力等初级生产要素的优势是竞争力的主要来源。第二阶段为投资驱动阶段，这一阶段中的竞争力主要来源为资本要素。第三阶段是创新推进阶段，在该阶段内，产业内部已经形成了研究、生产和开发的完善系统，并通过科技成果转化，赢得了持续的市场竞争优势。第四阶段为财富推动阶段，在该阶段内主要通过影响政府的决策来保护产业，产业的竞争力逐渐衰退。

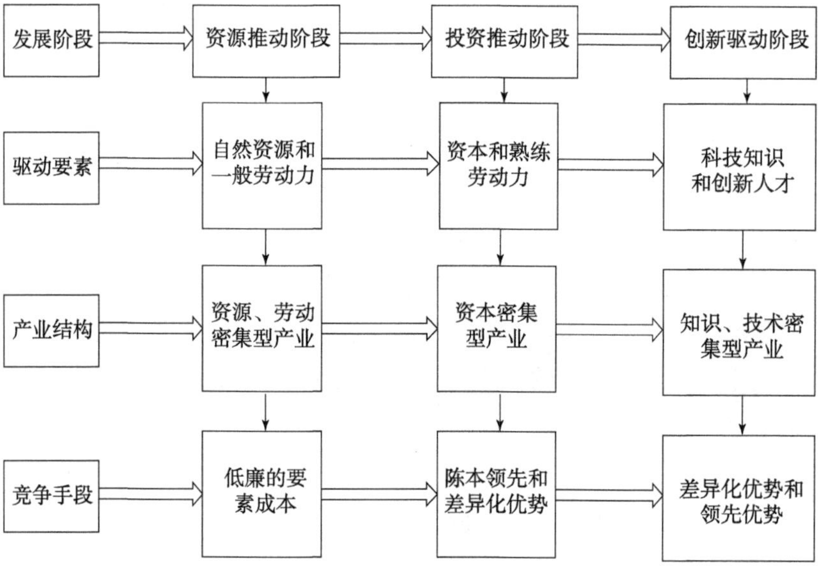

图 8-4　产业发展竞争力演进阶段分析[①]

波特的理论认为，正是在产业竞争的不同阶段，区域内的产业竞争力及其决定因素会发生显著变化，如此整个区域的产业结构也会发生重大变化。我国经济学家金碚在研究中国产业参与国际竞争时指出，这一漫长的过程大致可以划分为四个阶段，具体为资源竞争阶段、产销竞争阶段、资本实力竞争阶段以及技术创新竞争阶段。[②]金碚的观点与波特的观点异曲同工，即需要根据区域的产业要素组合优势确定产业发展的不同阶段，因地制宜地进行产业的引导和培育。

从贫困地区的产业发展驱动要素看，土地、矿产资源、劳动力等初级

① 刘娟．贫困县产业发展与可持续竞争力提升研究［M］．北京：人民出版社，2011：135.

② 金碚．竞争力经济学［M］．广东：广东经济出版社，2003：38.

生产要素是现阶段产业发展的主要驱动力量，基本都要依靠低成本的竞争战略，来进行市场的开发，同时由于大部分都采用了粗放的农业耕种方式和高消耗、高污染的传统工业发展模式，资源的利用效率和生产力水平低，所以综合来看，贫困地区的产业竞争基本处于初级的资源推动阶段。

准确把握贫困地区产业竞争的所处阶段，具有重要的意义。一旦确定了产业发展定位，将对产业主要动力源泉、主要竞争战略制定和产业政策的改进产生积极影响。为实现区域内的产业发展，贫困地区就要通过改善要素投入结构，实现产业升级，有针对性地增强技术、资本、人才等对产业竞争的推动作用，提高产业的创新能力和差异化竞争能力，实现产业发展阶段的逐步演进，保证产业市场竞争力的可持续和资源环境承载力的可持续性。

二、贫困地区产业发展创新的问题导向分析

在贫困地区实现现代意义上的市场交易和产业化，面临着众多的困难。

（一）农户经营规模小、产业化程度不高

新型农业现代化要求打造农业规模化经营，小规模经营对农业供给侧结构性改革造成严重阻碍。在贫困地区内，由于人均耕地面积小，占有资源匮乏，农户生产规模小，同大型农业生产商相比产量低、质量差。农业生产是农民的生计所在，生产规模小造成对市场的抗风险能力降低，无法通过有效的渠道和市场需求形成有效对接、良性互动，易陷入生产被动的局面，当前各地大宗农产品的滞销就是最好例证。生产规模小主要因为农民生产较为分散，不能对耕地、劳动力等生产资料进行集中、科学、有效使用，这也暴露出当前农业的深层次问题。同时，小规模生产经营大大削弱了对农业生产统一引导、管理、监督工作开展的有效性，既不利于规范农业生产，也不利于农业产业化发展。分散的种植、养殖、加工，难以构建一体化体制机制，不但制约了农业的整体发展，也对农产品和农业生产资料加工品的物流发展造成阻碍。

农业产业化程度不高表现在：一是农产品附加值不高，这是由于我国农户的农业市场经济思想比较落后，对于农业相关的生产、管理、加工认识不足，未能和市场需求形成对接，缺少发现商机的能力。当前多数农户经营

的农业种类比较单一，农产品的深加工不足，这也和乡镇的规模化经营发展不足、科技含量低有关。二是农业生产组织化程度低，这不仅制约了对农产品市场潜力的开发、产品增值，也降低了大宗农产品的贸易竞争力，加剧农业生产的资源错配、浪费。同时，生产组织化程度低也加大了调控库存的难度，难以及时引导农产品市场健康发展。三是农业产业链低端、不完整，当前农业产业链多数处于中低端，产品附加值低、质量差，各产业链条不完整，呈分割状态，各产业链条的对接也不科学、精准。同时，整个产业链的发展没有精准定位、科学开发、系统管理、全局统筹，这会影响农业供给侧结构的整体改革。

农业产业化发展是现代化农业的必由之路，产业化、规模化、集聚化、区域化、协同化发展，都有本质的内在联系，这关系到农业的全面发展。

（二）农业科技力量不足，农户缺少专业知识

我国农业科技水平整体不高，特别是同发达国家相比，农业生产效率低、质量差，消耗资源多、浪费大。而在贫困地区表现尤其如此，具体表现在，一是农业机械化水平不高，机械化大规模运作是当今世界农业发展的主流，我国农业发展确实在逐步走向机械化，但与国际水平相比仍有一定差距，各地区的机械化水平差异大，机械化装备的管理、使用、服务不到位，造成生产装备机械化的成本较高，多数农业小规模生产者难以常态化使用，农业机械装备的有效供给和现实需求不能平衡。二是农业技术研发理念不科学、推广工作不到位。21 世纪以来，我国农业生产技术取得长足进步，有关农业生产的化肥、饲料、农药等技术的发展极大提高了产量和产能。但是，这种生产技术的发展是以追求产量提高、经济增收为指导理念，并未认真考虑到生产效率、生产质量、环境污染、人体健康。同时，农业的技术推广并未得到有效开展，缺少现代化的手段和体系化构建。三是农业科学技术成果转化率不高。当前，各级科研单位、院校都对农业生产进行了大量研究，但很多成果未能及时、有效转化为实践技术，这不利于农业的集约、环保、可持续发展。与此同时，广大农户比较缺少现代化的农业技术专业知识，涉及农产品的种植、养殖、培育、管理、加工、销售等，特别是在信息化时代下，农户对农技的掌握更为重要。由于对新的生产技术掌握不够、重视不足，广大农户往往按照传统的生产方式、思维惯性进行周而复始的低效生产，不但难以

提高经营收入，还加剧了对农业资源的消耗和浪费。

（三）农业基础设施建设落后、管理服务水平低

贫困地区农村基础设施建设整体落后，极大地削弱了产业发展的基础力量、配套力量。一是农村水利网络、农田灌溉等基础设施发展滞后。中央一直通过转移支付、专项资金予以扶持，地方政府也积极发挥作用，但是由于资金缺口大，资金使用不合理，存在结构性矛盾，对农田、水库、沟渠、堤坝等项目建设不到位，相关的配套工程也未能及时跟进。二是农村道路交通建设依然存在不小缺口。由于我国发展的区域性差异，中西部地区的道路交通建设相对落后，特别是西部地区。中西部地区承担了大量的农业生产任务，道路交通关系着生产要素的流通、科学技术的传播、人力物力的输送，特别是在当今互联网、物联网高度发达的今天，显得尤为重要。三是贫困地区的信息化建设落后。农业生产要想实现有效供给就必须同市场形成对接，及时掌握市场产品风向和消费导向，农业发展需要信息的沟通和传播，及时掌握先进知识、管理经验、品种特性等。当前，农村的电力、网络、通信等设施和农业现代化需求存在很大脱节，不利于农业供给侧结构性改革的推进。同时，地方政府对农业生产的合理引导、规范管理工作水平较低。未来，市场要在资源配置中发挥决定性作用，农业市场的动态、特点、需求必须要和农业生产形成有效对接，这就需要地方政府更好地发挥职能，及时为农户提供有效信息、好的农业项目。但是，当前地方政府主要采取的是农业生产科技培训，在农业市场化的发展引导方面角色缺位，缺少对农户进行产业化、规模化生产的引导，农业工作布局不系统、不具体。有关农业生产和发展的各项配套服务不到位，如种粮补贴、技术服务、机械维护等。

三、贫困地区的产业发展路径创新建议

贫困地区的产业发展，离不开中央政府的农村总体产业政策指引。自1978年后，我国实施了十一届三中全会做出的改革开放的历史性决策。中国共产党尊重农民的首创精神，率先在农村发起改革，传统的人民公社制度被打破，取而代之的是以家庭承包经营为基础，统分结合的双层经营体制。这一体制是适应社会主义市场经济体制、符合农业生产特点的农村基本经营制

度，是党的农村政策的基石。[①] 在中国共产党的带领下，农村发展不断改革创新，亿万农民的积极性得到充分调动，农村生产力得以解放和发展。正是由于农村改革发展所取得的巨大成就，使得我国社会主义市场经济体制以及社会主义初级阶段基本经济制度的建立与完善得以展开，使得我国人民得以从温饱不足阶段跨越到全面小康阶段，使得我国社会主义大局得以稳定。

贫困地区由于受制于产业发展中各生产要素的区域条件约束，因此，在产业发展过程面临重重困难。当前，为促进中国农村的反贫困战略实施，贫困地区的产业发展应在适应当前的农业供给侧结构性改革趋势，通过供给侧结构性改革，调整农业发展的结构，推动农业发展转型升级，提高产出的质量和效能，增强农业生产和市场需求对接能力，促进农业结构合理、产业升级、优化配置、保障有力、环保集约，扩展贫困农民增收渠道，最终实现稳定脱贫。即在贫困区域内：因地制宜，根据贫困地区的农业、工业发展优势和特点，调整经济结构和转变经济发展方式，不断提高供给结构的适应性与灵活性，促进全要素生产效率的提升。具体建议措施有：

第一，推动制度变革。农业发展要有效满足社会需求，就必须充分融入社会主义市场经济。要变革农业发展中同社会主义市场经济出现的矛盾性、脱节性、残缺性的制度、体制、机制。例如，推进农村土地流转制度，实施土地适度规模经营。未来 15~20 年内，我国城镇化进程还将大力推进，农村劳动力必然由农村流向于城镇，土地规模化经营势在必行。对此，为保障土地规模化经营的稳定性，必须建立相配套的农地产权制度，以此为土地流转以及土地规模化经营提供政策保障。土地规模化经营有利于推动农业产业化发展，有利于实现农业生产力的高速发展，但土地规模化经营的发展必须与新型农业生产方式相适应，与农业社会化服务水平相适应，与农业科技发展水平相适应，与农村劳动力转移情况相适应，只有做到土地规模化经营与各项因素的协调发展，才能保证土地规模化经营的科学合理性。片面追求土地经营的规模化必然导致经济发展的不协调，不仅达不到土地规模化经营的目的，更可能适得其反。同时也要同步推进粮食流通制度、农产品价格形成机制、农村规范化管理制度等。

---

① “统分结合”，就是在坚持土地等生产资料统一由集体所有的前提下，把土地分散承包给农民；“双层经营”，就是将农村经营组织形式分为集体经济组织统一经营和家庭分散经营两个层次，集体拥有土地所有权并保留某些统一经营的职能，农户拥有土地承包权和生产经营权。

第二，要调整优化贫困地区的农业产业结构。总量不足是农业发展的传统矛盾，当前农业发展的矛盾已经转向于结构性矛盾，最突出的是农业发展质量不高，不能满足人民的生产需要、生活需求，不能和人民消费偏好保持同步，缺乏适应性、灵活性，在产业发展中拼资源拼环境，过分追求增加产量的发展模式必须要改变。在先进技术、管理方法、气候条件、农业政策等各项因素的共同作用下，我国粮食总产量从2004年开始逐步上升。国际上将人均粮食产量安全线设定为400公斤，从2010年起，我国人均粮食产量均超过国际安全线，并且在2017年人均粮食产量达到444.51公斤。就当前我国人均粮食产量而言，粮食安全已经不再是难题，在这一形势下，转变农业生产方式具备相应的条件。因此以市场经济需求为着眼点，需要对农业生产的产品种类、布局区域、价格定位、产品质量进行合理调整。要优化作物类种植和家禽类养殖方式，科学开发农业资源，提高使用效率，注重调整产业链的整体发展和段位衔接，提高产业链效率和价值。同时，积极推进农村一、二、三产业融合发展，加快构建现代农业产业体系，让贫困农户分享产业链增值收益。在贫困农村区域，应根据区域特点，因地制宜，加快优化养殖业、种植业的品种开发和培养，并进一步深化加工业、服务业的产业链条引导和培育，通过延长产业链、提升价值链形成产业的可持续发展态势。引导发展多种形式的适度规模经营，培育新型农业经营主体，扶持小农生产，通过加大培训力度、强化政策扶持、改善创业服务等多种方式，让农村一、二、三产业融合发展的收益更多地留在主产区、留给农民，增加小农户收入。健全农业社会化服务体系，将一家一户小生产融入农业现代化大生产之中，让他们更好地分享农村一、二、三产业融合发展的增值收益。

第三，在进行产业结构调整和优化时，要坚持经营性收入和资产收入并重的原则。由于在贫困地区进行产业开发，特别是对农林特产业的开发面临着自然和市场的双重风险威胁，农民的市场风险抵抗能力差，收入结构的稳定性也非常脆弱。相对而言，资产收入比较稳定和可靠，受市场的随机性冲击较小，因此，为实现贫困农户的持续稳定增收，不仅仅要注重产业发展过程中农户经营收入的提高，而且更要逐步提高产业发展中农户资产性收入的比例，例如可以通过耕地、林地等承包权和收益权等进行股权利益联结等方式，增加资产性收入，实现贫困农户永久脱贫。

第四，要加快贫困地区市场经营主体培育，实现贫困农户与外部资源的充分对接。根据2015年统计数据可知，我国96%的农户依然经营着2公顷以下的土地，农户规模高达2.57亿，越贫困的地区农户小规模耕种的比例越高。随着社会的不断发展，劳动力成本和土地成本不断上升，小规模耕作的弊端日益显现出来，具体包括两个方面，一是小规模耕种的竞争力下降，随着技术的发展，机械化在农业生产中得到越来越广泛的应用，其有效提高农业生产效率并增加农业收益，小规模耕种由于作业面积有限而无法使用机械设备，这导致小规模耕种的生产效率相对较低，生产成本相对较高，竞争力远远落后于机械化生产。二是小规模耕种的市场风险和市场交易成本提高，随着社会的不断发展，市场需求不断变化，只有适应市场需求的农业生产才能够更好地生存，但是小规模耕种的生产经营组织化程度比较低，与市场的对接程度不高，这不仅提高小规模耕种的市场风险，更增加小规模耕种的交易成本。对此，只有实现农业生产方式的转型，构建新型农业生产方式，才能够实现乡村农业的振兴。

在现阶段，可以通过各种利益联结方式，采取多种形式培育市场主体，具体形式有龙头企业带动型，专业市场+基地农户，中介组织+企业+农户，合作组织+基地农户，主导产业+基地农户，开发集团+基地农户等各种形式。与此同时，加大对农村合作社的支持和鼓励力度，引导更多的农村能人、种植大户等参与到农村合作社的主办和领办中，通过农村合作社提高农户的组织化程度并培养农户的专业能力。①

第五，要完善社会化服务体系。社会化服务体系具体包括疾病防治、金融保险、仓储物流以及生产技术等内容，社会化服务体系的完善有利于引导贫困农户参与到现代农业发展体系之中。就目前农业生产而言，社会化服务体系还不够完善，至少在农业生产的整个过程中还无法体现出社会化服务体系的作用。对此，应当在社会主义市场经济体制下，构建由政府、合作社等为主体，形式多样的农村社会化服务体系。农村社会化服务体系旨在推动农村产业发展，其不仅包括农业，还包括渔业、林业、畜牧业等一系列农村产

① “第三次全国农业普查结果显示，2016年末全国农业经营单位达到204万个，比2006年增长417.4%。农民专业合作社几乎从无到有，快速发展，提高了农业生产经营的组织化程度。2016年末以农业生产经营或服务为主的农民专业合作社达到91万个，合作社已经成为中国农村反贫困的重要组织力量”。宁吉喆．“三农”发展举世瞩目 乡村振兴任重道远［J］．人民日报，2017-12-15（10）．

业。在各个产业的整个过程中，社会化服务体系均能够发挥作用，在产业启动阶段，社会化服务体系具有信息收集、互助资金、小额贷款、财政贴息以及技能培训等功能；在产业发展阶段，社会化服务体系具有市场风险规避、物流仓储等功能；就社会化服务体系在现代农业发展中作用而言，政府应当完善社会化服务体系。

第六，要加强贫困地区农业基础设施建设，加快构建现代农业生产体系。坚决打赢脱贫攻坚战，确保到2020年我国现行标准下农村贫困人口实现脱贫，最根本的途径是帮助贫困户发展特色产业。为此，需要加快构建优良的产业发展环境，要利用现代设施、装备、技术手段补足贫困地区的产业发展短板，发展绿色生产，提高农业科技化、信息化、标准化等水平。通过实施“一村一品”等强村富民工程，帮助贫困地区引进农业产业化龙头企业等新型农业经营主体，支持他们依托特色资源优势发展壮大主导产业，带动当地贫困农户脱贫增收。充分发掘贫困地区自然资源优势，大力发展乡村旅游和休闲农业，拓宽贫困农户脱贫增收渠道。大力发展农产品电子商务，促进产销衔接，打造特色品牌，着力解决小农户农产品“卖难价低”等问题，让他们共同分享现代农业发展成果。

第七，要发挥农业补贴的导向作用，进一步完善财政支农政策体系，让小农户参与价值链收益分配。要按照“基在农业、利在农民、惠在农村”的思路，进一步调整和完善农业补贴，让财政补贴更多更广惠及农民群众特别是小农户。有些地方积极探索将财政补助资金以股份形式量化到农民合作社成员或农户，使小农户也能参与全产业链和价值链的利益分配。政府通过财政补助资金重点扶持带动小农户发展的新型农业经营主体，支持他们通过股份合作、订单农业等方式与小农户建立紧密的利益联结机制，让处于产业链低端的小农户也能分享财政支农的政策红利。

第八，要拓宽农民增收渠道，逐步健全就业创业服务体系。要健全城乡劳动者平等就业制度，完善农民创业创新保障机制，使人人都有通过辛勤劳动实现自身发展的机会。一方面，积极创造条件，扩大农村劳动力转移就业渠道，健全转移就业服务体系，鼓励农民以多种方式进城务工，让他们在城镇安居乐业。另一方面，农业是农民的立身之本，农村是农民的美丽家园，应该优先支持在家乡搞双创的农民。要在政策、产业、人才、服务等方面下功夫，构建相互协同的支撑体系，支持各类返乡下乡人员到农村创业创新，带动小农户发展特色化、小众化、中高端、高附加值的产业，共同分享农村双创成果。在实践创业中，注重发挥农业的多功能作用，农业主要有生产功能、生态功能、保障功能、教育功能、调节功能。发挥农业的多功能作用，就是将供给端的改革走向纵深。随着经济社会的深入发展，农业的调节功能逐渐显现。一方面是缩小城乡差距，消融城乡一体化的隐形障碍，促进了城乡之间的互动，如旅游、休闲农业的开发，城市消费者可以体验地方文化、乡村特色、回归自然，也给农户带来增收。另一方面是农业发展促进工业化、信息化、城镇化之间的协同推进，有益于缓解、缩小相互之间的发展差距，因为农业具有基础性、全局性、灵活性。从农业供给侧着眼，对农业多功能进行分析，这些功能相互之间并不孤立，相互之间有内在的影响和联系。因此，要重视发挥农业的多功能作用，逐步挖掘和发挥其多功能的潜力和作用，推动贫困地区产业全面、深入、高效开展。

最后，在进行贫困地区的产业引导时，要注重均衡发展，避免出现新的发展不平衡。在贫困地区产业发展中，由于部分农民的高收入主要来源是非农产业而不是传统的农业，且贫困人口的贫困化行为已经和传统的农业组织环境相互交织在一起，很难自破藩篱，所以在很多贫困地区，投资于非农产业更为符合技术比较优势原则，而且劳动力的产业转移可以直接切断与传统农业连带的贫困化行为链，所以以非农产业项目发展成了这些贫困地区最为主要的反贫困的行为路径。但是在实际运转过程中，也出现了一些问题。主要表现为产业化扶贫不可避免地成为一种“高门槛”的行为，不仅导致贫困农户参与机会的高门槛约束，而且也加剧了资金技术的偏态分配——少数基础好的贫困户和农村地区获得项目密度更高，而那些大量基础差的贫困户和农村地区获得项目最少，由此可能导致产生新的矛盾，因此在反贫困实践中就要尽量避免造成新的发展不平衡，从而避免矛盾的产生或激化。

第五节　农村脱贫攻坚的社会救助创新

减缓和消除贫困既是经济社会协调发展的前提，更是和谐社会的基础，通过建立社会保障体系，对老、弱、病、残、幼等特殊群体进行社会救助，从基本医疗、基本住房、基本教育等方面建立专项救助制度，是任何一个负责任政府的必然选择①，因此，社会救助是社会保障制度必不可少的一部分，绝大部分国家在发展过程中都设有社会救助制度。社会救助制度是一项极其关键的社会政策，其在功能和目标上与社会意识形态以及社会制度存在一定的不同，是国家为贫困人口所设立的安全保障线，保证社会中的每个脆弱生命体避免面临生存危机，以此实现社会的和谐稳定。②

一、社会救助制度创新的问题导向分析

最低生活保障制度是社会保障制度的重要组成部分，其目的在于保障每个公民的基本生存权利，当公民的收入水平低于维持基本生活需求的支出时，公民可根据相关规章制度或法律法规向政府申请资金或者实物救助。我国的居民最低生活保障制度是国家社会保障制度的主体制度之一，其根据城乡居民的不同划分为城市居民最低生活保障制度和农村居民最低生活保障制度两种。在中国农村反贫困的战略实施中，农村居民最低生活保障制度有效缓解贫困人口的物质生活问题，但随着社会化的转型和实际需要，我国农村的社会保障制度也迫切需要进一步完善。

伴随着社会的加速转型和深度的脱贫攻坚战略实施，中国农村的贫困人口的社会救助指向问题面临着重大挑战。中国经济的高速发展，带来了经济结构和社会的加速转型。转型即意味着转化和过渡，在转型期内“相对于国家干预和市场调节，结构性转型作为一种无形的巨大力量，以特有方式规定着社会发展的趋势和资源配置的方向”③。长期以来，我国的贫困救助对象主要以绝对贫困人口为主，即以绝对贫困标准确定救助对象，对其实施最低生活救助，强调救助的基础性和低层次性，以确保农村贫困人口由于年老、残疾、灾害等诸多因素而造成生活贫困时，不至于陷入无助的生活困境。这种以绝对贫困为标准的社会救助，是对于农村集体经济保障制度的“兜底”，

① 米勇生．社会救助与贫困治理［M］．北京：中国社会出版社，2012：3.

② 江树革，比约恩·古斯塔夫森．国外社会救助的经验和中国社会救助的未来发展［J］．经济社会体制比较，2007（4）.

③ 李培林．另一只看不见的手——社会结构转型［J］．北京：中国社会科学，1992（5）.

也是对经济转轨和社会转型进程中制度断裂和真空的一种填补和替代。① 但这种救助方式，无论在范围还是实施效果上都已经远远不能适应市场经济体制下存在的大量社会风险需要，随着社会经济发展和社会整体保障制度的进一步完善，这种绝对贫困的救助面将日趋缩小。

二、社会救助制度的创新建议

基于当前我国农村的社会救助存在的问题，本书提出如下建议：

第一，推进农村低保制度和反贫困救助制度的有效衔接。2003 年，我国城市最低生活保障制度在试行中取得巨大成功，由此民政部开始着手在农村部署农村最低生活保障制度。到 2007 年，经过 4 年的发展，农村最低生活保障制度在全国范围内得到实施。② 农村低保制度的实施主体为民政部门，而扶贫救助由扶贫开发办公室负责，在实践操作中，由于医疗救助、教育援助、生活补助、产业发展补助、住房改造补助等诸多政策都是以低保资格或贫困户资格来作为主要依据，因此，当这些补助实施到位后，很可能由于多种补助形成的“叠加模式”，造成了贫困边缘户的实际收入反而低于低保家庭或贫困户家庭的“悬崖效应”，由此可能就造成了新的不平等，也削弱了那些有劳动能力的低保人员的就业积极性。因此，这是一种基于运行成本和实际操作的次优选择，存在天然的缺陷和不足，这种救助方式，充其量仅能克服和缓解贫困，而不能从根本上消除社会贫困。与此同时，在执行以资金和实物为主的救助方式时，被救助者的心理辅导和能力培养并没有相应展开，这导致传统社会救助的弊端显现出来，比如贫困蔓延、贫困代际传递等。

为此，在进行社会保障制度建设时，要实施低保制度和社会救助制度的有效衔接，同时不能仅仅局限于进行消极的补偿与救助，而应该以实现社会参与、社会融合为目标，积极实施基于消除社会排斥的发展型社会救助。如针对农村有劳动能力的贫困人口，应对其积极开展在就业培训、技术指导和就业援助，提升救助对象的素质和参与市场竞争的能力，并根据情况实施分

① 代恒猛 . 社会转型与社会救助——一个理论分析框架［M］.// 米勇生 . 社会救助与贫困治理 . 北京：中国社会出版社，2012：192.

② 中华人民共和国民政部：《全国所有涉农县均已全面建立和实施农村低保制度》，民政部网站，2007 年 11 月 1 日，http：//www.mca.gov.cn/article/zgwk/gzdt/200711/20071100003367.html

类救助和就业低保渐退制度，促进救助对象积极就业；对贫困家庭的子女，实施奖学金、助学贷款和义务教育阶段“两补一免”等政策，确保其获得的教育机会均等，防止贫困的“代际传递”。

第二，积极扩展社会渠道，丰富非制度性社会救助。非制度性救助指的是调动社会资源，使得社会福利资源得到最优配置。根据帕累托增进可知，当一项社会变革导致一部分社会群体的福利增加时，其他社会成员的福利并不会减少，那么这项社会变革处于最理想状态，具有绝对可行性。① 非制度性救助最典型的方式就是慈善捐赠，这一类型的慈善捐赠建立在公平自愿的基础上，捐赠者的捐赠行为并不会导致自身福利减少，与此同时，通过捐赠行为其还可以实现个人福利的提高，并且接受捐赠者的福利也会相应增加，这就形成帕累托增进型的社会福利改善。②

第三，建立健全分类救助体系。各国在确认救助对象和救助行为时一般以家庭为单位，实现人口群体的细分，针对不同的细分人口制定相应的政策。我国分类救助政策起步较晚，相比较西方发达国家而言还不够完善，在具体执行过程中还存在一定的不足，如分类的标准和依据还不够完善，难以实现救助对象的科学合理区分。对此，相关部门应当对分类标准和依据加以完善，根据贫困人口的特点、需求制定合理的分类标准和依据，提高救助的针对性和有效性。除此之外，分类救助体系还可以参考国外社会救助的模式和体系，将发展型救助理念引入其中。当前我国最低生活保障制度侧重于救助对象的最低生活保障，而忽视了救助对象的发展性需求，对此可以在条件允许的情况下对救助资金加以细分，使其划分为最低生活救助金、就业补助基金等，在保障救助者最低生活水平的同时通过就业补助资金鼓励和支持救助者参与职业技能培训，激发救助者自给自足的能力。

---

① 依据“边际效用递减”规律，消费者消费某一物品的数量越多，其满足或对重复刺激的能力减弱。庇古由此提出了“收入均等化”主张。他认为“转移富人的货币收入给穷人，会使满足更大”。福利是个人获得的某种效用或满足，所以增加社会福利的一个重要措施就是政府通过税收机制把富人收入边际效用低的那部分转移给穷人，以实现资源的最优配置。

② 周沛．新型社会救助方式探讨［M］// 米勇生．社会救助与贫困治理．北京：中国社会出版社，2012：41.

第六节　社会组织参与反贫困的体系创新

在中国农村反贫困的理论研究和实践领域中，社会组织参与贫困治理具有重要意义。由于中国农村贫困的成因具有复杂性，不同区域之间、不同贫困户之间的致贫因素具有显著的差异性和综合性。因此为实施中国农村的有效贫困治理，就需要借助多元主体的共同参与，综合运用政府机制、市场机制和社会机制，并使其形成合力，促进中国农村反贫困战略的顺利实施。

社会组织作为当前扶贫攻坚行动中的一支重要力量，也一直受到政府相关部门的重视。《中国农村扶贫开发纲要》中第三十条指出，扶贫开发工作需要社会组织和个人的大力支持和参与。各企业和个人应当积极承担社会责任，通过多种方式参与到扶贫开发工作中，推动集体经济的大力发展并提高农民创收增收。扶贫志愿者可以在条件允许的情况下建立服务网络，工会、科协、共青团、侨联等组织均可以参与到扶贫开发工作中。国务院在社会组织和个人参与扶贫开发工作上也表示肯定和支持。就国家宏观政策而言，社会组织参与扶贫开发工作是得到肯定和支持的，这一方面体现出社会组织在扶贫开发工作中的巨大作用，另一方面也体现出在大扶贫格局中社会组织的重要性。

我国的扶贫攻坚任务是一项极其巨大且繁重的任务，政府在扶贫开发工作中发挥着无可替代的作用，但单纯依靠政府还难以完成扶贫攻坚任务，这主要在于贫困具有不均衡性、脆弱性以及异质性等特征。在扶贫开发工作中，为满足贫困人口的合理需求，提高贫困治理的灵活性、可靠性以及持续性，必须将社会组织引入到贫困治理中。社会组织是一种外部的社会力量，其可以有效弥补政府在贫困治理中不足，使得贫困治理机制得以完善①。

一、社会组织参与反贫困的目标及优势

社会组织的概念在理论研究和实践应用层面的使用相当含混。通常较为常见的概念包括“非政府组织”“非营利组织”“民间组织”“社会团体”“中介

① 武汉大学国际扶贫中心．中国反贫困发展报告——社会组织参与扶贫专题［C］．湖北：华中科技大学出版社，2016：23.

组织”“第三部部门”等。在国内外已有的研究中，这些概念经常被混淆使用。但本书不再对社会组织的内涵进行详细的讨论，为指称方便，并区别于政府在中国农村反贫困的实施主体，将社会组织明确为：除政府组织之外的其他各类组织的统称，包含了公域和私域内的各类组织的集合，其中广泛包含了不同语境下的“非政府组织”“非营利组织”“民间组织”和广大企业等。

（一）社会组织参与反贫困的目标

社会组织参与中国农村反贫困是指各类社会组织为贫困地区和贫困人口提供缓解贫困、促进发展提供各种服务，即社会组织参与农村反贫困的基本目标为：缓解贫困和促进贫困区域和贫困人口的综合发展。

第一，缓解贫困

缓解贫困是社会组织参与中国农村反贫困的第一层次目标。学者何道峰曾以国家八七扶贫攻坚计划为例，对 NGO 扶贫的贡献率进行测算，经过测算，他认为，采用传统的投资评价法（即假定政府和 NGO 投入项目的扶贫效率是相等的额，也即扶贫的贡献率等于它的投入比例），则八七扶贫攻坚计划期间参与中国扶贫的 NGO 和准 NGO 扶贫的贡献率为 20% ~ 35%；曲天军则认为，八七扶贫计划以来，NGO 的扶贫贡献率应在投资评价法计算出的贡献率的基础上上，再提高 3—5 个百分点[①]。由此可见，社会组织在缓解贫困的功能方面具有非常明显的作用。

第二，促进发展

随着人们对贫困内涵的进一步理解，多维贫困的概念也逐渐被学者和政府相关部门所接受，即贫困不仅仅是关注收入的不足，同时也关注包含了对贫困个体生活环境的公共服务、基础设施、社会福利等方面的不足。由此对于反贫困的目标除了缓解收入贫困之外，同时也包含了促进贫困个体和贫困地区发展的目标，中国农村反贫困的重点也投入到通过开展项目合作和技能培训，从而提升受助对象的自我发展能力。因此，促进贫困人群发展就几乎成了社会组织进行中国农村反贫困的核心目标，而对于社会组织，相对于政府的宏观反贫困手段而言，其对促进贫困人口的发展能力方面也具有优良的历史传统和天然优势，他们更可以从微观层面为贫困人口的发展提供全方位的帮助。

---

① 曲天军．非政府组织对中国扶贫成果的贡献分析及其发展建议［J］．中国农业经济问题，2016（9）．

（二）社会组织参与反贫困的优势

与政府组织实施的反贫困相比，社会组织参与中国农村反贫困具有较大的优势，从理论及实践看，社会组织参与反贫困的优势主要包括如下方面：

第一，具有更为新颖的反贫困理念和扶贫方式。社会组织参与反贫困，具有服务性和公益性的特点，这决定了他们在参与反贫困的过程中是以提供最优服务为理念指导，且大多数的社会组织成员拥有了公益价值的取向，热心于公益扶贫事业，而并非以追求政治权力或政治利益为目的，由此在利益需求关系等方面更为简单和纯粹。因此，在社会组织参与反贫困的实践中，会充分吸收更为先进的反贫困理念进行实践，最大限度地为贫困人口谋取公益，从而真正发挥反贫困的作用。而在扶贫方式的开拓上，相对于政府的扶贫主要是表现为通过政府渠道进行资源的再分配，至于资源分配是否合理、高效则难以衡量，社会组织的扶贫方式则追求的是如何让其有限的资源充分发挥效用，因而更加强调扶贫方式和方法的创新。社会组织更为强调贫困人口的内生动力发展，其中最有代表性的做法就是参与式扶贫和社区的综合发展等反贫困方式。

第二，具有较高的反贫困效率。首先社会组织架构比较清晰，组织成员基本都是依据平等自愿的原则结合在一起，组织的活动一般都是采取民主的、非强制的方式来展开，因此运作更为灵活，决策也具有更高的效率。其次社会组织能够与贫困人群进行更为深入地互动，从而了解贫困人口的真实利益诉求，并据此设计出有针对性的扶贫方案和扶贫项目，从而提高扶贫效率。同时，相比于政府扶贫的成本高企，相当一部分的资源并未真正地落实到扶贫项目上，扶贫资源浪费比较严重的状况，社会组织能够较好地杜绝扶贫资源的浪费，从而提高综合扶贫成效。

第三，有利于缓和社会矛盾，维护社会稳定。在经济发展的过程中，市场分配是第一次利益分配，它遵从利益最大化原则，可能会造成贫富差距扩大化的社会问题；政府分配是第二次利益分配，虽然政策制定者是以追求社会的公平正义为目标，但是现实的分配机制将还是可能对不同的群体有着差别对待，这样就会有一部分的弱势群体被排除在正式分配体制外，从而引发再一次的分配不公和社会矛盾。社会组织通过公益的方式，则将能够成为政府扶贫机制的有益补充，从而将各种社会资源聚集起来，更为精准地瞄准贫困人口，然后通过某种合理分配，将其集中用于弱势群体的生产和生活改善，因此，社会组织参与农村反贫困将能够在一定程度上维护社会公平，缩小城乡差距和贫富差距，从而缓和因分配差异而带来的社会矛盾。

二、社会组织扶贫模式创新建议

在我国农村反贫困的历史进程中，社会组织参与扶贫开发也经过了相当长的历史积累，同时也与国家的扶贫政策紧密相关，在不同的历史阶段，社会扶贫的运作模式也是在不断的历史演进过程中，概括来说，社会组织参与反贫困的模式演进如表 8–2 所示。

表 8–2　国家扶贫模式与社会组织扶贫模式的演进 ①

反贫困主体	1978—1985 年	1986—2000 年	2000 年至今
国家扶贫模式	救济式扶贫	开发式扶贫	综合式扶贫
社会组织扶贫模式	纯公益扶贫	产业开拓模式	综合发展模式

以上扶贫模式在不同的历史阶段各有侧重，并随着时代的变化而呈现新的特点。下面根据社会组织参与农村反贫困的历史积累经验和要求，提出如下扶贫模式构思，如表 8–3 所示：

表 8–3　社会组织扶贫模式创新

模式	主要内容	创新建议
1. 社会捐赠	通过无偿捐赠方式向贫困区域或个体提供教育、医疗、基础设施建设、环境保护等方面的救助和帮扶	1）公益组织实施品牌化 2）由精英扶贫向全民公益扶贫转变 3）政府开放捐赠渠道
2. 志愿服务	在不求回报的情况下，为改善贫困地区或个体的各种环境，促进贫困地区进步而自愿付出个人的时间及精力所作出的服务工作，包括教育服务、信息服务等	1）志愿服务的品牌化，增强项目实施的可持续性 2）政府提供必要的支持和认可

① 武汉大学国际扶贫中心．中国反贫困发展报告——社会组织参与扶贫专题［C］．湖北：华中科技大学出版社，2016：43.

续表

模式	主要内容	创新建议
3. 产业开发	通过在贫困地区进行产业培育或延伸产业链，在贫困地区形成持续稳定的产业发展态势	1）信贷资金与产业发展相结合 2）专业合作社的扶持，实施“龙头企业 + 合作社 + 农户”组织方式 3）充分利用物联网、互联网优势，实施产业链的有效延伸，提升产业发展的稳定度
4. 社区营造	根据贫困区域的区域地理特征、人文特征或产业发展特点，实施社区整体营造，最终形成贫困地区的自我发展能力	1）依托本土资源开发，立体化规划与提升 2）品牌化持续建设

社会扶贫的创新发展，需要在构建政府、社会、市场协同推进的大扶贫格局中进行思考，而社会组织参与中国农村反贫困也是构建国家反贫困治理体系的重要组成部分，为此，本书建议：

首先，在各级政府引导下建立、完善社会扶贫的常态化机制。在中国农村反贫困战略实施的历史进程中，扶贫开发的主体主要是以政府为主，而社会组织参与反贫困一般只是一种阶段性的补充，主要体现了应急性和阶段性特征，尤其在贫困地区遭遇重大的自然灾害时，社会组织参与扶贫的力度更大，由此，社会组织参与扶贫在过去并非一种常态化的扶贫方式。这种阶段性的扶贫方式，很难保证相关反贫困的措施得到持续性的改进，这样将极有可能造成更大的资源浪费，同时也不利于贫困地区的产业发展，一方面可能将挫伤贫困农户脱贫的积极性，另一方面也可能导致贫困农户产生“等、靠、要”的消极态度。因此，在政府扶贫的同时，必须在各级政府的引领和推动下，建立社会组织参与扶贫的常态化机制，从而保证有效的反贫困措施得到持续地贯彻实施。

其次，根据反贫困的切实需求，积极搭建社会扶贫的专业化平台。在当前的农村反贫困实践中，各社会组织积极参与反贫困基本上都是以提升贫困人口的经济收入为主要目的，而在贫困地区的社区治理、生态环境保护等领域关注较少。如此，为实现贫困地区的可持续发展，应积极拓宽社会扶贫渠道，吸引更有经验的国际基金会和社会组织搭建反贫困的专业化平台，从提升贫困人口的社会参与能力、改善社区治理状况等方面为农村反贫困做出应有贡献。

第九章　结论及展望

第一节　结论

在刘易斯的经济增长理论视角下，中国农村的贫困受到制度、区域和贫困个体等各种综合因素的共同影响。我国政府在多年的反贫困实践中，已经逐渐摸索出了一套行之有效的反贫困模式，从而为中国农村的反贫困战略实践提供了切实有效的实施路径。在吸收众多学者关于反贫困的理论和历史实践经验的基础上，笔者认为中国农村反贫困的构架应遵循的原则是：实施中国农村反贫困宏观治理和微观引导和塑造，实施双层机制的协调统一，有效调动全社会参与，通过贫困区域及贫困个体的内源发展和全社会外源拉动、社会制度保障力等三方双方的合力，建立灵活高效的立体中国农村反贫困机制，最终实现中国农村贫困地区的可持续发展。即：第一，促进贫困主体的内生发展，提升其“造血”能力是根本。内生发展的主体包括贫困区域和贫困个体，内生发展机制是内源自我动力和内源推动机制的有机统一，是中国农村反贫困动力源泉的内在力量。只有具备自主发展理念，才有可能实现发展动力的内部化，否则就会形成对外部资源干预的长期依赖。如果贫困区域和贫困农户不能建立起自主发展的理念，那么就会对外界的资源供给形成依赖，即使贫困户得到了发展，也是一种外源性的发展，一旦外部扶助终止，发展的动力也就戛然而止。区域内的内源发展动力来源于产业发展的培育，而贫困个体的内原动力发展来源于贫困个体的人力资本培育，这是内源发展的核心要义。第二，强化外源拉动机制，促进外部资源的有效对接。在推进中国农村反贫困的战略实践中，外源拉动机制是我国农村反贫困的关键环节。外源拉动机制主要由政府主导，社会参与，在运行机制上有国家宏观财政政策拉动机制、国家宏观金融政策服务拉动机制、多元合作拉动机制构成和片区的区域发展带动，即形成财政劳动力、金融拉动力、市场拉动力和区域综合拉动力。

国定贫困县聚集了我国农村的大部分贫困人口，反贫困成本高，难度大，虽然经过多年的历史实践，针对国定贫困县的反贫困政策已经取得了巨大的历史成就，也为中国农村的反贫困模式积累了丰富的经验，然而，部分国定贫困县仍一直处于经济发展薄弱和脆弱性的脱贫边缘，且由于地方政府长期形成的习惯，使得对于国定贫困县这一特殊的政治和利益资源获取，形成了依赖，甚至不愿“摘帽”，或者担心“摘帽”以后的长期可持续发展。因此，为了能够保证这些地区能够在没有财政补贴或者政策倾斜的状况下实现可持续发展，是我国今后一段时间内所面临的重大挑战。

在贫困地区内，由于考虑到贫困人口的贫困化行为已经和传统的农业组织环境相互交织在一起，很难自破藩篱，所以必须要将贫困地区及贫困人口纳入经济发展改革的发展轨道，通过发挥比较产业优势和劳动力的产业转移，直接切断与传统农业连带的贫困化行为链，所以产业的发展是中国农村反贫困的基本支撑。但是针对贫困地区的产业发展，应尽量避免由于资源分配的不均而出现新的发展不平衡。即由于在实际运转过程中，出现的由于产业化扶贫而不可避免地形成一种“高门槛”的行为，不仅导致贫困农户参与机会的高门槛约束，而且也加剧了资金技术的偏态分配——少数基础好的贫困户和农村地区获得项目密度更高，而那些大量基础差的贫困户和农村地区获得项目最少，针对此种情况，这就要尽量避免造成的新的发展不平衡。

总之，当前中国农村的反贫困目标，已经从单纯以解决温饱为主要目的，转入到巩固温饱成果、加快脱贫致富、改善生态环境、提升发展能力、缩小发展差距为主要目的，为此，中国农村反贫困的制度建设，要把握内源和外源两大机制的完善，注意两大机制的协调发展，弥补以往中国农村反贫困措施的不足和弱势，取长补短，使得中国农村反贫困的战略实施健康有序发展。

第二节　展望

在新的历史时期，在中央政府的领导下，中国农村反贫困的战略实践正进行得如火如荼，离中央政府制定的 2020 年战略目标达成也为期不远。在此情况下，我们也必须清醒地认识到，目前中国农村的反贫困现状，也呈现出了新的历史特点，主要表现在：

第一，中国的农村贫困有正在向城市蔓延的趋势。由于农村人多地少，加上工业化和城市化的加快，大批的农村剩余劳动力向城市转移，而因为各种综合因素的原因，他们很难平等享受到城市教育、医疗、保险等福利待遇，使得其在城市的生活并不顺遂，因此，其贫困化存在向城市蔓延的趋势。

第二，在进行反贫困的过程中，必须注意制度安排的差异性。全国上下一盘棋，在进行农村反贫困的斗争历程中，需要充分发挥中国的制度优势，但是，必须要注意各地区、各群体之间的差异性，特别是在不同的经济发展阶段和不同的区域内，经济增长的路径将是不同的，而其中不同的制度安排无疑是非常重要的。不同的地区，有着不同的贫困成因，但是在反贫困的发展路径上，却的确存在着不同的制度安排，这就是不同的制度安排之间的竞争。在一个地区发展中得到成功验证的模式，是否能够在另外一个地区得到复制？由此，需要进行认真分析背后的制度设计逻辑和识别各自的资源禀赋。

第三，制度的建设在反贫困的过程中需要进行长期培养。自新中国成立以来，我国政府为解决农村的贫困问题，进行了艰苦卓绝的斗争，在不同的历史时期，采用了不同的反贫困模式，由此呈现出了不同的经济增长模式和反贫困的绩效。而在这背后就是采用了不同的制度模式，其中政府的政策一直是占有着重要的地位。特别是自十八大以来，政府启动了精准扶贫、脱贫攻坚的全国性战役，各地政府都发挥出了社会主义制度的优越性，但是在实际的调查过程中，我们也清醒地认识到：日益完善、精简的法律和制度安排对经济发展的后果是至关重要的，传统的经济秩序正面临着新的挑战，而制度的建设过程是漫长的，也是需要进行培养的。

第四，经过多年的改革开放，随着全球化贸易的增长和资本的流通，我国在各个领域的产业布局也产生了深刻的变化。在此过程中，我国的经济总量已经跃居世界第二，但是以美国为代表的一些西方国家认为中国等新兴国家的发展使得美国贫困民众的境况进一步恶化，认为全球化、国际贸易以及移民给美国的贫困民众带来一定的影响。由此，一些美国民众对贸易保护主义和排外政策表示支持，虽然从更长远的角度看，贸易的全球化趋势不可避免，但短期的贸易保护政策将可能影响到中国农村的产业技术升级和产业的大规模发展，对此，也应引起我国政府的重视，并进一步制定相关应对策略。

中国农村的反贫困是在我国正面临重大的经济转型过程中进行的，既面临着重要的发展机遇，也面临着重大的挑战。经济的转型既有从传统的计划经济向市场经济过渡的情况，也有着产业升级转型的情况，在这个过程中，在现阶段该如何充分识别中国农村反贫困的机会，又如何抓住战略转型的机遇，是当前所面临的重大课题。

主要中外文参考文献

中文文献：

[1][法]蒲鲁东.贫困的哲学（上、下卷）[M].北京：商务印书馆，2010.

[2][法]托马斯·皮凯蒂.不平等经济学[M].北京：中国人民大学出版社，2016.

[3][荷兰]罗尔·范德·维恩.非洲怎么了——解读一个富饶而贫困的大陆[M].广东：广东人民出版社，2009.

[4][美]M.A·吉奥·加加.撒哈拉非洲国家的教育、贫困和发展[M].浙江：浙江大学出版社，2011.

[5][美]保罗·萨缪尔森，威廉·诺德豪斯.经济学[M].北京：商务印书馆，2011.

[6][美]迪恩·卡尔兰，雅各布·阿佩尔.不流于美好愿望——新经济学如何帮助解决全球贫困问题[M].北京：商务印书馆，2014.

[7][美]亨利·乔治，进步与贫困[M].北京：商务印书馆，1995.

[8][美]罗伯特·库特，（德）汉斯·伯恩特·谢弗.所罗门之结——法律能为战胜贫困做什么？[M].北京：北京大学出版社，2014.

[9][美]马丁·瑞沃林.贫困的比较[M].北京：北京大学出版社，2005.

[10][美]马克·罗伯特·兰克.国富民穷——美国贫困何以影响我们每个人[M].重庆：重庆大学出版社，2014.

[11][美]玛利亚·康西安，谢尔登·丹齐革.改变贫困、改变反贫困政策（第二版）[M].北京：中国社会科学出版社，2014.

[12][美]塞德希尔·穆来纳森等.稀缺——我们是如何陷入贫穷与忙碌的[M].浙江：浙江人民出版社，2014.

[13][美]史蒂芬·M.博杜安.世界历史上的贫困[M].北京：商务印书馆，2015.

[14][美]苏珊·纽曼.学前教育改革与国家反贫困战略——美国的经验[M].北京：教育科学出版社，2011.

[15][美]西奥多·W.舒尔茨.改造传统农业[M].北京：商务印书馆，2006.

[16][美]西奥多·W.舒尔茨.经济增长与农业[M].北京：中国人民大学出版社，2015.

[17][挪威]斯泰恩·汉森.发展中国家的环境与贫困危机——发展经济学的展望[M].北京：商务印书馆国际有限公司，1994.

[18][日本]速水佑次郎，神门善久. 发展经济学——从贫困到富裕[M]. 北京：社会科学文献出版社，2009.

[19][瑞典]冈纳·缪尔达尔. 世界贫困的挑战——世界反贫困大纲[M]. 北京：北京经济学院出版社，1991.

[20][瑞典]冈纳·缪尔达尔. 亚洲的戏剧——南亚国家贫困问题研究[M]. 北京：首都经济贸易大学出版社，2001.

[21][瑞典]戈兰·坦纳菲尔德. 发展城市 减少贫困——城市发展与管理导论[M]. 北京：科学出版社，2008.

[22][印]阿玛蒂亚·森. 再论不平等[M]. 北京：中国人民大学出版社，2016.

[23][印]阿玛蒂亚·森. 论经济不平等[M]. 北京：中国人民大学出版社，2015.

[24][印]阿玛蒂亚·森. 贫困与饥荒[M]. 北京：商务印书馆，2001.

[25][英]A.C. 庇古. 福利经济学[M]. 北京：商务印书馆，2009.

[26][英]A.P. 瑟尔沃. 发展经济学[M]. 北京：中国人民大学出版社，2015.

[27][英]迪帕克·拉尔. 发展经济学的贫困[M]. 云南：云南人民出版社，1992.

[28]I.P. 盖托碧. 有效地摆脱贫困[M]. 北京：经济管理出版社，1996.

[29][英）马尔萨斯. 人口原理[M]. 北京：商务印书馆，2016.

[30]蔡昉. 中国经济发展的人口视角[M]. 北京：中国社会科学出版社，2013.

[31]曹建民. 龙章月. 牛剑平. 中国农村社会保障制度研究——以西北贫困地区为例[M]，北京：人民出版社，2010.

[32]曾福生. 曾志红. 范永忠. 克贫攻坚[M]. 北京：中央编译出版社，2015.

[33]陈琦. 宋雯. 连片特困地区贫困人群自我发展能力研究[M]. 北京：华中科技大学出版社，2015.

[34]程志强. 破解"富饶的贫困"悖论——煤炭资源开发与欠发达地区发展研究[M]. 北京：商务印书馆，2009.

[35]崔艳娟. 金融发展与贫困减缓路径效应与政策启示[M]. 北京：经济科学出版社，2014/3.

[36]戴庆中. 文化视野中的贫困与发展——贫困地区发展的非经济因素研究[M]. 贵州：贵州人民出版社，2001.

[37]单德明. 民族地区贫困的测度与减贫因素的实证研究[M]. 北京：经济科学出版社，2014.

[38]邓本章. 走出贫困的抉择[M]. 河南：中原农民出版社，2004.

[39]刁莉. 转轨经济学[M]. 湖北：武汉大学出版社，2016.

[40]杜建安. 王义高. 挂职扶贫——中国式消除贫困的制度创新[M]. 北京：经济科学出版社，2010.

[41]樊胜根. 公共支出、经济增长和贫困——来自发展中国家的启示[M]. 北京：科学出版社，2009.

[42] 范小建. 完善国家扶贫战略和政策体系研究 [M]. 北京：中国财政经济出版社，2011.

[43] 高帅. 贫困识别、演进与精准扶贫研究 [M]. 北京：经济科学出版社，2016.

[44] 郭劲光. 脆弱性贫困——问题反思、测度与拓展 [M]. 北京：中国社会科学出版社，2011.

[45] 郭来喜. 贫困人类面临的难题——云南名族地区贫困类型研究 [M]. 北京：中国科学技术出版社，1992.

[46] 郭雪剑. 三条保障线——中国反贫困的理论与实践 [M]. 北京：中国社会出版社，2008.

[47] 国风，魏晓东，董锁成. 历史的壮举——中国农村反贫困历程 [M]. 山西：山西人民出版社，2003.

[48] 国务院扶贫办行政人事司. 精准扶贫 精准脱贫——打赢脱贫攻坚战辅导读本 [M]. 北京：党建读物出版社，2016.

[49] 韩斌. 培育和提升贫困人口的自我发展能力研究 [M]. 云南：云南民族出版社，2014.

[50] 韩建民，韩旭峰，朱院利. 西部农村贫困与反贫困路径选择 [M]. 北京：中国农业出版社，2012.

[51] 贺静，西方经济学穷人和贫困问题研究及启示 [M]. 北京：中国社会科学出版社，2013.

[52] 洪秋妹. 健康冲击对农户贫困影响的分析 [M]. 北京：经济管理出版社，2012.

[53] 胡永合. 中国城镇新贫困问题研究 [M]. 北京：中国经济出版社，2011.

[54] 黄承伟，叶韬. 脱贫攻坚省级样板——贵州精准扶贫精准脱贫模式研究 [M]. 北京：社会科学文献出版社，2016.

[55] 康晓光. 中国贫困与反贫困理论 [M]. 广西：广西人民出版社，1995.

[56] 克莱夫 · W.J. 格兰杰. 经济学中的经验建模——设定与评价 [M]. 北京：中国人民大学出版社，2013.

[57] 李刚. 中国少数民族贫困地区县域经济发展模式研究 [M]. 北京：中国社会科学出版社，2015.

[58] 李怀玉. 新生代农民工贫困代际传承问题研究 [M]. 北京：社会科学文献出版社，2014.

[60] 李俊杰. 集中连片特困地区反贫困研究——以乌蒙山区为例 [M]. 北京：科学出版社，2014.

[61] 李丽. 中国城乡居民家庭贫困脆弱性研究 [M]. 北京：经济科学出版社，2012.

[62] 李培林，蔡昉.2020 走向全面小康社会——“十三五”规划研究报告 [M]. 北京：社会科学文献出版社，2015.

[63] 李瑞华. 贫困与反贫困的经济学研究 [M]. 北京：中央编译出版社，2014.

[64] 李石新 . 中国经济发展对农村贫困的影响研究 [M]. 北京：中国经济出版社，2010.

[65] 李文，李芸 . 中国农村贫困若干问题研究 [M]. 北京：中国农业出版社，2009.

[66] 李晓红 . 减贫进程中贫困人口能力形成的产权分析 [M]. 北京：中国社会科学出版社，2015.

[67] 李晓宁 . 转轨时期初次分配的效率与公平研究 [M]. 北京：经济科学出版社，2010.

[68] 李彦昌 . 城市贫困与社会救助研究 [M]. 北京：北京大学出版社，2004.

[69] 廖桂蓉，中国城镇——贫困人口的人力资本与反贫困研究 [M]. 北京：民族出版社，2010.

[70] 林乘东 . 中国——走出贫困 [M]. 云南：云南教育出版社，1999.

[71] 林顺利 . 城市贫困的社会空间研究 [M]. 北京：人民出版社，2015.

[72] 林毅夫 . 新结构经济学——反思经济发展与政策的理论框架 [M]. 北京：北京大学出版社，2014.

[73] 刘娟 . 贫困县产业发展与可持续竞争力研究 [M]. 北京：人民出版社，2011.

[74] 刘敏 . 社会资本与多元化贫困治理 [M]. 北京：社会科学文献出版社，2013.

[75] 刘明宇 . 贫困的制度成因——产业分工与交换的经济学分析 [M]. 北京：经济管理出版社，2007.

[76] 刘奇 . 贫困不是穷人的错 [M]，北京：生活书店出版有限公司，2015.

[77] 刘渝琳 . 防范"贫困化增长"——后危机时代 FDI 评价、甄别与优化机制研究 [M]. 北京：商务印书馆，2014.

[78] 陆汉文，黄承伟 . 中国精准扶贫发展报告（2016）——精准扶贫战略与政策体系 [M]. 北京：中国社会科学文献出版社，2016.

[79] 陆远权 . 人口贫困与区域可持续性发展——以三峡库区为例 [M]. 重庆：重庆大学出版社，2013.

[80] 罗知 . 贸易自由化与贫困——来自中国的数据 [M]. 北京：人民出版社，2011.

[81] 吕雪枫 . 非自愿移民贫困风险规避研究 [M]. 北京：人民出版社，2015.

[82] 马铃 . 贫困农户与非贫困农户农业收入差异研究 [M]. 北京：中国农业出版社，2014.

[83] 麦凯耳・哈林顿 . 另一个美国（美国的贫困）[M]. 北京：世界知识出版社，1963.

[84] 米勇生，社会救助与贫困治理 [M]，北京：中国社会出版社，2012.

[85] 聂凤英，Amit Wadhwa，王蔚青 . 中国贫困县食物安全与脆弱性分析——基于西部六县的调查 [M]. 北京：中国农业科学技术出版社，2011.

[86] 卿太金，罗文杰 . 超越贫困的选择 [M]. 北京：民族出版社，1993.

[87] 曲大伟 . 流动人口贫困测度研究——基于主观贫困线方法 [M]. 上海：上海交通大学出版社，2014.

[88] 任登魁 . 全球价值链视角贫困地区产业集聚发展研究 [M]. 北京：中国经济出版社，2016.

[89] 任福耀，王洪瑞. 中国反贫困理论与实践 [M]. 北京：人民出版社，2003.
[91] 任燕顺. 扶贫开发模式与方法研究 [M]. 北京：中国财政经济出版社，2008.
[92] 阮敬，经济增长与贫困缓解——基于亲贫困增长视角的研究 [M]. 北京：首都经济贸易大学出版社，2010.
[93] 沈红，周黎安，陈胜利. 边缘地带的小农——中国贫困化的微观解理 [M]. 北京：人民出版社，1992.
[94] 斯蒂芬·沃依格特. 制度经济学 [M]. 北京：中国社会科学出版社，2016.
[95] 宋志辉. 印度农村反贫困研究 [M]. 四川：四川出版集团巴蜀书社，2011.
[96] 苏东斌. 走出贫困 [M]. 黑龙江：黑龙江教育出版社，1989.
[97] 邰秀军，李树茁. 中国农户贫困脆弱性的测度研究 [M]. 北京：社会科学文献出版社，2010.
[98] 谭克俭，王卫东，侯天慧. 贫困山区——农村卫生服务缺失问题研究 [M]. 北京：中国社会出版社，2015.
[99] 谭诗斌. 现代贫困学导论 [M]. 湖北：湖北人民出版社，2012.
[100] 汪三贵. 技术扩散与缓解贫困 [M]. 北京：中国农业出版社，1998.
[101] 王春萍. 可行能力视角下城市贫困与反贫困研究 [M]. 陕西：西北工业大学出版社，2008.
[102] 王红艳. 话语的建构与实践——以贫困叙述为例 [M].北京：中国社会科学出版社，2015.
[103] 王家华. 决战 2020——拒绝贫困 [M]. 北京：中国民主法制出版社，2016.
[104] 王军. 中外专家谈地区均衡发展 [M]. 上海：上海财政经济出版社，2007.
[105] 王俊文. 当代中国农村贫困与反贫困问题研究 [M]. 湖南：湖南师范大学出版社，2010.
[106] 王洛林，朱玲. 如何突破贫困陷阱——滇青甘农牧藏区案例研究 [M]. 北京：经济管理出版社，2010.
[107] 王如忠. 贫困化增长——贸易条件变动中的疑问 [M]. 上海：上海社会科学院出版社，1999.
[108] 王三秀. 教育反贫困——中国教育福利转型研究 [M]. 上海：人民出版社，2014.
[109] 王三秀，李冠阳，王昶. 中国政府反贫困规范重构 [M]. 北京：中国社会科学出版社，2013.
[110] 王曙光. 告别贫困——中国农村金融创新与反贫困 [M]. 北京：中国发展出版社，2012.
[111] 王铁生. 中国政府消除贫困行为 [M]. 湖北：湖北科学技术出版社，1996.
[112] 王小林. 贫困测量——理论与方法 [M]. 北京：社会科学文献出版社，2012.
[113] 王永红. 美国贫困问题与扶贫机制 [M]. 上海：上海人民出版社，2011.
[114] 王永平，袁家榆，曾凡勤. 趋势、挑战与对策——欠发达地区农村反贫困的实践与

探索［M］. 北京：中国农业出版社，2008.
［115］魏颖. 中国代际收入流动与收入不平等问题研究［M］. 北京：中国财政经济出版社，2009.
［116］吴碧英. 城镇贫困——成因、现状与救助［M］. 北京：中国劳动社会保障出版社，2004.
［117］吴海涛，丁士军. 贫困动态性——理论与实证［M］. 湖北：武汉大学出版社，2013.
［118］吴力子. 农民的结构性贫困——定县再调查的普遍性结论［M］. 北京：社会科学文献出版社，2009.
［119］武汉大学、中国国际扶贫中心. 中国反贫困发展报告（2016）——社会组织参与扶贫专题［M］. 湖北：华中科技大学出版社，2016.
［120］武汉大学、中国国际扶贫中心、华中师范大学. 中国反贫困发展报告——市场主体参与扶贫专题［M］. 湖北：华中科技大学出版社，2015.
［121］习近平. 摆脱贫困［M］. 福建：福建人民出版社，1992.
［122］向德平，张大维. 连片特困地区贫困特征与减贫需求分析——基于武陵山片区 8 县 149 个村的调查［M］. 北京：经济日报出版社，2016.
［123］谢冰. 贫困与保障——贫困视角下的中西部民族地区农村社会保障研究［M］. 北京：商务印书馆，2013.
［124］徐天祥，高明，朱雪晶. 西南贫困地区小农经济——资源约束下的农户微观行为［M］. 北京：经济科学出版社，2011.
［125］许光. 福利转型——城市贫困的治理实践与范式创新［M］. 浙江：浙江大学出版社，2014.
［126］薛宝生. 公共管理视域中的发展与贫困免除［M］. 北京：中国经济出版社，2006.
［127］颜廷武. 基于农户行为逻辑的区域反贫困理论与实证研究［M］. 北京：科学出版社，2015.
［128］杨栋会. 云南民族“直过区”居民收入差距和贫困研究［M］. 北京：科学出版社，2012.
［129］杨慧. 中国医疗卫生体制转型及其对城市贫困人口的影响［M］. 北京：中央民族大学出版社，2013.
［130］杨进. 贫困与国家转型——基于中亚五国的实证研究［M］. 北京：社会科学文献出版社，2012.
［131］杨立雄，胡姝. 中国农村贫困线研究［M］. 北京：中国经济出版社，2013.
［132］杨秋宝. 走出贫困的决策——陕北贫困地区 90 年代经济开发研究（下卷）［M］. 陕西：陕西师范大学出版社，1995.
［133］杨颖. 中国农村反贫困研究——基于非均衡发展条件下的能力贫困［M］. 上海：光明日报出版社，2011.
［134］杨云彦，黄瑞芹，胡静. 社会变迁、介入型贫困与能力再造［M］. 北京：中国社会

科学出版社，2008.
[135] 叶普万. 贫困经济学研究［M］. 北京：中国社会科学出版社，2004.
[136] 于秀丽. 排斥与包容——转型期的城市贫困救助政策［M］. 北京：商务印书馆，2009.
[137] 云南扶贫办外资项目管理中心，中德合作项目办公室. 流动的贫困中德合作——云南城市贫困研究报告［M］. 北京：中国社会科学出版社，2006.
[138] 张帆. 现代性语境中的贫困与反贫困［M］. 北京：人民出版社，2009.
[139] 张佳生. 十六世纪英国的贫困问题与民间济贫［M］. 北京：中国社会科学出版社，2012.
[140] 张建华. 贫困测度与政策评估——基于中国转型时期城镇贫困问题的研究［M］. 北京：人民出版社，2010.
[141] 张京辉，韩亚珠. 贫困地区可持续发展道路抉择［M］. 北京：人民出版社，2000.
[142] 张磊. 中国扶贫开发政策演变（1949—2005 年）［M］. 北京：中国财政经济出版社，2007/3.
[143] 张磊. 贫困检测与评估——第六届东亚地区 PADI 协调员会议暨贫困监测与评估区域研讨会论文集［C］. 北京：中国农业出版社，2008.
[144] 张琦，黄承伟. 完善扶贫脱贫机制研究［M］. 北京：经济科学出版社，2015.
[145] 张新伟. 市场化与反贫困路径选择［M］. 北京：中国社会科学出版社，2001.
[146] 张志远. 多民族聚居地区贫困治理的社会政策视角——以布朗山布朗族为例［M］. 北京：中国社会科学出版社，2015.
[147] 郑宝华，张兰英. 中国农村反贫困词汇释义［M］. 北京：中国发展出版社，2004.
[148] 郑志龙. 基于马克思主义的中国贫困治理制度分析［M］. 北京：人民出版社，2015.
[149] 中国城镇贫困研究课题组. 城镇贫困——中国发展的新挑战［M］. 北京：经济科学出版社，2003.
[150] 中国反贫困案例编委会. 生存与发展的选择——中国反贫困案例研究文集［C］. 北京：中国发展出版社，1991.
[151] 朱玲，减贫与包容——发展经济学研究［M］. 北京：中国社会科学出版社，2013.
[152] 朱晓阳. 边缘与贫困——贫困群体研究反思［M］. 北京：社会科学文献出版社，2012.
[153] 祝建华. 缓解城市低保家庭贫困代际传递的政策研究［M］. 浙江：浙江大学出版社，2015.
[154] 庄巨忠. 亚洲的贫困、收入差距与包容性增长——度量、政策问题与国别研究［M］. 北京：中国财政经济出版社，2012.
[155] 左常升. 包容性发展与减贫［M］. 北京：社会科学文献出版社，2013.
[156] 左常升. 城乡一体化与减贫［M］. 北京：中国社会科学文献出版社，2015.
[157] 周晓华. 有利于穷人的经济增长——基于我国转型期间经济增长的三大区域分析

[M]. 北京：经济科学出版社，2014.
[158] 熊惠平. "穷人经济学"的权力解读 [M]. 浙江：浙江大学出版社，2012.
[159] 小罗伯特·E. 卢卡斯. 为什么资本不从富国流向穷国？——经济增长演讲集 [C]. 北京：中国人民大学出版社，2016.
[160] 卢现祥. 有利于穷人的制度经济学 [M]. 北京：社会科学文献出版社，2010.
[161] CaiDianxiong、Zha Yan、Philip J.Bubb.. 中国生态扶贫战略研究 [M]. 北京：北京科学出版社，2016.
[162] 尚明瑞. 资源约束与竞争优势——西北民族地区反贫困及其可持续发展问题研究 [M]. 北京：中国农业出版社，2014.
[163] 王碧玉. 中国农村反贫困问题研究 [M]. 北京：中国农业出版社，2006.
[164] 王小林，张晓颖. 迈向 2030——中国减贫与全球贫困治理 [M]. 北京：社会科学文献出版社，2016.
[165] 熊小刚，吴海涛. 收入不均等与农村贫困——理论与实证 [M]. 广东：中山大学出版社，2017.
[166] 何得桂. 治理贫困——异地搬迁与精准扶贫 [M]. 北京：知识产权出版社，2017.

博士论文及期刊文献：

[1] 尚玥佟. 发展中国家贫困化理论与反贫困战略 [D]. 北京：中国社会科学院研究生院，2001.
[2] 成卓. 中国农村贫困人口发展问题研究 [D]. 四川：西南财经大学，2009.
[3] 曲玮. 基于地理环境约束的农村贫困问题研究 [D]. 甘肃：兰州大学，2008.
[4] 曹文道. 转型期中国反贫困机制与对策研究 [D]. 北京：中国农业科学院，2000.
[5] 杨亮承. 扶贫治理的实践逻辑——场域视角下扶贫资源的传递与分配 [D]. 北京：中国农业大学，2016.
[6] 祝伟. 经济增长、收入分配与农村贫困——以甘肃为例 [D]. 甘肃：兰州大学，2010.
[7] 吕书奇. 中国农村扶贫政策及成效研究 [D]. 北京：中国农业科学院，2008.
[8] 王科，中国贫困地区自我发展能力研究 [D]. 甘肃：兰州大学，2008.
[9] 陈建生. 生态脆弱地区农村慢性贫困研究——基于 600 个国家扶贫重点县的监测证据 [D]. 四川：西南财经大学，2008.
[10] 韩彦东. 基于可持续发展的人口较少民族地区扶贫开发政策研究 [D]. 北京：中国人民大学，2008.
[11] 王雨林. 转型期中国农村贫困问题研究——基于省际数据的分析 [D]. 浙江：浙江大学，2007.
[12] 张凤华. 中国农村扶贫政策的绩效评价 [D]. 浙江：浙江大学，2011.
[13] 龚晓宽. 中国农村扶贫模式创新研究 [D]. 四川：四川大学，2006.

[14] 王大超. 转型期中国城乡反贫困问题研究 [D]，辽宁：东北师范大学，2003.
[15] 刘博. 脱贫经济理论研究 [D]. 吉林：吉林大学，2011.
[16] 何玲. 中国政府与国际社会在扶贫开发领域合作问题研究 [D]. 吉林：吉林大学，2015.
[17] 刘牧. 当代中国农村扶贫开发战略研究 [D]. 吉林：吉林大学，2016.
[18] 花永兰. 中国反贫困制度创新与实现模式 [J]. 中国经济研究导刊，2010 (15).
[19] 毕永静. 我国农村反贫困政策创新研究 [J]. 前沿，2011 (19).
[20] 张立冬. 中国农村贫困代际传递实证研究 [J]. 中国人口资源与环境，2013 (6).
[21] 黄承伟. 论精准扶贫与国家扶贫治理体系建构 [J]. 中国延安干部学院学报，2015 (1).
[22] 王介勇. 我国精准扶贫政策及其创新路径研究 [J]. 中国科学院院刊，2016.31 (3).
[23] 阮瑶. 马克思反贫困理论的经济伦理特质及其在当代中国的价值实现 [J]. 北京师范大学学报（社会科学版），2016 (1).
[24] 潘竟虎. 中国国定贫困县经济差异的空间计量分析 [J]. 中国人口资源与环境，2014 (5).
[25] 郭印. 从生态经济学视野探索我国反贫困新思路 [J]. 改革与战略，2012 (9).
[26] 辛翔飞. 中国农村贫困与反贫困制度创新 [J]. 莱阳农学院学报（社会科学版），2004 (3).

外文文献：

[1] Barrett C.B. & Carter M.R. The Economics of Poverty Traps and Persistent Poverty: Empirical and Policy Implications [J]. The Journal of Development Studies, 2013, 49 (7): 976–990.
[2] Blank R.M. Evaluating Welfare Reform in the United States [J]. Journal of Economic Literature, 2002, 40 (40): 1105–1166.
[3] Bourguignon F. & Fields G.S. Poverty Measures and Anti-Poverty Policy [J]. Recherches Économiques De Louvain, 1990, 56 (3/4): 409–427.
[4] Chen S. & Ravallion M. The Developing World is Poorer than We Thought, But No Less Successful in the Fight Against Poverty [J]. Policy Research Working Paper, 2010, 125 (4): 1577–1625.
[5] Collier P. & Dollar D. Aid allocation and poverty reduction [C].European Economic Review. 1999, 1475–1500.
[6] Davis E.P. & Sanchez-Martinez M. A review of the economic theories of poverty [R]. National Institution of Economic and Social Research. 2014.
[7] Ellwood D.T. Anti-Poverty Policy for Families in the Next Century: From Welfare to Work

— and Worries [J]. Journal of Economic Perspectives, 2000, 14 (1): 187–198.

[8] Gao Q., Garfinkel I. & Zhai F. Anti - Poverty Effectiveness of the Minimum Living Standard Assistance Policy in Urban China [J]. Review of Income and Wealth, 2009, 55 (Supplement): 630–655.

[9] Heidenreich M., Petzold N., Natili M., et al. Active Inclusion as An Organisational Challenge: Integrated Anti–Poverty Policies in Three European Countries [J]. Journal of International & Comparative Social Policy, 2014, 30 (2): 180–198.

[10] Lupton R. & Turok I. Anti–Poverty Policies in Britain: Area–Based and People–Based Approaches [J]. Schader Stiftung, 2004.

[11] Mao N. The Role of Tourism in Poverty Reduction: A Case Study of Siem Reap–Angkor Region, Cambodia [D]. Victoria University. 2015.

[12] Matsaganis M., Ferrera M. & Capucha L. et al. Mending Nets in the South– Anti–poverty Policies in Greece, Italy, Portugal and Spain [J]. Social Policy & Administration, 2003, 37 (6): 639–655.

[13] Palm J. & Urz ú a R. Anti–poverty Policies and Citizenry: The “Chile Solidario” Experience [J]. Policy Papers, 2005, 12.

[14] Ravallion M. & Chen S. China's (Uneven) Progress Against Poverty [J]. Policy Research Working Paper, 2004, 82 (1): 1–42.

[15] Ravallion M. Growth, Inequality and Poverty: Looking Beyond Averages [J]. Policy Research Working Paper, 2001, 29 (11): 1803–1815.

[16] Salaimartin X. The World Distribution of Income (Estimated from Individual Country Distributions) [J]. Economics Working Papers, 2002.

[17] Townsend P. & Gordon D. World poverty: New Policies to Defeat An Old Enemy [J]. Studies in Poverty Inequality & Social Exclusion, 2002.

[18] World Bank. World Development Report 1990: Poverty [R]. Economic Development and Cultural Change, 1993, 41 (2).

[19] Yaschine I. The Changing Anti–Poverty Agenda: What Can the Mexican Case Tell Us [J]. IDS Bulletin, 1999, 30 (2): 47–60.

[20] Bradshaw T.K. Theories of Poverty and Anti–Poverty Programs in Community Development [J]. Community Development, 2007, 38 (1): 7–25.

攻读博士学位期间取得科研成果

一、在时代金融杂志社主办、优秀经济类期刊、ASPT 来源期刊《时代金融》（国内刊号：CN53−1195/F）2017 年第 08 期中旬刊（总第 699 期））发表论文——《中国农村贫困原因及对策分析》

二、在中国商业经济学会主办，国家级核心期刊《商业经济研究》（国内刊号：CN10−1286/F）2018 年第 4 期（总第 743 期））发表论文——《收益共享契约下新型网状供应链协调研究》

致 谢

夜已深沉，论文的写作已经基本完成。截至目前，我已经在中国社科院研究生院求学三载，蓦然回首，各位老师的谆谆教导、同窗校友们的欢笑仍恍如昨日，心中不禁百感交集。现时的我，既有“守得云开见月明”的欣喜，也有即将毕业远离的淡淡伤感与不舍。

感谢我的恩师谢朝斌教授。谢老师学识渊博，治学严谨，正是在谢老师的启发与指导下，我选择了中国农村反贫困问题的经济学研究作为自己博士论文的写作方向。当初选择这一题目的时候，我内心其实是忐忑不安的，因为我自大学毕业后一直在企业工作，无论是任职于其他企业，或者自己创业，都是与农村问题不相关的，更没有任何的反贫困实践和经验。正是谢老师给予我不断地鼓励与支持，加上我来自农村，所以，迎难而上，担下了对于这一课题的论文编写任务。

自论文开题之后，谢老师就对我倾注了无尽的关怀与指导。在他繁忙的工作之余，不但亲自收集相关资料，还经常抽空组织进行文献讨论，他要求我必须扎实掌握经济理论，能够“纳百家之言”，集思广益，不但读书要讲究“勤、精、深”，而且要重视理论联系实践，多次强调学术要“接地气”才能有所作为。为此，谢老师通过各种渠道联系进行社会实践，并亲自与我们一道先后多次去往贵州、云南、江西、河南等深度贫困地区进行调查研究，广泛收集资料，从而为论文写作提供丰富的素材。通过阅读大量书籍和深入实地的考察之后，我深深认识到农村反贫困这一课题中所蕴含的厚重底蕴，也深深体味到谢老师那深厚的家国情怀。正是在谢老师的言传身教之下，我才能顺利完成论文的写作，但惟诚惶诚恐于自己因时间紧迫和学识浅薄不能达到谢老师的期望。

在论文写作过程中，我也有幸得到了其他众多老师的帮助与指导，其中包括我的班主任刘克龙老师、社科院的刘艳红老师等。刘克龙老师在我最困难的时候，给予了我兄长般的关爱和指导，让我重抖精神，再沐春风。在刘艳红老师的帮助下，使得我们完成了湖南花垣县十八洞村的调研计划，从而获得了最为直接的扶贫资料。在调研过程中，我也得到了农工党中央的郭洪泉部长、任晗女士的帮助，从而完成了对贵州、云南等地的调研。

在实地调研过程中，我要特别感谢仍继续奋斗在农村反贫困第一线的挂职干部，其中有云南会泽县的挂职副县长熊凤、河南兰考县的挂职副县长杨晓东、江西永新县三湾乡党委书记邢镭等，他们是真正的时代先锋和楷模，正是由于他们这一群优秀的干部群体放弃了城市优越的工作环境，深入扶贫一线，帮助贫困地区和贫困农户谋发展、奔小康，为中国农村反贫困事业贡献自己的青春和热血，才使得精准扶贫深入开展，因此真诚感谢并祝福他们！

感谢我的同门师兄弟妹们，包括朱从双、肖峰、罗杰、刘佩娴，我们有幸能够共同在谢老师的指导下从事学术研究，虽然来自于不同行业、不同地域，但共同的学术追求和共同的情怀使我们凝聚在一起，相信我们的明天将会更好！感谢我的同学申孟宜，他无私向我提供了丰富的统计资料，给我的论文写作提供了切实的帮助，谢谢她！

最后，要感谢我的家人，我是在事业遭受重大变故后选择义无反顾攻读博士学位的，期间经历了人生的重大磨难，但家人都给予了无限的包容和支持，正是有了他（她）们的支持才使我有了这三年的满满收获。感谢我敬爱的爸爸、妈妈，无论在何种情况下，我的父母都始终鼓励和支持我完成所有学业，正是由于他们的辛勤哺育，我才能毫无后顾之忧地徜徉在知识的海洋。感谢我亲爱妻子苑可英，感谢我的女儿，谢谢你们，你们的默默支持是我完成学业的坚强后盾！

感谢生命中遇见的每一个人，感恩，感谢！谢谢你们的支持和宽容！“雄关漫道真如铁，而今迈步从头越”，我将重整行囊，秉持谦虚好学、严谨求真的人生态度，继续前行！